本书的翻译出版得到了韩国韩国学中央研究院的资助
项目号：AKS-2009-MB-2001

新羅華嚴思想史研究

〔韩〕金相铉　著

敖　英　译

社会科学文献出版社
SOCIAL SCIENCES ACADEMIC PRESS (CHINA)

신라 화엄사상사 연구

©1991，김상현

本书根据韩国民族社 1991 年版译出。

序

　　新罗佛教史可以分为：受容与本土化的中古期、佛教学兴盛的中期和禅、教共存的后期。中期的佛教学大致可分为唯识学与华严学两个部分，唯识学学术上的成就和华严学教团方面的成就值得关注。唯识学到 8 世纪中后期太贤以后就急剧衰退，虽然后期有真表大师开展了实践性的佛教信仰运动，但唯识学的势力还是大大地弱化了。然而，自义相开始的新罗华严宗具有很强的修行信仰，其势力扩展到全国，即使在禅宗传入的后期也维持了一定程度的影响力。

　　以这样的方式来看新罗佛教的潮流时，发现华严思想在佛教思想中确实占有牢固的地位并给予当时社会较大的影响。从这一点上来说，研究新罗华严思想史，不仅有助于厘清新罗佛教史，而且对理解新罗文化也有不小的助益。笔者过去十年间一直关注新罗华严思想，也发表了若干篇论文。虽然撰写每篇论文有不同的机缘，但笔者也是试图由此发现统一新罗时代华严思想的特征。本书虽说是华严思想史研究，但并不是从教理史入手，而是要考察新罗华严思想展开的历史过程。

　　本书是由已经发表的论文汇集整理起来的，为保持体系的一贯性，有需要补充之处，也有需要转换论题和修改之处，甚至有对过去的见解修正的情况。第二章第一节、第三章第二节中的"其他华严寺刹"是新补充部分。第五章第一节"蛇福传说中的华严思想"是把之前发表的《"蛇福传说"的佛教意味》一文大幅缩减、整理成的。第六章第二节"南岳、北岳的对立问题"中，修正了笔者过去的看法。尽管做了如上的修改，但还不能说本书在体系上没有问题、内容上完美无缺，而这都是因为笔者能力不足、努力不够。不足与未尽之处，笔者承诺日后当修改与完善。不过，本书是依据很多新材料研究完成的，期望笔者所发掘整理的有关新罗华严思想的基础资料即与华严系统学僧有关的资料能够对这一方面的研究有所助益。

难忘以佛法引导少年时代的我、已驾鹤西游的晓堂崔凡述先生的法恩。向为我开启学问之门并一直激励着我的黄寿永、李箕永、车文燮、郑永镐诸位先生致以深深的谢意。另外，感谢出版此书的民族社尹畅和社长。

金相铉

1991 年 2 月

中文版序

听到本书的翻译者敖英博士让我写序的瞬间，我犹豫了一下，但又不得不立即接受。因为序文理所当然该由本书的作者金相铉先生撰写，但遗憾的是先生已于去年驾鹤西去。2013 年 2 月先生从东国大学历史系荣退，同年 7 月突然因病离世。所以无奈之下，作为先生弟子的我，代他撰写此书的序文。几年前我曾听先生说起敖英博士要把此书翻译成中文，看得出他当时很高兴。因为先生看到 2008 年敖英博士在韩国近一年的学习生活中，表现出了突出的韩国语能力和学者的诚实，他确信此书会翻译得很好。如果今天他在天上看到此书的译文，相信先生会非常地高兴。

过去几十年间，金相铉教授留下了百余篇与韩国佛教史有关的研究论文，在韩国被看作这一领域最有名的学者。先生虽专攻新罗佛教史，但其研究成果中也涉及了韩国近现代佛教史。不仅如此，先生的研究领域还延伸到佛教思想与佛教文化。可见先生的研究领域非常广泛。近年来，先生对三国时期、新罗和高丽时期韩国、中国与日本等国之间的佛教交流具有浓厚的兴趣。他曾计划将自己过去几年所写的在中国、日本发表的研究论文汇集成册，以《东亚佛教交流》为题出版。不幸的是，这一梦想尚未实现，先生就离开人世。先生在退休后依然保有对研究工作无尽的热情，这使作为弟子的我对先生充满了深深的敬意。

此书是金相铉先生在自己博士学位论文基础上进一步补充后完成的巨作，出版于 1991 年。它也是先生多年研究新罗华严思想的结晶。此书几乎涉及了与新罗华严思想有关的所有内容，所以可以作为研究者学习新罗佛教史的指南。另外，笔者也确信，它对想要了解古代东亚佛教的研究者多有助益。如果通过此书，可以提高人们对东亚佛教的兴趣，使新的研究成果不断涌现，先生在天上当会感到非常的欣慰与喜悦。

我代作者金相铉先生向译者敖英博士致以真诚的谢意。作为弟子，我能够为这么优秀的译著撰写序文，也感到非常的荣幸。希望今后韩中两国的学者能够继续进行真挚的交流。

东国大学佛教学术院　李钟寿

2014 年 3 月

目　　录

第一章

序　论

一　研究目的与意义

华严思想在韩国佛教史中占有较大的比重。尤其是华严思想对新罗佛教有相当大的影响。华严宗在统一新罗时期的佛教中占有主导性地位，而此时是新罗佛教的兴盛期。当然，在新罗中期，华严宗与法相宗并驾齐驱。不过法相宗相对倾向于研究学问，而华严宗则强于信仰的实践活动，因此其社会影响力更大。新罗后期，由于禅宗的积极传入与影响力的扩大，华严宗受到了冲击。但这并未动摇华严宗的基础，其社会影响力亦未萎缩。义相①、元晓、表训、缘起、元表、见登、表员、法融、顺应、希朗等高僧辈出，浮石寺、华严寺、海印寺、佛国寺等华严寺刹遍布全国，对当时社会产生了很大的影响。五台山、金刚山、天冠山等是华严信仰的主要圣地，浮石寺与佛国寺的建设以及华严寺石经的雕刻，都是在华严思想的基础上完成的。因此，研究新罗华严思想不仅对阐释佛教思想而且对理解新罗文化有很大的助益。

正因为新罗华严思想史的研究具有如此重要的意义，先学在这一方面研究上所付出的努力是有价值的。佛教思想史的研究大致从两方面入手，一是教理史，一是社会思想史。过去的新罗华严思想史研究也有这样的倾向。不过本研究的目的是考察新罗华严思想在历史上的展开过程，而非教理史的研究。在这方面，先学们取得了较多的成果。金荶石的《华严学

---

① 义相之"相"，也写作"湘"或"想"，不过其嫡传弟子道身的著作《道身章》中写作"相"，因此笔者据此写作"义相"。相关论文参见金知见《义相法讳考》，《晓城赵明基博士追慕 佛教史学论文集》，东国大学出版部，1988。

概论》中，对韩国华严学进行了概括，也略微涉及新罗的华严思想。① 书中特别指出，佛国寺是莲华藏世界这一佛国净土的具体象征。金杜珍的《均如华严思想研究》② 是以历史学方法来研究华严思想的。均如虽然是高丽初期的华严学者，但由于其继承了义相系华严教学，因此在研究新罗华严思想时他的思想也可以作为参考。不过由于该书在研究均如思想时，过多地将其与当时的社会政治联系在一起进行考察，所以在方法论上存在一定问题。金福顺的《新罗后期华严宗研究》③ 是以考察崔致远的佛教相关著作为中心展开的，它理清了新罗后期华严宗的一些问题。书中明确指出新罗后期华严宗的势力不小，不过作者对华严宗派系的细分存在一定的问题。高翊晋在《韩国古代佛教思想史》④ 中，对新罗中期华严思想的展开与影响进行了长达 200 多页的论述。这是从教义史方面进行的研究。此外，佛教史学会编纂的《韩国华严思想史研究》⑤ 是东国大学佛教文化研究所编的《韩国华严思想研究》⑥ 中的论文与之前研究论文的汇总。笔者在撰写本书时参考了其中与新罗华严思想有关的论文。

有关新罗华严思想的个别研究也不少，现按研究主题分别予以回顾。

金知见研究了新罗华严学的谱系，⑦ 认为义相系是新罗华严之主流，而元晓系是旁支。义相系的确是新罗华严学的主流，不过金知见的研究没有说明其具体的师承关系或谱系。笔者以均如的著作与《法界图记丛髓录》为资料，理清了义相系中若干僧人的师承关系。⑧ 不过，把新罗华严宗的谱系分为义相系和法藏系是有些勉强的。金福顺则将新罗中期的华严宗分为义相的浮石寺系与缘起的皇龙寺系，又将后期的义相系分为浮石寺系、表训系和海印寺系。⑨ 对新罗华严宗的派系是否可以这样细分，笔者

---

① 金芿石：《华严学概论》，法轮社，1963。
② 金杜珍：《均如华严思想研究》，韩国研究院，1981。
③ 金福顺：《新罗后期华严宗研究》，高丽大学大学院博士学位论文，1988。
④ 高翊晋：《韩国古代佛教思想史》，东国大学出版部，1989。
⑤ 佛教史学会编《韩国华严思想史研究》，民族社，1988。
⑥ 东国大学佛教文化研究所编《韩国华严思想研究》，东国大学出版部，1982。
⑦ 金知见：《新罗华严学的谱系与思想》，《学术院论文集（人文·社会科学篇）》12，1973。
⑧ 金相铉：《新罗华严学僧的谱系及其活动》，《新罗文化》1，1984。
⑨ 金福顺：《新罗后期华严宗研究》，高丽大学大学院博士学位论文，1988。

存疑。作者未详的《华严宗所立五教十宗大意略抄》的末尾记录了印度、中国、新罗和日本的华严宗史。在新罗的华严宗史中提到了元晓、太贤、表员和见登等。最早关注此文献的吉津宜英指出,新罗华严宗的谱系中可能存在一个融合了元晓与法藏教学的派系。① 从这一资料来看,的确难以排除新罗华严宗中可能存在一个以元晓为中心的派别。高翊晋则将新罗华严学分为义相和元晓两个谱系。②

新罗华严宗寺院研究也是一个重要课题。李基白关注的是华严十刹,他认为华严十刹是以象征专制王权的五岳为中心建立起来的。③ 笔者对这一观点予以了批判,强调全国的华严宗寺院是由华严十刹扩散而成的。④ 除了华严十刹以外,还有必要对其他与华严宗有关的寺刹进行具体研究。新罗华严信仰方面的研究,有李杏九的《韩国佛教中华严信仰的展开》。⑤ 此文的研究范围限定在整个韩国古代史,新罗时代的华严信仰仅涉及了讲经法会和华严结社。对华严信仰进行综合性的研究是必要的,所以笔者对新罗的华严信仰进行了分类研究。⑥

过去有种观点认为,华严思想是支持新罗中期专制王权的。笔者曾试图对此进行批判性的研究,⑦ 而李基白也对笔者的观点进行了详细的批判。⑧ 另外,金福顺也认为,很难说华严宗拥护中期的王权。⑨ 对这一问题,学界的争论确实相当激烈。因此,有必要详细研究与此有关的新罗华严思想和政治状况。

关于新罗后期的华严宗研究,有《新罗后期的海印寺与华严宗》、⑩《新罗后期华严宗的结构与倾向》、⑪《新罗后期华严一例》⑫ 等成果。这

---

① 吉津宜英:《新罗华严教学一瞥》,《韩国佛教学 SEMINAR》2,1986。
② 高翊晋:《新罗中期华严思想的展开及其影响 (Ⅱ)》,《佛家学报》25。
③ 李基白:《新罗五岳的成立及其意义》,《震檀学报》33,1972。
④ 金相铉:《新罗中期的专制王权与华严宗》,《东方学志》44,1984。
⑤ 李杏九:《韩国佛教中华严信仰的展开》,《朝鲜学报》114,1985。
⑥ 金相铉:《统一新罗时代的华严信仰》,《新罗文化》2,1985。
⑦ 金相铉:《新罗中期的专制王权与华严宗》,《东方学志》44,1984。
⑧ 李基白:《新罗时代的佛教与国家》,《历史学报》111,1986。
⑨ 金福顺:《新罗中期的华严宗与王权》,《韩国史研究》63,1988。
⑩ 崔源植:《新罗后期的海印寺与华严宗》,《韩国史研究》49,1985。
⑪ 曹庚时:《新罗后期华严宗的结构与倾向》,《釜大史学》13,1989。
⑫ 金福顺:《新罗后期华严一例》,《史丛》33,1988。

些研究成果指出，新罗后期华严宗仍保有一定的势力。

以上简略地考察了有关新罗华严思想的先行研究成果。但是到目前为止，对新罗华严思想的理解尚未实现综合性与体系化。尤其是在新罗华严思想的相关基础文献研究、华严宗的发展及新罗华严思想的具体体现等问题的研究上，需要付出更多的努力。

二　研究方法与范围

关于新罗佛教思想史的研究方法，最近历史学界有几种观点值得关注。李基白在《新罗思想史研究》一书的序文中表达了他的忧虑："最近我们学界的思想史研究有执著于探究教理的倾向。""任何思想，如果不将其与生活在那个时代特定社会条件中的人们联系在一起进行研究，作为历史学的思想史将无法成立。"① 李基东也一再重申，"把新罗佛教思想的发展与新罗时期的政治、社会结构紧密联系在一起进行研究"是历史学界的基本立场。② 如果把思想史看作思想与历史的相遇，③ 那么这种把某种思想与当时的社会状况联系起来进行研究的观点是理所应当的。不过，这也应该是以对某种思想进行具体研究为前提，将某种思想过分地、图示化地与"一定时代、一定人的特定思想"联系起来进行理解，也不是没有问题。

对于那种过于从政治的立场上来阐释三国时期佛教传入意义的倾向，金贞培开诚布公地予以了批评。④ 高翊晋认为"（有些）从历史学角度进行的研究过分地从社会性格的角度去看待佛教教理"。⑤ 辛钟远也深切地感觉到"过去新罗佛教史的研究将佛教看作排除个人的阶级佛教，将其看作以骨品制为中心的政治史"。⑥ 这一批评或许也指出了那种从骨品制

---

① 李基白：《新罗思想史研究》，一潮阁，1986。
② 李基东：《新罗社会与佛教》，《佛教诸科学》，东国大学出版部，1987，第960页。
③ 河野真：《德意志观念论中思想史的成立》，《思想史的意义与方法》，东京：以文堂，1982，第11页。
④ 金贞培：《佛教传入前的韩国古代社会状况》，《崇山朴吉真博士花甲纪念 韩国佛教思想史》，圆光大学出版局，1975，第20页。
⑤ 高翊晋：《新罗佛教研究中的诸问题》，东国大学新罗文化研究所主办"第二届新罗文化研讨会"《发表要旨》，1982，第9页。
⑥ 辛钟远：《新罗初期佛教史研究》，高丽大学大学院博士学位论文，1988。

的角度图示化地解释佛教的倾向。笔者也曾指出："思想史的研究，虽然必须要考虑政治、社会背景，但是也不希望看到那种过分强调政治社会背景而无视思想的自主性的研究态度。"① 笔者认为，所谓思想的自主性，就是说"人虽然存在于社会中，自由受到束缚，但是也会给予历史与社会影响"，"人可以超越束缚自己的内外因素，思考出新的东西"。② 这当然不是说要离开时间与空间的制约，去致力于研究抽象的、普遍的理论。新罗佛教史的研究，应该在从佛教学方面深化对教理的理解的同时，关注历史学的研究成果。

本研究虽对新罗的华严教学给予了一定程度的关注，但并没有对其进行深入研究；虽然也留意了新罗的政治、社会变化，但还是以研究佛教本身的变化为先。这是因为，尽管笔者也希望能将新罗的华严思想与当时的政治、社会状况联系起来进行研究，但还是把新罗华严思想研究或华严宗历史研究置于首位。本书中将对新罗华严思想相关的基本资料进行研究，但考虑到史实笔者也不得不舍弃了部分资料。为研究当时的华严宗史，笔者把僧侣的活动、寺院的建立、华严信仰的流行以及相关传说等作为研究对象。当然，将传说作为思想史的研究对象时，也不能不考虑研究方法。

本书所研究的历史时期为统一新罗时期。本书题目中之所以使用"新罗"一词，是为避免麻烦而遵循以往从义相开始研究新罗华严思想的前例。为探明新罗华严思想及信仰的特征，将其与中国的情况进行比较并且讨论中国的影响，具有重要的意义。将新罗与高丽的华严思想进行对比研究也是必要的，不过本书中并未将这一问题纳入研究范围，主要是因为笔者的能力不足。本书将对新罗华严思想相关的第一手文献进行研究。相关资料不少，不过本书主要以均如的著作和《法界图记丛髓录》为主。为研究新罗华严宗的发展，本书还将考察华严宗僧侣们的活动和华严宗寺院，同时也将考察义相的信仰和新罗华严信仰流行的情况与展开过程。华严思想也曾在新罗以特殊形态表现出来。如义相的《华严一乘法界图》（以下简称为《法界图》）与明晶的《海印三昧图》、"蛇福传说"以及建

---

① 金相铉：《金杜珍著〈均如华严思想研究〉书评》，《历史学报》97，1983，第146页。
② 郑在植：《意识与社会》，《韩国思想史学》1，1987，第12页。

筑方面的石佛寺与佛国寺。由于已经有了先行研究，所以本书中并未涉及
《法界图》与《海印三昧图》。为理解新罗后期的华严宗，本书将研究其
与禅宗的矛盾、华严宗内部南北岳之分裂。最后，本书还将论及新罗华严
思想的政治、社会意义，考察华严信仰的社会影响，对华严宗与王权的关
联说进行批判性研究。

第二章
新罗华严相关文献研究

　　新罗华严相关基础文献相对较少，而对传世资料的研究仍嫌不足。史料的研究是历史研究的首要课题，这一常识自不必再强调，但在新罗华严思想史研究领域，这一课题却没有得到解决。因此，本章将考察均如的著作和作者未详的《法界图记丛髓录》。这些文献虽撰写于高丽时期，但是其中引用了不少新罗和中国的资料，尤其是与新罗华严思想有关的资料。

　　对均如著作的研究过去也不是没有，① 但笔者要研究的是与新罗华严思想有关的资料以及《十句章》的作者问题。《法界图记丛髓录》一般被看作义相《法界图》的注释书，是研究新罗华严思想时无法忽视的文献。然而目前为止，此书是何时、由谁编撰的，书中引用的这些注记是什么时候撰写的，等等，这些问题还尚未得到解决。而对此书的研究不足，导致书中所引资料难以得到充分利用。当然，也有学者已经注意到了书中义相和中国华严学相关资料，尝试通过这些资料研究智俨与义相的华严思想，② 但是目前为止尚未有学者对此书的文献性质进行研究。因此，笔者将考察此书的编撰时期、构成、所引文献以及在佛教史上的意义。

----

① 文琭善：《均如圣师著作研究》，《金刚杵》23，1939；金杜珍：《均如的生涯与著作》，《历史学报》75·76合辑，1977；金知见：《均如大师华严学全书题解》，《均如大师华严学全书》，东京：后乐出版株式会社，1977。

② 李箕永：《〈华严一乘法界图〉的根本思想》，《新罗伽倻文化》4，1972；韩钟万：《〈法界图记丛髓录〉的意义》，《第四届国际佛教学术会发表要旨》，1981；木村清孝：《智俨与义湘系的华严思想》，《印度学佛教学研究》21（2），1973；中条道昭：《朝鲜华严文献中的智俨传》，《印度学佛教学研究》26（1），1977。

第一节　均如著作中相关资料研究

一　引文中的新罗华严思想资料

均如（923～973）是高丽初期华严学者代表，著作有 10 部 70 卷之多，现存著作 5 部 18 卷：

> ①《一乘法界图圆通记》2 卷
>
> ②《十句章圆通记》2 卷
>
> ③《释华严旨归章圆通钞》2 卷
>
> ④《华严经三宝章圆通记》2 卷
>
> ⑤《释华严教分记圆通钞》10 卷

①是义相《法界图》的注释书，②是法融对《十句章》的注释，其他都是对唐法藏著作的注解。均如引用了很多文献，注释也很详细。均如著作具有的这一特点，说明他广泛阅读了华严典籍，而且都非常熟悉。①均如著作中广泛引用了新罗与中国诸师的文献，不过笔者在这儿主要研究那些与新罗华严思想有关的资料。

均如曾研究了前人有关华严学的义记 30 余种，②著作中也引用了不少新罗典籍，其中有智通的《锥洞记》、道身的《道身章》、崔致远的《义湘和尚传》、《良圆和尚记》③以及《元常录》④等。特别值得一提的是著作中还引用了现已失传的元晓的华严著作《华严宗要》、《普法记》、《一道章》及《和诤论》等。⑤《锥洞记》是义相在锥洞花了 90 天讲《华

---

① 张曼涛：《均如〈华严旨归章〉研究》，《东洋文化研究》5，1978，第 25 页。

② 《均如传》，见崔南善编《增补三国遗事·附录》，瑞文文化社，1983，第 58 页。

③ （高丽）均如：《一乘法界图圆通记》卷上，《韩国佛教全书》第 4 册，东国大学出版部，1979，第 7 页。

④ （高丽）均如：《一乘法界图圆通记》卷上，《韩国佛教全书》第 4 册，东国大学出版部，1979，第 1 页。

⑤ 均如著作中所引元晓的《华严宗要》，见《韩国佛教全书》第 4 册第 20、120、448 页，《普法记》见《韩国佛教全书》第 4 册第 25、262、448 页，《和诤论》见（转下页注）

严经》时的讲义，由其弟子智通整理而成。① 《道身章》也是义相的讲义，是由其弟子道身记录整理而成的。② 这两部典籍是了解义相华严思想的宝贵资料，恨未传世。不过，均如的著作中引用了《道身章》40 余次、③《锥洞记》10 余次，④ 这些引文成为研究义相华严教学的非常重要的资料。

均如著作中可以见到大量的华严宗僧侣的名字以及他们的学说。其中有真定、相元、良圆、表训、悟真、神琳、纯梵、法融、融质、觉润、崇业、融昢、纶回、缉纶、大云法师君、论金、梵体大德、决言大德、灵观大德、普海大德、行远大德、灵炬、体融、法雄大德等。⑤ 共有 25 名左右，有很多名字未见于其他资料。另外，也有一些僧侣的名字，均如没有明确说出，代以"古德云"、"古人言"、"古言"、"古传"、"古辞"等，这些都是华严教学历史片段的记录。⑥ 如果对均如所引的这些华严宗僧侣进行详细研究的话，在一定程度上可以弄清他们的活动时期与师承关系，⑦ 同时也有助于理清新罗华严教学的发展潮流。

（接上页注⑤）《韩国佛教全书》第 4 册第 315、325、326 页，《一道章》见《韩国佛教全书》第 4 册第 315、339 页。

① （高丽）一然：《三国遗事》卷 5，"真定师孝善双美"条。

② （宋）赞宁：《宋高僧传》卷四，《义湘传》，《大正藏》卷 50，第 729 页。

③ 均如著作所引《道身章》，见《韩国佛教全书》第 4 册第 4、8、12、15、66、73、78、97、116、127、128、140、143、151、252、257、269、289、290、291、292、305、354、387、389、391、392、393、395、396、403、404、405、407、421、431、435、436、437、477、486 等页。

④ 《锥洞记》还有几个别名，有"智通问答"（见《韩国佛教全书》第 4 册第 4、76、97、120、157、290 页）、"智通记"（见《韩国佛教全书》第 4 册第 157、262、348、350 页）和"要义问答"（见《韩国佛教全书》第 4 册第 144 页）等。

⑤ 《韩国佛教全书》第四册中所引诸法师文献的具体页码如下：真定（245、257）、相元（49、466）、良圆（7、116）、表训（43、62、63、64、127、169、236、277）、悟真（120）、神琳（35、37、40、49、54、63、67、125、134、169、237、259、277、353、441、466、504、506、508）、纯梵（257）、法融（40、46、48、49、67、466）、融质（48、51、56、63、70、75、76、78）、觉润（137、508）、崇业（137、308、506）、融昢（40、46、406）、纶回（63）、缉纶（63）、大云法师君（63）、论金（501）、梵体（40、50、51、56、308、465）、决言（278、299、394、416）、灵观（29、33、477、483）、普海（138、488）、行远（73）、灵炬（41）、体融（41）、法雄（41）等。

⑥ 《韩国佛教全书》第四册中所引文献的具体页码如下："古德云"（4、71）、"古人言"（116、130、137、164、241、276、299、445、470、507）、"古言"（63、72）、"古传"（508）、"古辞"（34、35、85、125、128、131、160、246、256、259、292、353、390、501、502、506、507、509）等。

⑦ 参见金相铉《新罗华严学僧的谱系及其活动》，《新罗文化》1，1984。

　　尽管均如著作本身具有华严教学注释书的性质，其所引文字也多与华严教学有关，但其也有史料价值。下面我们来考察其中的一部分。

　　法藏曾将自己的著作赠予义相，请他指正。义相与其弟子讨论法藏注疏一事，通过均如的著作也可以得到确认。据均如记载，义相曾与真定、智通等弟子对法藏的注疏进行校勘，勘定正误。义相还曾调整法藏《华严五教章》的次序。原本法藏将"义理分齐"列为第十，而义相将其改到第九，以使其前后意义更加顺畅。均如由此将义相的校勘本称为"炼本"。① 义相所校的《华严五教章》传入日本后被称为和本，以别于宋本。这一点是金知见发现的。② 义相自己先研究了法藏20卷的《探玄记》后，让真定、相圆、亮圆与表训这四位杰出弟子每人学习5卷。③ 对法藏《探玄记》中的"见寺喻"部分，有弟子问："俨和尚本用二喻，而藏师疏中，只载一喻，不载一喻焉。其一喻何耶？"义相的回答是"入冰喻也"。④ 义相自唐回国后，曾将智俨的数钱法说与元晓听，⑤ 元晓在自己的《华严宗要》与《普法记》中介绍了数钱法，这些通过均如著作都可以得知。⑥ 均如在其著作《一乘法界图圆通记》中引用了崔致远的《浮石尊者传》，由此可知《法界图》的作者是义相以及义相写《法界图》的动机。

　　　崔致远所述传中云：相公与俨师所受花严时，梦有神人，貌甚魁伟，谓相公曰："以自所悟著作，施人宜矣。"又梦善财授聪明药十余剂。又遇青衣童子，三授秘诀。俨师闻之曰："神授灵咒，我一尔

---

① （高丽）均如：《释华严教分记圆通钞》卷1，《韩国佛教全书》第4册，东国大学出版部，1979，第245页。

② 金知见：《均如大师华严学全书题解》，《均如大师华严学全书》，东京：后乐出版株式会社，1977。

③ （新罗）崔致远：《法藏和尚传》，《韩国佛教全书》第3册，东国大学出版部，1979，第775页。

④ （高丽）：均如《十句章圆通记》，《韩国佛教全书》第4册，东国大学出版部，1979，第65页。

⑤ （高丽）均如：《释华严教分记圆通钞》卷8，《韩国佛教全书》第4册，东国大学出版部，1979，第449页。

⑥ （高丽）均如：《释华严教分记圆通钞》卷8，《韩国佛教全书》第4册，东国大学出版部，1979，第448页。

三。远涉勤修，厥报斯现。"因命编次，窥奥所得，于是奋笔绰《大乘章》十卷，请师指瑕。俨曰："义甚佳，词尚雍。"乃退而芟繁为四，通号曰：立义崇玄。盖欲崇其师所著《搜玄》分齐之义。俨乃与想诣佛前，结愿焚之。且曰："言有合圣旨者，愿不也。"既而，烬之余，获二百一十字。令相捃拾，恳誓更掷猛焰，竟不灰。俨含涕嗟称，俾缀为偈。闭室数夕，成三十句。括三观之奥旨，举十玄之余美。①

崔致远所撰的《浮石尊者传》现已失传，且目前学界关于《法界图》的作者也有争议，因此均如所引资料具有很高的价值。另外值得参考的记载还有，义相得知弟子智通所取得的成就后授其《法界图印》。②

再看一下神琳的情况。在《三国遗事》中仅出现过一次的神琳，在均如的著作中却出现了好几次：神琳入唐，向融顺请教华严教义；③ 作为浮石嫡孙④，神琳在浮石寺为千余名大众讲授《华严教分记》;⑤ 神琳曾在佛国寺与月瑜寺等地举行华严法会。尤其是神琳曾在佛国寺主持华严法会这一记载，⑥ 是对《三国遗事》中"佛国寺建立后，请神琳住持"⑦ 的补充，具有重要意义。而且，《十句章圆通记》中的"大正角干拜访表训大德、学习华严三种三昧"⑧ 虽然是片段性的记载，却说明金大城对华严

① （高丽）均如：《一乘法界图圆通记》卷上，《韩国佛教全书》第 4 册，东国大学出版部，1979，第 1 页。
② （高丽）均如：《释华严旨归章圆通钞》卷下，《韩国佛教全书》第 4 册，东国大学出版部，1979，第 139 页（原书作《释华严旨归章圆通钞》卷 8，实为卷下。——译者注）。
③ （高丽）均如：《释华严教分记圆通钞》卷 10，《韩国佛教全书》第 4 册，东国大学出版部，1979，第 508 页。
④ （高丽）均如：《十句章圆通记》后志，《韩国佛教全书》第 4 册，东国大学出版部，1979，第 81 页。
⑤ （高丽）均如：《释华严教分记圆通钞》卷 10，《韩国佛教全书》第 4 册，东国大学出版部，1979，第 506 页。
⑥ （高丽）均如：《释华严旨归章圆通钞》卷下，《韩国佛教全书》第 4 册，东国大学出版部，1979，第 125 页。
⑦ （高丽）一然：《三国遗事》卷 5，"大城孝二世父母"条（《大正藏》，第 49 册，第 1018 页 a24。——译者注）。
⑧ （高丽）均如：《十句章圆通记》卷下，《韩国佛教全书》第 4 册，东国大学出版部，1979，第 63 页。

教学有较深的理解，故也是贵重的资料。①

义寂，留下了30余部80余卷的庞大数量的著作，不仅对新罗而且对日本有很大的影响，但关于其行迹现存文献中几乎没有任何记载，只有《三国遗事》中说其为义相十大弟子之一。义寂的大部分著作与唯识学有关，没有一本与华严有关。② 从其学问的倾向性来看，义寂为义相弟子的说法未免显得奇怪。而道证在其著作《成唯识论要集》中罗列了窥基、圆测、普光、慧观、玄范、义寂等唯识学六大家，③ 其中也包括义寂。看到这一说法就更觉得奇怪。不过，据均如《释华严教分记圆通钞》，原来不相信极果回心之义的义寂，离开了法相宗来到义相处，请求以后"不行此义"。④ 尤其是注意到义寂"从法相来"一说时，可以确定义寂属于法相宗。当然，也不能排除义寂有从法相宗转向华严宗的可能，不过从其著作来看，将其看作法相宗僧人是很自然的。义寂拜见义相的时间大约是公元690年，故其活动时期当为690年前后。均如著作中记载了法相宗道证与华严宗崇业之间在教理上的争论，⑤ 这也反映了华严宗与法相宗之间的矛盾。

均如著作中还引用了神秀《妙理圆成观》10余处。这一点被发现后，引起了学界相当多的关注。因为不仅神秀的著作《妙理圆成观》3卷与《华严经疏》30卷均已失传，而且还有学者认为此神秀就是北宗禅的创始人大通神秀（606～706）。⑥ 不过，也应该注意到有人反对这一说法，即认为《妙理圆成观》的作者不是北宗的大通神秀而是华严宗的会稽神秀。⑦ 以上简略地考察了均如著作中引用的新罗华严宗相关资料、新罗华

---

① 参见金相铉《石佛寺与佛国寺研究》，《佛教研究》2，1986。
② 闵泳珪在其著作《新罗章疏录长编》（《白性郁博士颂寿纪念 佛教学论文集》，1959，第368页）中说《义天录》中记载义寂有《华严经纲目》两卷，但笔者确认此为误记。
③ （平安）善珠：《唯识义灯增明记》卷1，《大正藏》第65册，第342页。
④ 《韩国佛教全书》第4册，东国大学出版部，1979，第257页（原书作275页，译者确认应在257页。——译者注）。
⑤ （高丽）均如：《释华严旨归章圆通钞》卷下，《韩国佛教全书》第4册，东国大学出版部，1979，第137页。
⑥ 金知见：《均如大师华严学全书题解》，《均如大师华严学全书》，东京：后乐出版株式会社，1977。
⑦ 金煐泰：《均如书中〈妙理圆成观〉的作者》，《韩国佛教学》11，1986。

严典籍、华严僧侣和几个历史片段。

二　《十句章》及其作者

均如著作中有《十句章圆通记》两卷，是对《十句章》的注释。而《十句章》是对智俨《五卷疏》书前十句话的注释。智俨所写的备忘录式的十句话如下：

一、不思议以诚陀罗尼显地法　　六、寄因陀罗彰义边际

二、随文取义有五种过　　　　　七、总三三转现际无穷

三、教义大二有五种　　　　　　八、无生佛法寄位升沉

四、因果相形现义无尽　　　　　九、微细相容以明极胜

五、回文别属以现义融　　　　　十、隔越科文成义自在

智俨的《五卷疏》具体是什么样的著作没有明确记载，不过有学者认为是关于《搜玄记》或《十地经论》的注疏。① 新罗华严宗僧侣对智俨之十句多有研究，《十句章》就是其中的成果。另外，由于高丽初期均如在注释《十句章》的时候，完整地引用了全文，故《十句章》之原文得以原封不动地流传下来。

关于《十句章》的作者，高丽初期均如对其进行注释时就有诸种异说，亦有不同作者署名的异本。对此，均如记录如下：

①此之释文，乃法融大德所造。

②或云梵体大德，亲受融德作释，未见其文。

③一本云：尸罗国世达寺沙门神琳释，然第二句释文云：融问琳德云。则非琳德所述，明矣。

④又融昢大德作释。然但引融德释，而随现自意，无别随文释也。

⑤今则若合意处，随释之。若不合者，以别意述也。②

---

① 木村清孝：《初期中国华严思想研究》，东京：春秋社，1977，第400页。

② （高丽）均如：《十句章圆通记》卷上，《韩国佛教全书》第4册，东国大学出版部，1979，第40页。

由此可见，关于《十句章》的作者，有法融说、梵体说、神琳说、融咄说等不同版本。均如接触到的《十句章》有一本作者标记为法融，一本标记为神琳，还有一本是融咄注释本，未见到梵体的注释本。在自己的著作中，均如明确指出神琳不是《十句章》的作者。他依据作者标为神琳的《十句章》之第二句"融问琳德云"即"法融问神琳大德说"，推断《十句章》非神琳所作。融咄不过是引用了法融的注释后接着阐述了自己的想法，并没有逐句注释。均如认为《十句章》的作者是法融，并且《十句章圆通记》卷末附加的后志中也说法融曾从神琳受业，作《十句章》。① 这一题记是天其和尚于 1250 年对《十句章圆通记》的方言本进行削减校勘，并参照了法融的本文将《十句章圆通记》编为两卷后所写的。对这一点应加以留意。

均如说《十句章》的作者是法融，这不能消除所有的疑问。为什么署名神琳的本子会流通？为什么会有梵体从法融那里亲受而作释一说？对这些问题，均如不但没有解答，还忽略了《十句章》第六句中"琳德云：喻如世界旋，无始终无内外别……"② 部分，导致他认为《十句章》作者是法融的观点失去了说服力。③

《十句章》的叙述方法，是第 3、4、5、7、8、9 句都只有解释，而第 1、2、6、10 句则既有正释也有问答，二者合在一起。问答部分，既有神琳与法融之间的问答，也有法融与其弟子间的问答。即，第 2 句中"融问琳德……琳德叹曰……"部分是神琳与弟子法融的问答，第 6 句中"问……融德答……"部分是法融与其弟子的问答。此外，考虑到

---

① （高丽）均如：《十句章圆通记》卷上，《韩国佛教全书》第 4 册，东国大学出版部，1979，第 81 页。

② （高丽）均如：《十句章圆通记》卷上，《韩国佛教全书》第 4 册，东国大学出版部，1979，第 67 页。

③ 关于《十句章》的作者，高翊晋在《〈十句章圆通记〉考》（《韩国佛教学》6，1981）一文中提出是融咄。笔者在《新罗华严学僧及其谱系》一文中，对高翊晋教授的看法进行了批判，并指出，《十句章》虽然是法融的弟子梵体整理、编撰完成的，但其弟子将作者标记为法融后，才开始传播《十句章》。不过，高教授又发表了《〈十句章圆通记〉本文再考——附金相铉教授之反驳》（《晓城赵明基博士追慕 佛教史学论文集》，东国大学出版部，1988）一文，对笔者的见解进行了精确周密地批判。据此，笔者知道了一两处自己的错误，但这不足以说服笔者修正此前的见解。故笔者感觉没必要反驳高教授的批判，还不如在本章中对这一问题进行简单的叙述。

《十句章》的叙述方式，不得不对此书的作者是法融说产生怀疑。因为法融不可能尊敬自己、以"融德"来自称。所以，《十句章》可以推测为神琳为其弟子法融讲课的讲义，后法融又传给其弟子，最后由法融的某位弟子编成。因为对"十句"的解释确定是神琳→法融→？这样延续下来的。古时偶尔会有弟子整理师尊的讲义、以自己著作的形式刊行的情况。如义相的讲义由弟子智通整理的《智通记》、道身整理的《道身章》都明确署这些弟子之名。不过，尽管均如的著作有不少是其弟子整理完成的，但都署了均如的名字。鉴于此，在某种程度上可以理解《十句章》存在异本的背景了。如果说"世达寺沙门神琳释"本，是将最初的解释者标为作者的话，法融跟神琳学习后所做的解释就能够以法融为中心来认识，而梵体跟法融学习后所做的解释则是最终记录，这可以作为重点把握。

现存《十句章》明显是法融的某个弟子记录完成的。因为文中使用了"融德"这样的尊称。那《十句章》最后的编撰者是谁呢？对此，高翊晋认为，《十句章》是融咄在神琳的弟子法融的解释基础上略微附加了自己的见解而形成的。[①] 他否定《十句章》的作者为法融·梵体·神琳说，认为只有融咄才有可能是《十句章》的作者。他的根据是，融咄本引用了法融的释文并随之表达了自己的想法，而这一点符合现存本《十句章》的解释方式。[②] 不过问题是，这与均如"又融咄大德作释，然但引融德释，而随现自意，无别随文释也"[③] 相乖离。这可以理解为，均如明确区分了作为法融著作的《十句章》和融咄"引融德释"、"随现自意"而解释现存本的《十句章》。

笔者认为，梵体是有撰写《十句章》的可能的。我们需要注意均如"梵体大德，亲受融德作释"一说。当然，均如也说自己没有见过梵体的释文。如果梵体整理、编写了自己从法融那儿所学的东西后，而其弟子署

---

① 高翊晋：《〈十句章圆通记〉本文再考》，《晓城赵明基博士追慕 佛教史学论文集》，东国大学出版部，1988，第 334 页。

② 高翊晋：《〈十句章圆通记〉本文考》，《韩国佛教》6，1981，第 57 页。

③ 均如《十句章圆通记》卷上，《韩国佛教全书》第 4 册，东国大学出版部，1979，第 40 页。原书未作注释，没有给出出处，故作为脚注处理。——译者注

上法融的名字，这样能看到法融著的《十句章》而看不到梵体著的《十句章》，则是理所当然的。如前所述，均如认为法融著作的现存《十句章》，其实不是法融自己编撰完成的，而是由其某个弟子完成的，虽然这位弟子编撰了《十句章》后，署上了法融的名字而不是自己的名字。不过，在均如对《十句章》的注释书《十句章圆通记》中，他曾两次破斥了梵体的说法。高翊晋指出了这一点并提出疑问，《十句章》是梵体记录并注释的，站在均如的立场上怎么能破斥梵体的说法呢？① 然而实际上，均如并没有认为《十句章》可能是梵体所记。还应该注意到，均如在注释《十句章》时，把不同看法均记为"别意"。

还有难以解释的是，作者署名神琳的本子为什么会流传呢？当然这可以解释为，法融听神琳讲解"十句"后，将讲义整理后并署名为神琳，这是第一稿。而以此为基础听讲的法融之弟子略微加笔后，又将作者署名为法融。但这也不能完全消除疑问。总之，虽然现存的《十句章》作者署名为法融，但它是由法融的弟子记录、编撰的，其作者很有可能是曾跟法融学习过的梵体。

对智俨这简略的、备忘录式的"十句"，神琳、法融、梵体、融咄等纷纷进行研究，均如在其著作中也乐于引用《十句章》②，甚至于对其做了详细注释。这些都说明新罗华严学具有较高的水准，不过也让人感觉到新罗后期的华严学炫耀学问的氛围。如果仔细分析从"十句"到《十句章》再到《十句章圆通记》中所传承的新罗华严学，那么它将有助于把握新罗华严思想的发展或变化。但这属于佛教学者的课题，超出了笔者的能力范围。法融撰写了义相《法界图》的注释书《法融记》，其相当部分被《法界图记丛髓录》引用。因此，如果同时研究《法融记》的部分内容和《十句章》，就能够理解法融的华严思想。

① 高翊晋：《〈十句章圆通记〉本文再考》，《晓城赵明基博士追慕 佛教史学论文集》，东国大学出版部，1988，第333。
② 均如所引《十句章》见《韩国佛教全书》第 4 册第 6、11、28、29、36、37、85、86、134、135、144、201、204、262、289、291、292、453、463、464、467、472、475、491 页等。

第二节　《法界图记丛髓录》之文献研究

一　构成与编纂时期

（一）《法界图记丛髓录》的构成

《法界图记丛髓录》（以下简称《丛髓录》）共有4卷：卷上之一、卷上之二、卷下之一和卷下之二。各卷卷首分开收录了义相的《法界图》原文。《丛髓录》4卷分开收录的《法界图》内容科文如下：

《华严一乘法界图》科文	《法界图记丛髓录》卷次
1. 总说（大意、图印）	卷上之一
2. 释文 （1）总释印意 （2）别解印意 ①说印文相 ②明字相	卷上之二
③释文意 a. 自利行 b. 利他行 c. 修行方便·得益 　 修行方便	卷下之一
辨得利益 3. 总结	卷下之二

另外，各卷首收录的《法界图》原文又分为几个问答，简略的问答之后，是对问答的注释。也就是说，《丛髓录》是以随文释的方式构成的。另外，虽然对《法界图》的若干注记进行了编辑，却没有编者的任何观点或说明。对《法界图》的注释分为两个部分：缩进一字的版刻和缩进两字的版刻。为叙述方便，笔者将前者称为 A 群，后者称为 B 群。

A 群中连续引用了《法融记》、《真秀记》和《大记》等三本注释书。这三种注释书原本是各自随《法界图》的文章而注释的，是各自独立的著作。缩两个字的版刻即 B 群，引用了新罗与中国的华严学典籍 30 余种 50 余处。不过，这 30 余种典籍并不全都是《法界图》的注释书。从 B 群引用典籍内容之性质来看，要么是对《法融记》等 A 群中典籍的议论，要么是对其进行的补充。例如：

A. 大记云：此三十句不出经题……又总此不出理智，又总此不出一最清净法界。

B. 清凉疏总释题名中云……总题不出理智 强名之清净法界。①

从上述引文可以看出，B 群所引《清凉疏》具有对 A 群的《大记》补充、注释的性质（笔者用着重号标记的部分）。下面的情况类似。

大圣善教

A. 法融记云：大圣者，于诸教中今此教主最尊胜故也……问：三乘能化三身，但是一乘十身之大用，何云不及也？答：但是十身之用故不及也。

B. 清凉疏教起因缘中云：……言十身者，自有二义，一约三世间为十身者，一众生身，二国土身，三业报身，四声闻身，五缘觉身，六菩萨身，七如来身，八智身，九法身，十虚空身。

A₁. 法融记云：善教者，约三乘。则此生他世顺益者，善也。此生他世违损者，恶也。②

这是 A 群与 B 群对《法界图》之"大圣善教"的注释。《法融记》A 对"大圣"作了注释，A₁ 对"善教"作了注释。因此，A 与 A₁ 应该是前后文，因中间插入了 B 之《清凉疏》而分开。且 B 之《清凉疏》对"十身"的说明，不是对《法界图》之"大圣善教"的注释，而明显是对 A 之《法融记》中的"十身"的补充说明。从以上两个例子可以看出，

---

① 《法界图记丛髓录》卷上之一，《大正藏》第 45 册，第 718 页。
② 《法界图记丛髓录》卷上之一，《大正藏》第 45 册，第 718~719 页。

A 群的《法融记》等三部著作是对《法界图》的注释，而 B 群中的若干典籍具有对 A 群之注释的性质。因而《丛髓录》中，A 群为主，B 群为附属。

鉴于此，《丛髓录》不是没有可能经过一次、二次编撰。也就是说，也不是没有人怀疑汇集了《法界图》注释书的 A 群是《丛髓录》的第一次编撰，而增添了 B 群之典籍是二次作业。此书的卷次划分为卷上之一、二，卷下之一、二，也是令人生疑的原因。当然无须赘言，此书最初的形态也有可能就是 A 群与 B 群的注释书一起编撰的，所以从哪一方面来看都可以。尽管从现存资料难以做出判断，笔者还是怀疑此书有可能被增补。

（二）编者与编撰时期

《丛髓录》不仅没有序、跋文，连编撰者也未详。当然，此书的现存版本是在 10 世纪后半期到 13 世纪中叶之间编撰完成的。因为不但《丛髓录》中引用了均如的《旨归章圆通钞》，而且它还是在 13 世纪作为高丽大藏经的增补版入藏的。不过，也有观点认为《丛髓录》的作者是高丽后期的华严学僧体元，金知见就持此说。[①] 他的根据是，体元属义相系，而且《丛髓录》与其著作有相似性。也就是说，此书是相关资料的集大成，而体元本人更关心收集而不是创作。这与他整理《白花道场发愿文略解》或《华严经观自在菩萨所说法门别行疏》的方法相同。不过，由于最近弄清楚了体元的活动年代，所以《丛髓录》作者是体元的说法难以令人信服。据蔡尚植的研究，体元主要活动时间为1320～1330 年，而在此 100 年前《丛髓录》就已经作为增补版入藏了，所以难以认定体元是《丛髓录》的编撰者。[②] 蔡尚植的这一观点无疑是可以接受的。这样此书的编撰者与编撰时期问题还是遗留了下来没有得到解决。

笔者也没有资料能够轻易解决这些问题。在此笔者仅想指出，为解决这些问题有必要考虑一下下面的几种情况。

---

① 金知见：《新罗华严学的谱系与思想》，《学术院论文集》12，1973。
② 蔡尚植：《体元的著作与华严思想》，《韩国华严思想研究》，东国大学出版部，1982，第 244 页。

第一，此书之 B 群中引用了均如的《旨归章圆通钞》，不过却全然没有引用均如对《法界图》的注释书《一乘法界图圆通记》。如果留意到均如此书应该在 A 群中被引用而实际上却未被引用，那么无法排除以 A 群为中心的第一次编撰是在均如之前完成的可能性。

第二，将《丛髓录》的性质与高丽时代华严思想史的潮流结合起来理解。从作为义相系新罗华严学之集大成的《丛髓录》内容来看，其与均如的华严学著作脉络相同。因此，此书也可以看作和对均如的认识同步。而主要活动于 11 世纪后半期的义天，则激烈地批判了均如等人的华严学，甚至于到了严厉的程度：

> 世所谓均如、梵云、真派、灵润诸师，谬书语不成文，义无通变。荒芜祖道，荧惑后生者，莫甚于斯矣。①

义天编写刊行《续藏经》的预定目录《新编诸宗教藏总录》时，剔除了均如的许多著作，这并非偶然。② 均如著作重新引起关注，靠的是 13 世纪中叶与义天有不同立场的天其等人。因为天其曾收集、整理或讲解了均如的很多著作，他的弟子们还以高丽大藏经的增补版的形式将均如的著作收入藏中。开泰寺的僧统守其校勘高丽大藏经时，也就是李藏用润色被义天批为"章句鄙野，杂以方言"、"将来君子，宜加润色"③ 的《锥洞记》的时期。④ 考虑到高丽华严学的这一潮流，可以认为《丛髓录》的编撰时期，要么是均如圆寂后（973 年）到《均如传》完成的 1075 年左右的约 100 年之内，要么是天其等人活动的 13 世纪中叶。

第三，可以推定，《丛髓录》与天其等人有直接的关系。原因可以通过对此书所引的《旨归章圆通钞》与《十句章》的考察而得知。《丛

---

① 义天：《示新参学徒缁秀》，《大觉国师文集》卷 16。
② 崔柄宪：《义天在韩国华严思想史上的位置》，《韩国华严思想史研究》，东国大学出版部，1982，第 187 页。
③ （高丽）义天：《新编诸宗教藏总录》，《韩国佛教全书》第 4 册，东国大学出版部，1979，第 682 页 a。
④ 《高丽史》卷 102，《列传》15，《李藏用传》。

髓录》中引用了《旨归章圆通钞》相当长的部分，和现存《旨归章圆通钞》对照来看，二者之间有相当字数的差异。下面选择部分引文进行对比。

《旨归章圆通钞》	《法界图记丛髓录》
新罗僧智通，乃相德十圣弟子之一也。居大伯山弥理岩穴，修花岩观。忽一日，见大猪过穴门。及通依常礼木刻尊像，尽其诚恳。像曰：过穴之猪，是汝过去身。我即是汝当果之佛也。通闻此告，即悟三世一际之法门矣。后诣相德叙之，相德知其成器，遂以法界图印授也。①	新罗僧智通，乃相和尚十圣弟子之一也。居大白山弥理岩穴，修花岩观。忽一日，见大猪过穴门。及通依常礼木刻尊像，尽其诚恳。像语通曰：过穴之猪，是汝过去身。我即是汝当果之佛也。通闻此告，即悟三世一际之旨。后诣相德叙之，相德知其成器，遂以法界图印授之也。②

《旨归章圆通钞》原藏于开泰寺，1234 年（高丽高宗二十一年）天其发现它后，开始讲授。天其圆寂后，1248 年（高丽高宗三十五年）其弟子删除了其中的方言，《旨归章圆通钞》开始流传，即是现存本。这样看来，《丛髓录》中所引的《旨归章圆通钞》，是 1248 年天其的弟子们刊行的现行本之前的刊行本。

同时，《丛髓录》中所引《十句章》中的第 2 句与第 10 句部分，与现行的《十句章圆通记》中的《十句章》原文一致。均如之《十句章圆通记》乃是其门人昙林用方言记录的，收于溪龙山甲寺之教藏中。1226 年天其发现后，屡次讲授。天其删除书中的方言后，此书开始流传。1250 年（高丽高宗三十年），天其的弟子们刊行此书。笔者特别注意到，删除方言后的本子与之前的本子有相当程度的差异。不仅能找到具体的例子，且也与前文所对比的《旨归章圆通钞》的例子类似。

---

① （高丽）均如：《释华严教分记圆通钞》卷下，《韩国佛教全书》第 4 册，东国大学出版部，1979，第 139 页 c～140 页 a。
② 《法界图记丛髓录》卷上之一，《大正藏》第 45 册，第 725 页 a～b。

①《十句章圆通记》	②《法界图圆通记》
今日呼一名时，一切称皆直是此一名。论闻者时，闻一名字，一切皆直闻也。若闻凡名 非圣等者，则有五过。一不正信，二退勇猛，三诈他，四谤佛，五轻法也。呼一时一切口，许者二义。一藏师云：呼一名时，一切各各自名口许。二相和尚云：呼一时一切共一名口许。①	今日呼一名时，一切名皆直是一名。论闻者时，闻一名字，于一切名皆直闻也。若闻凡名，非佛菩萨等者，则有五种过。谓一不正信，二退勇猛，三诳他，四谤佛，五轻法也。呼一时一切口，许有二义。一者藏师，呼一名时，一切各各自名口许。二者相师，呼一名时一切共一名口许。②

这是法融《十句章》的第 2 句在①天其删除方言后的现存本和②《法界图圆通记》中的引用部分。虽然二者均为均如所引，但文字上有不少差异。②也是天其校订的，而此前已经有两个不同的本子，也有校订本。如果我们注意到均如所引的《十句章》中，也和①与②一样，有文字上的差异，《丛髓录》中引用的《十句章》之第 2 句与上面画线的文字完全一致，而且第 10 句也一致，那么这很难说是偶然。换句话说，《法界图记丛髓录》中引用的《十句章》的内容，与天其删除方言后的现存本《十句章圆通记》相同，因此《丛髓录》有可能是天其编撰的。

二 引用文献研究

（一）《法界图》之注记

1.《法融记》

《法融记》是法融对《法界图》的注记。法融是"浮世嫡孙"神琳的弟子。③ 因此，他是自义相开始的第四代，也许是公元 800 年左右活跃的华严学僧代表之一。④ 《法融记》在《丛髓录》中被引用 47 次，以

---

① 《十句章圆通记》卷上，《韩国佛教全书》第 4 册，东国大学出版部，1979，第 48 ~ 49 页。
② 《华严一乘法界图圆通记》卷下，《韩国佛教全书》第 4 册，东国大学出版部，1979，第 28 页。
③ 《十句章圆通记》后志，《韩国佛教全书》第 4 册，东国大学出版部，1979，第 81 页。
④ 金相铉：《新罗华严学僧的谱系及其活动》，1984，第 57 页。

"法融大德记"、"法记"、"融记"、"法融云"等标记。《法融记》对《法界图》进行忠实地随文注释，即是以随文释的方法叙述的独立著作。《法融记》中引用义相和尚说 2 次，相元、神琳、顺梵、行将等说各 1 次，古人说 1 次，智俨说 5 次，远公说 2 次，法藏说 3 次，佛陀三藏说 1 次，大乘同公说 1 次，融顺说 1 次，还有《普法章》1 次，《十种净土章》1 次。所引诸说中新罗学僧之说是重要的资料，其中所介绍的义相之弟子相元与其徒孙神琳的问答也值得关注，这是证明法融为神琳之弟子的可靠资料。法融也撰写了《十句章》，作为对智俨之十句的注释书，其全文收录于均如的《十句章圆通记》。《法界图记丛髓录》中引用《法融记》达 47 次，说其转载了原书的大部分也不为过。因此，通过《法融记》和《十句章》，可以研究法融的华严思想，也可以理解义相的华严思想是如何通过法融得以继承、深化的。

2.《大记》

《大记》在《法界图记丛髓录》中被引用达 50 次之多，所占比重最大。然而，它是谁、在什么时候编撰的，还不确定。从其中出现了"崇业说"① 并引用了崇业的著作《观释》来看②，《大记》是在崇业撰写《观释》之后完成的。而曾为神琳弟子的崇业，活动时间为 9 世纪前半期到 9 世纪中叶。③ 因此，《大记》撰写于 9 世纪中叶以后某个时期。下一个问题是此书撰写年代的下限。此书所引均为活跃于 9 世纪前半期的义相系华严学僧崇业、质应、融质等人之说，而未见之后的学者之说。尤其是注意到《法界图记丛髓录》之 B 群之注释中引用了《南岳观公记》与均如之说，将《大记》看作 9 世纪后半期撰写的著作也没有问题。

《大记》究竟是以作者的名字命名还是有其他的意义，难以判断。不过，鉴于《法融记》与《真秀记》都以作者名字命名，也就是说这两部著作分别是法融、真秀对《法界图》的注记，故分别称为"法记"（或"融记"）、"真记"，《大记》也可以看作类似的情况。在新罗义相系之华严学僧中，法名中有"大"字的，是大云法师君。他也可能是神琳的弟子。因为神琳在讲法时，他曾经提问过。① 不知道是否可以贸然地推测，《大记》可能是大云法师君对《法界图》的注记。当然，一般略称的时候都取名字中后面的字。但也有取名字之前面的字的，鲜明的例子就是《丛髓录》中的"法记"、"真记"。此外，《大记》中引用了《普法章》、《十玄章》、《六相章》、《开宗》、《观释》、《法界品》、《法界品抄》等著作或品目，还有义相、真定、表训、思惟、神琳、质应、融质、崇业等新罗义相系华严学僧及智俨、法藏等唐代华严学僧之说。

3.《真秀记》

标以"真秀大德记"、"真秀德记"、"德记"等的《真秀记》在《丛髓录》中共被引用 24 次。然而目前为止真秀在其他任何文献中都没有得到确认。不仅如此，《真秀记》中也没有引用任何新罗华严相关著作或学说，只引用了中国的智俨说 1 次、法藏说 2 次，还有名字不详之古德说 1 次，因此难以确定真秀的活动时期及其撰写《真秀记》的时间。从《丛髓录》中所引用的《真秀记》之内容来看，可以确定《真秀记》是对《法界图》的随文注释。较之于《法融记》或《大记》，《真秀记》注释得非常简单。《丛髓录》中的引用顺序，大体是《法融记》、《真秀记》、《大记》，如果这与三本注记的撰述年代有关，《真秀记》也可以看作新罗著作。推测此书为新罗著作的重要理由，是因为它与《丛髓录》B 群中所引均如等人的著作有所不同。

（二）新罗与中国的文献

1. 新罗华严关联典籍

比《法界图》原文缩进两个字，笔者出于方便将其称为 B 群，其中所引新罗华严学关系典籍有：《道身章》7 次，《智通记》（包括《锥穴记》与《锥穴问答》）3 次，《十句章》2 次，《古记》20 次，《崇业师观释》2 次，《自体观佛论》2 次，《简义章》2 次以及均如的《旨归章圆通钞》与《圆通首座记》等。

《道身章》曾被称为《一乘问答》，是义相弟子道身记录的义相之讲

---

① 均如：《十句章圆通记》卷下，《韩国佛教全书》第 4 册，东国大学出版部，1979，第 63 页。

义。它在均如著作中也被引用了 40 余次。义相十大弟子之一的智通，记录了其师在锥洞 90 日会上的讲义，就是《智通记》。它也被称为"华严锥洞记"、"锥穴记"、"锥穴问答"、"要义问答"等。《智通记》也曾被均如著作引用 20 余次。《道身章》与《锥洞记》是理解义相华严思想的贵重资料。法融的著作①《十句章》，如前所述，其全文被均如的《十句章圆通记》所引。

《南岳观公记》之"观公"也许是均如著作中出现的南岳灵观。② 当然，观公也可以看作与希朗对立的观惠。不过一般来说，名字的略称会取名字中后面的字，再加上均如的著作中引用了灵观之说 4 次而全然未引用观惠之说，故将观公看作灵观较为合理。而且，南岳观公的活跃时间约在 10 世纪前半期。从《南岳观公记》中引用了神琳的学说来看，③ 观公为神琳之后的人物，具体地说是华严宗分为南北岳之后的新罗末期活动的人物，因为他属于南岳。《崇业师观释》指的是神琳之弟子崇业的著作《观释》。如前所述，崇业活跃于 9 世纪前半期到 9 世纪中叶。

《古记》在《丛髓录》中被引用 20 次之多，是 B 群典籍中被引用最多的。《古记》的内容不是像《法融记》那样的随文注释，也可能不是对《法界图》的注释。《古记》到底是不是书名、其确切的编撰时间和编撰者是谁，均不详。不过，《古记》的所写时间可以确定。《古记》中在引用、介绍完《华严经》的"十重解释"之后，说这是梵体大德传给润玄德的。④ 如果润玄是生活于 9 世纪前半期的梵体的弟子的话，可以推测他的活跃年代约在 9 世纪中叶。故此《古记》应写于 9 世纪中叶以后。《古记》中对表训、真定、智通、相元、神琳、融秀、大云法师君、梵体、润玄、质应等义相系华严学僧之说多有引用，这是此书的特点，也赋予了此书很高的资料价值。

《自体观佛论》在《丛髓录》中仅被引用 1 次。它也是作者与编撰时

---

① 金相铉：《新罗华严学僧的谱系及其活动》，1984，第 60~64 页

② 均如：《释华严教分记圆通钞》，《韩国佛教全书》第 4 册，东国大学出版部，1979，第 483 页 b。

③ 《法界图记丛髓录》卷上之二，《大正藏》第 45 册，第 764 页 c。

④ 《法界图记丛髓录》卷上之二，《大正藏》第 45 册，第 767 页 a。

期不详的文献。当然，它是独立的著作还是某本著作中的一篇不得而知。为了叙述的方便，笔者将其先看作独立的著作。尽管此书存在这样的问题，但是因为其与义相有很深的关系，所以尤其受到关注。《自体观佛论》中，就如何观照自体佛的疑问，以下面的四句偈来回答，还有关于此四句偈较为详细的问答。

> 诸缘根本我，一切法源心。
> 语言大要宗，真实善知识。①

《自体观佛论》中的问答是在义相与其弟子之间进行的，义相以四句偈来回答了弟子的疑问。这可以从下面的记载中得到确认。

> 表训、真定等十余德从和尚所学此印时，问云：不动吾身即是法身自体之义，云何得见。于是和尚即以四句偈子而答之云：诸缘根本我，一切法源心。语言大要宗，真实善知识。仍云：汝等当善用心耳。②

不管是《自体观佛论》中的"如何观自体佛"的疑问，还是上面所引的"不动吾身即是法身自体之义，云何得见"一句在《大记》中有同样的内容，尤其是同样以四句偈来回答这一点，都说明《自体观佛论》中的问答确实是义相与其弟子之间进行的。《大记》中记载，在学习了四句偈后，表训写了《五观释》，智通写了《三门释》。因此，《大记》要比《自体观佛论》对四句偈的说明更为详细，确实是珍贵的资料。由于《自体观佛论》是义相与弟子们问答的记录，把义相看作作者也没什么错误。但很可能与《道身章》或《智通记》一样，它也是由义相某位弟子整理的。《丛髓录》中所引的《自体观佛论》中出现了两次"一本云……"这样的详细注释，说明在《丛髓录》撰写的时期，《自体观佛论》已经有了异本在流通。

《简义章》是谁在什么时候写的，不得而知。不过注意到其中引用了

---

① 《法界图记丛髓录》卷上之二，《大正藏》第 45 册，第 759 页 b。
② 《法界图记丛髓录》卷上之二，《大正藏》第 45 册，第 721 页 a。

义相《法界图》① 的话，笔者推测，它极有可能为新罗华严学僧的著作。

2. 中国与其他典籍

《丛髓录》的 B 群典籍中引用了中国的智俨、法藏、澄观、传奥、神秀等人的著作。

尽管智俨的《入法界品抄》与神秀的《妙理圆成观》仅被引用 1 次，而且是片段，但也不能说不重要，因为这两本著作现均已不存。法藏的著作中，《华严三昧观》、《教分记》与《旨归章》各引用 1 次，另外，《探玄记》被引用 3 次。清凉澄观的《清凉疏》被引用 4 次，《十二因缘观》与《华严略策》各被引用 1 次。另外，傅奥的《华严经锦冠钞》被引用 1 次，法常的《摄论疏》被引用 1 次。

此外，还引用了笔者无法确认作者的《大宗地玄文论》、《四大常转法轮观》、《心轮钞》和《所诠章》等。《所诠章》在《简义章》和均如的《释华严旨归章圆通钞》中也被引用。虽然笔者贸然推测此书可能为新罗时撰写的，但不知确实与否。

三　佛教史的意义

《丛髓录》是《法界图》注释书之集大成，这是它的首要意义。作为海东华严初祖的义相，在韩国华严思想史上占有非常重要的位置，他的《法界图》也影响很大。对《法界图》的研究，从新罗持续到朝鲜时代，其中有新罗的《法融记》、《大记》、《真秀记》，高丽均如的《华严一乘法界图圆通记》与编者未详的《丛髓录》，还有朝鲜时代金时习的《大华严法界图注》和有闻的《法性偈科注》等。特别是《丛髓录》中不仅几乎原封不动地引用了《法融记》、《大记》、《真秀记》等新罗时期的三本注释书，还对它们进行了再编辑，并附加了很多华严相关文献的注释。这可以使人们更加深入理解《法界图》。当然，这也与义相撰写《法界图》的"执名之徒还归无名真源"的意图渐行渐远。不过，从今天的立场上来看，《丛髓录》所具有的重要意义，在于它传承了许多新罗华严典籍。

---

① 《简义章》中的"如图文云：依三乘方便教门故，高下不同。依一乘圆教故，无有前后等"一句，就引自《法界图》的释文部分。

它引用了义相的讲义《道身章》与《智通记》还有《自体观佛论》等，堪称理解义相华严教学的重要资料。不仅如此，通过书中对《法界图》的新罗三本注释书《法融记》、《大记》与《真秀记》的引用，我们可以揣测新罗时期解释《法界图》的态度。此外，还有《南岳观公记》、《崇业师观释》、《古记》等著作的引用，虽然是片段式的，但却提供了研究新罗华严教学的珍贵资料。另外，书中还包含了有关中国智俨的问答、义相与其弟子间的问答以及从义相到新罗末期为止新罗义相系华严学僧活动的资料。这些资料可以整理如下：

①道身章云：……俨尊者以喻示相和尚云：如人梦见父及祖父登上盖屋，子与孙子在下输瓦。自处中间，传次而授也……（725页c）

②道身章云：俨师迁神十个日前，学徒进所问讯。师问大众曰……（725页c）

③古记云：相和尚总章元年十月十一日，在清禅寺般若院中……问是义云何。师曰：下至世俗之法，皆是中道实相也。遂说十重总别，以示之。俨师行录中总别之文即是此也……（737页a）

④大记云：……古辞云，晓师遇相和尚决疑有三：谓一始觉同本觉。为凡为圣之义；二湿过海种种心之义；三此能诠所诠皆在言中之处也……（752页b）

⑤古记云：相和尚住大伯山大芦房时，为真定、智通等，说行人欲见十佛者，应先作眼目通等。问：云何是眼目耶？和尚曰：以花严经为自眼目。所谓文文句句皆是十佛……（758页a）

⑥古记云：一乘十地如何见耶？答，浮石山四十日会和尚云：一乘十地横也竖也。相元、智通等以谓已得和尚之意，及其会终各呈所领。和尚曰：并不得也。一乘十地者，依寂灭道场始成正觉佛心而见也。后林德释云……（742页b）

⑦道身章云：相和尚曰；一微尘中含十方世界者，同是无住故尔。元师问云……

⑧旨归圆通钞云：……又罗国僧智通乃相和尚十圣弟子之一也。

居大白山弥理岩穴，修花严观……后诣相和尚叙之。和尚知其成器，遂以法界图印授之也。（725 页 a～b）

⑨大记云：……表训、真定等十余德从和尚所学此印时，问云：不动吾身即是法身自体之义，云何得见？于是和尚即以四句偈子而答之云……表训德作五观释……真定德作三门释……（721 页 a）

⑩古记云：表训德问相和尚言：云何无住？和尚曰……（721 页 c）

⑪大记云：……又以四满义科……亦是训德之义。上元元年在皇福寺说也……（721 页 b）

⑫大记云：……真定德云……（724 页 b）

⑬古记云：……昔相元师问真定师云……（722 页 a）

⑭法记云：……成佛之义顺梵行，将二德立为圆满佛。余人等立为随分佛。于是林德举此二义，就问相元。元曰：俱非和尚之意……（739 页 c～740 页 a）

⑮古记云：昔林德入唐就融顺师作难而问：既已成佛，初初不动凡身何？顺云：六相之中有同异也。有何难哉……（735 页 c）

⑯古记云：……月瑜寺神琳德云……（722 页 a）

⑰古记云：……又林德说法之时，大云法师君白言：缘起分说法如是。证分说法云何？林德默然有顷云……（722 页 a）

⑱古记云：……此是林德授融秀之义，约观心体圣教而说也……（724 页 c）

⑲崇业师观释云：……质应大德在大白山智悟师薮结夏之次，得大经中法性无所转文。及孔目中性种性本有习种性修生者非佛法所乐，乃至云法性外有修生起者缘起可增失等文。呈于林德云：此是湿过海之证耶？林德曰：是也……（723 页 b）

⑳古记云……此是梵体德所传，润玄德所受也。梵体德云：昔质应德在世，达薮讲起信论时云……（767 页 a～b）

①与②是义相与智俨之间的问答，被《道身章》记录下来，这应该是义相直接传给弟子的。③古记之引用，尽管是片段式的，但这是关于智

俨之传记，所以值得关注，特别是它反映了智俨的行录是如何在新罗流传的，这在均如的著作中也得到了确认。④是说明义相与元晓之间关系的资料。⑤到⑩是义相与其弟子们——真定、智通、相元、表训等人之间的问答，有助于理解义相的华严教学与当时的情况。⑪、⑫、⑬是关于义相的弟子表训、真定、相元等人的记载。⑭是义相弟子相元与徒孙神琳之间的问答，而⑰、⑱、⑲等是神琳与其弟子们大云法师君、融秀、质应等人的问答。⑳反映了质应、梵体、润玄等人顺次传承华严教学的情况。因此通过这些资料可以确定，直到新罗后期，义相系之华严教学仍然薪火相传，连绵不断。

第三章

新罗华严宗的僧侣及其寺院

关于韩国华严宗的成立时期，有种种不同的见解。而笔者认为，新罗华严宗是自义相开始发展起来的。因为义相的塔号明明白白地写着"海东华严初祖"，他的华严教学与信仰持续不断地为后继者所继承与发展，9世纪后半期华严宗僧侣们以"我业"来指代华严，并对历代华严祖师们进行崇拜。为了理解新罗华严宗的发展，必须考察僧侣们的谱系与活动，还有华严宗所属寺院。如前所考，均如的著作和《法界图记丛髓录》中引用了不少义相系新罗华严学者的学说。所以在本章中，笔者将运用这些资料，考察这些僧侣的活动时期与师承关系，还要调查整理华严十刹和其他寺院。希望这样的基础性研究有助于把握新罗华严宗的发展历史或变化。

第一节　华严宗的僧侣及其活动

一　义相系之师承关系

（一）义相之传教与十大弟子

将义相看作海东华严初祖的最重要的理由，是因为他在新罗传播了华严教学。义相回国后，为寻找振兴华严教学的福善之地遍览山川，于公元676年（新罗文武王十六年）在太白山创建了浮石寺。其后，浮石寺成为新罗华严宗的中心道场，义相也因此被后世尊称为浮石尊者。义相在太白山的教化活动使国王也愈发对其恭敬，他的教化活动广为人知，甚至到了脍炙人口的程度。义相的教化活动，不是依靠著作或个人行为，而是依靠组织教团、重视弟子们的教育。义相这样的教化活动，与同一时代的元晓相比，可以说更加突出。① 法藏给义相的书信中反映了义相的教化活动有多么活跃。

> 仰承上人，归乡之后，开阐华严，宣扬法界无碍缘起，重重帝网，新新佛国，利益广弘，喜跃增深。是知如来灭后，光辉佛日，再转法轮，令法久住者，其惟法师矣。②

当然因为是书信，可能会有夸张与修饰的成分，但是看到义相在小伯山锥洞讲授《华严经》时有三千人云集的记载，③ 很容易了解他的教化活动进行的怎样。

义相的教化活动中，最值得注意的是他对弟子的教育。他曾对十余名弟子讲解《法界图》，④ 也曾在浮石山四十日会上与弟子进行关于一乘十地的问答。⑤ 还有，他曾在太白山大芦房讲解"行境十佛"，⑥ 也曾在小伯山锥洞讲解《华严经》90 天。⑦《宋高僧传》中"凡弟子请益，不敢造次。伺其怡寂，而后启发。湘乃随疑解滞，必无滓核"（T50，第 729 页）的记载，使我们了解了义相非常认真的教育方法。当表训等人对"不动吾身即是法身自体之义"提出疑问时，义相以四句偈回答之后，又嘱咐说："汝等当善用心耳"。⑧ 另，他在解释"自体佛"后，又提醒弟子们："此甚大要，常可思之"。⑨ 义相将法藏的《探玄记》（20 卷）分给真定、相元、亮圆、表训等人各 5 卷，让他们讲解，而之前自己已经先闭门研究

---

① 高翊晋在《元晓思想之历史意义》（《东国史学》14，1981，第 65 页）中说："元晓止于著作和个人的教化活动，没有开展类似组织教团这样有组织的思想运动"。
② 《贤首国师寄海东书》，《圆宗文类》卷 22，《韩国佛教全书》第 4 册，东国大学出版部，1979，第 635。
③ 一然《三国遗事》卷 5，"真定师孝善双美"条。
④ 《法界图记丛髓录》卷上之一，《大正藏》第 45 册，第 721 页 a~b。
⑤ 《法界图记丛髓录》卷上之一，《大正藏》第 45 册，第 742 页 b。
⑥ 《法界图记丛髓录》卷上之一，《大正藏》第 45 册，第 758 页 a。
⑦ 一然：《三国遗事》卷 5，"真定师孝善双美"条。
⑧ 《法界图记丛髓录》卷上之一，《大正藏》第 45 册，第 721 页 a。
⑨ 《法界图记丛髓录》卷上之一，《大正藏》第 45 册，第 759 页 b。

了 10 天。义相还嘱咐弟子："因楄出楄，执柯伐柯。各宜勉㫋，无自欺也。"① 这些例子都让我们看到了义相认真教育弟子的样子。《宋高僧传》的"湘讲树开花、谈丛结果"（T50，第 729 页）一语可以说指出了弟子们继承了义相的传教活动，并将其发扬光大。

义相弟子众多，但是特别有名的是十大弟子，也就是《三国遗事》中列举的悟真、智通、表训、真定、真藏、道融、良圆、相源、能仁、义寂等人。这十大弟子也被称为十圣弟子，都被尊为圣人。② 十大弟子中，真定、相圆、亮元和表训似乎更加杰出，因为《法藏和尚传》中将他们称为"四英"。③《宋高僧传》中说智通、表训、梵体、道身等人为"登堂都奥者"，是啄巨卵飞出的"迦留罗鸟"，即鸟中之杰。④ 真藏、道融、能仁等人只知名字，生平不详。另外，义寂被看作义相的弟子，是有问题的。如前所述，他极有可能是法相宗僧人。此外，梵体不是义相的嫡传弟子。

1. 表训

表训是义相的杰出弟子，是与义相一起被奉安在兴轮寺灿烂的金堂上的十圣之一，是受人敬仰的人物。⑤ 表训曾与真定等十余大德一起跟义相学习《法界图》。当然，当时他据义相的四句偈写了《五观释》，又在真定写的《三门释》上补充了"不动建立门"使其成为四门。他的《五观释》在《法界图记丛髓录》所引的《大记》中有引用。⑥ 此外，他的学说还在均如的《十句章圆通记》中被引用 4 次、《释华严旨归章圆通钞》中 1 次、《华严经三宝章圆通记》2 次，《法界图记丛髓录》中的《古记》1 次、《大记》3 次。681 年（神文王元年）四月表训应王之请常住梦城

---

① 崔致远：《法藏和尚传》，《韩国佛教全书》第 3 册，东国大学出版部，1979，第 775 页 c。

② 《三国遗事》中将他们称为亚圣，均如在《释华严教分记圆通钞》中称他们为"十圣弟子"（《韩国佛教全书》第 4 册，第 139 页 c），而《海东华严始祖浮石尊者讚》中则说"十圣传法（《韩国佛教全书》第 4 册，第 632 页 b）"。

③ 《韩国佛教全书》第 3 册，第 775 页 c。

④ 《宋高僧传》卷四，《新罗国义湘传》，《大正藏》第 50 册，第 729 页。

⑤ 《三国遗事》卷 3 之 "东京兴轮寺金堂十圣" 条，卷 2 之 "景德王·忠谈师·表训大德" 条，卷 5 之 "大城孝二世父母·神文王代" 条等中，均称表训为圣人。

⑥ 《法界图记丛髓录》卷上之一，《大正藏》第 45 册，第 721 页 a ~ b。

寺，为文武王祈祷冥福而行忏法，[1] 后来又在金刚山万瀑洞创建表训寺。[2]
义相入寂后，他驻锡皇福寺。尤其是应该注意表训曾在皇福寺为大正角干
解说三本定一事，这与金大城营造佛国寺和石窟庵有关。对此，笔者将在
下文中详细讨论。

《三国遗事》中惠恭王的出生传说也与表训有关。即应表训向天帝之
请，景德王才得到子嗣，就是惠恭王。[3] 传说中记载，像女人一样的惠恭
王荒废朝政，导致国家陷入混乱，而强调表训能往来于天地间，是具有法
力的圣人。表训往来于天宫，虽可以理解为"不起树王罗七处于法界"
的象征，[4] 但其实是对惠恭王出生传说的附会。也有观点认为，表训与表
员为同一人，[5] 但实际上他们为不同的两个人。因为表员的著作《华严经
文义要诀问答》中虽引用了 2 次义相的学说，但其中的 1 次是对义相学说
的批判。[6] 另外，最近也有认为表训原为瑜伽系僧人，师从义相的弟子真
定后转向华严学，所以根本不是义相弟子的观点出现。[7] 这一观点，笔者
根本无法理解。表训与大正相遇的时候，他住在皇福寺，记录他们之间问
答的缙绅，[8] 是表训的弟子。

2. 真定

真定出家前在军队服役。他由于家贫无法成亲，服役之余还经商奉养
祖母，极其孝顺。听说义相在太白山教授佛法饶益众生，真定就到太白山
投入义相门下。[9] 如果义相在太白山开始教化的时期是在其创建浮石寺的
676 年（文武王十六年）以后的话，真定出家的时间也应是此后。尽管
《毗卢寺事迹记》是后世的记载，资料价值相对较小，但其中记载了真定

---

① 《佛国寺古今创记》，《佛国寺志》，亚细亚文化社，1983，第 51 页。
② 《新增东国舆地胜览》卷 47，晋阳都护府，佛宇条。
③ 《三国遗事》卷 2，"景德王·忠谈师·表训大德"条。
④ 金苟石，前书，第 27 页。
⑤ 自云虚的《佛教辞典》（1961 年）开始，偶尔会有将表训与表员看作一人的见解出现。
⑥ 《韩国佛教全书》第 2 册，第 358 页 c。
⑦ 金福顺：《新罗后期华严宗研究》，高丽大学博士学位论文，1988，第 20 页。
⑧ 均如：《十句章圆通记》卷下，《韩国佛教全书》第 4 册，东国大学出版部，1979，第
63 页 a。
⑨ 一然：《三国遗事》卷 5，"真定师孝善双美"条。

出家时间。也就是神文王三年（683）毗卢寺创建的那一年。① 毗卢寺是真定入义相门学习三年后，义相为真定的亡母在小伯山锥洞讲授《华严经》90天后建立的寺院。此寺要是在683年建立的话，真定应该是在此三年前即680年（文武王二十年）出家的。这也与他听说义相在太白山教化的消息后出家的动机相符合。真定无疑是义相的杰出弟子。他曾听义相在太白山大芦房讲"十佛"，② 也曾写《三门释》。③ 此外，相元也曾问过真定"有住无住"的问题。④《大记》中还引用过真定的"三生灭说"。⑤

3. 智通

智通是伊亮公的家奴。他7岁时即661年（文武王元年）随灵鹫山朗智出家。传说在智通寻访朗智的路上，普贤菩萨现身了。于是智通从普贤菩萨受戒后，在朗智处行了拜师礼。⑥ 虽然有这样的传说，但不知道其中包含着什么样的意义。身为伊亮公的家奴的智通，7岁时在遇到朗智之前先从普贤菩萨那里受戒，这也许不过是把他的聪明和热忱的求道心给神秘化了。智通后来转投义相门下，亲听了义相在浮石寺四十日会、小伯山九十日会和太白山大芦房等地的讲义。由于早期曾在高僧朗智门下受业，对于义相的讲义，智通理解的比任何人都符合原意。这或许就是智通在义相的众多弟子中更加杰出的原因，尤其是注意到义相将法界图印传给智通的这一记载的时候。

> 新罗僧智通，乃相和尚十圣弟子之一也。居大白山弥理岩穴，修花岩观。忽一日，见大猪过穴门。及通依常礼木刻尊像，尽其诚恳。像语通曰：过穴之猪，是汝过去身。我即是汝当果之佛也。通闻此告，即悟三世一际之旨。后诣相德叙之，相德知其成器，遂以法界图印授之也。⑦

---

① 《韩国寺刹全书》卷上，东国大学出版部，1979，第579页。
② 《法界图记丛髓录》卷上之一，《大正藏》第45册，第758页a。
③ 《法界图记丛髓录》卷上之一，《大正藏》第45册，第721页a。
④ 《法界图记丛髓录》卷上之一，《大正藏》第45册，第722页a。
⑤ 《法界图记丛髓录》卷上之二，《大正藏》第45册，第747页c。
⑥ 一然：《三国遗事》卷5，"朗智乘云·普贤树"条。
⑦ 均如：《释华严旨归章圆通钞》卷下，《韩国佛教全书》第4册，东国大学出版部，1979，第139页。

智通修华严观，常常在木刻佛像前精诚礼拜。这使我们意识到，与其说智通是华严学者，不如说他是华严行者。另外，也有必要留意，义相与其弟子们相处时，具有非常强的实践修行的特点。义相知道智通取得的成就后，将法界图印授之，是不是意味着义相将华严教学传给他呢？当然，无论是智通还是谁，只要成器，义相就可以将法界图印传给他。至于义相授予智通法界图印，是否具有特殊含义，难以定论。702 年义相圆寂时，智通 48 岁。这说明智通主要活跃于 8 世纪前半期。他把义相在锥洞九十日会上所讲的内容记录下来，并整理成两卷的《锥洞记》。从李藏用（1201～1272）曾润色过《锥洞记》① 一事可知此书一直流传到 13 世纪。《锥洞记》和《道身章》本来是用新罗方言记录的。这通过义天对《锥洞记》和《道身章》的评价——"但以当时集者，未善文体，遂致章句鄙野。杂以方言，或是大教滥觞，务在随机耳。将来君子，宜加润色"② ——便可以知晓。所以李藏用对《锥洞记》加以润色，应是将其改为汉文。《锥洞记》也称为《华严锥洞记》、《锥穴记》、《锥穴问答》、《智通记》、《智通问答》和《要义问答》等。《锥洞记》与《道身章》一样，都是义相讲义内容的记录，也是使我们能够了解义相华严教学的重要资料。《锥洞记》在均如的著作中被引 20 余回，在《法界图记丛髓录》中被引 5 次。

4. 常元

常元，在《道身章》中作"常元"，而在《法融记》、《古记》、《十句章》等中作"相圆"，《法藏传》中作"相元"，《三国遗事》中作"相源"，称呼混乱。不过，由于这些称呼的（韩国语）发音相同，所以可以确定指的是同一个人。暂且采纳他的同门道身的说法，将其称作常元。常元参加了浮石寺的四十日会，也师从义相受业。③ 他好像提出过不少疑问。《十句章》中介绍了常元向义相提问的内容。④ 《道身章》中也可以

---

① 《高丽史》卷 102，《列传》15，《李藏用传》。
② 义天：《新编诸宗教藏总录》卷 1，《韩国佛教全书》第 4 册，东国大学出版部，1979，第 682 页 a。
③ 《法界图记丛髓录》卷上之二，《大正藏》第 45 册，第 742 页 c。
④ 均如：《十句章圆通记》卷上，《韩国佛教全书》第 4 册，东国大学出版部，1979，第 49 页 a。

看到常元所提的问题。① 他还曾向同门真定提问。② 或许常元是其同门中年龄较小的一个。后来常元按照其师义相的意思解答了神琳的疑问。③ 据此可以认为，常元较其他的同门长寿。

5. 悟真

在《八十华严》传入新罗后，悟真曾给唐朝的了源和尚写信，询问此经品数问题。④ 考虑到义相的弟子们活跃于 8 世纪前半期，他当然会接触到《八十华严》。新罗的悟真，与师从于唐代惠果、789 年去中印度而死于吐蕃的悟真⑤为同名异人，因为很难认为新罗的悟真活到 789 年。而《因明论备阙钞》、《法苑义林集玄钞》、《成唯识论义苑钞》的作者悟真，从其撰述特征上来看，是惠果之徒悟真的可能性较大。新罗之悟真在下柯山鹊岩寺时，每天晚上都会伸手将浮石寺的石灯点燃。⑥ 下柯山就是现在安东的鹤驾山。

6. 良圆

良圆，崔致远《法藏和尚传》中作"亮元"，而《道身章》中作"良圆"。⑦ 笔者以为，随其同时代的道身将其称作良圆较为妥当。均如的《一乘法界图圆通记》卷上曾引用过一次《良圆和尚记》：

> 问：法性与真性，何别？
>
> 答：良圆和尚记云：法性者，通真妄，取圆融。真性者，但约真法。何以故？真法自在故。能随缘妄法，不自在，不能随缘。是故证分中，现通真妄之法性。缘起分中，唯现自在真性之义。约智实论，

---

① 均如：《释华严教分记圆通钞》卷 5，《韩国佛教全书》第 4 册，东国大学出版部，1979，第 389 页。

② 《法界图记丛髓录》卷上之一，《大正藏》第 45 册，第 722 页 a。

③ 《法界图记丛髓录》卷上之二，《大正藏》第 45 册，第 740 页 a。

④ 均如：《释华严旨归章圆通钞》卷上，《韩国佛教全书》第 4 册，东国大学出版部，1979，第 120 页 a（原书作《释华严教分记圆通钞》，但按其提供的页码，出处原作应为《释华严旨归章圆通钞》。——译者注）。

⑤ 《大唐青龙寺三朝供奉大德行状》，《大正藏》第 50 册，第 295 页。

⑥ 一然：《三国遗事》卷 3 "义湘传教" 条。

⑦ 均如：《释华严旨归章圆通钞》卷上，《韩国佛教全书》第 4 册，东国大学出版部，1979，第 116 页 a（原书作《释华严教分记圆通钞》，但按其提供的页码，出处原作应为《释华严旨归章圆通钞》。——译者注）。

无差别也。①

这是对义相《法界图》中"法性"与"真性"有何区别的讨论。由此可见,《良圆记》有可能是良圆对《法界图》所做的注记,但还不能断定。《法界图记丛髓录》没有引用过《良圆记》,故到高丽初期,《良圆记》无疑已失传。

7. 道身

道身②是义相的嫡传弟子。但是,无论是《三国遗事》中义相之"十大弟子",还是《法藏和尚传》中的"四英",都没有道身。只有《宋高僧传》中说道身是"登堂睹奥者",像迦留罗鸟一般。道身留有义相讲义的记录《道身章》两卷。这从《宋高僧传》"如是义门随弟子为目,如云《道身章》是也"③ 一说可知。《道身章》中引用了智俨与义相的问答、元晓之说、义相与弟子们的问答以及义相弟子良圆和智通等人的学说,是了解义相的华严思想和义相当时的华严教学的贵重资料。

(二) 神琳与弟子们

自 702 年(圣德王元年)义相圆寂后到 8 世纪前半期为止,义相的华严教学被其弟子们继承下来。而到了 8 世纪中叶左右,"浮石嫡孙"④ 神琳⑤继承了浮石寺的华严学风。神琳曾跟义相的嫡传弟子相元(即上文中的常元)学习过"成佛之义"中的"圆满佛与随分佛"。⑥ 此外,还有"昔相元师问真定师云……"的记载。⑦ 不管是在称呼义相的嫡传弟子相元、真定等人时附加上"师"字,还是记载了与他们有关的故事,都是能够证明神琳为"浮石嫡孙"的较为明确的证据。不过,关于神琳生平前期的资料失传,所以无法确知他的活动时期。但考虑到其为"浮石嫡

---

① 均如:《一乘法界图圆通记》卷上,《韩国佛教全书》第 4 册,东国大学出版部,1979,第 7 页。

② 均如的著作中偶作"道申"。

③ 《宋高僧传》卷 4,《新罗国义湘传》,《大正藏》第 50 册,第 729 页 b。

④ 均如:《十句章圆通记》后志,《韩国佛教全书》第 4 册,东国大学出版部,1979,第 81a 页。

⑤ 神琳的"琳"字,标作"林"的时候也不少,但正确的应该是"琳"。

⑥ 《法界图记丛髓录》卷上之二,《大正藏》第 45 册,第 740 页 a。

⑦ 《法界图记丛髓录》卷上之一,《大正藏》第 45 册,第 722 页 a。

孙"，又曾驻锡过佛国寺，其弟子顺应曾于 766 年入唐求法等这些情况，神琳的活动时期大约为 8 世纪中叶前后的一段时间。从下面的资料可以知道他曾经入唐，并遇到过融顺和尚：

> 古辞 神林德 未往大唐时云 门相三乘 入唐还新罗云 地爻三乘也①
>
> 古辞 神林德 未入唐时云 空画三乘 入大唐来云 地画三乘也②
>
> 古辞 林德 于文二处义 一处未决所疑 往大唐 进融顺和尚所问也③
>
> 古记云 昔林德入唐 就融顺师 作难而问……④
>
> 古记云 林德入唐 得逢融顺和尚 问云 一乘中言黎耶者何耶⑤

他不仅通过入唐后遇到融顺和尚解决了几个疑问，而且他的华严思想以入唐为契机发生了变化。尤其需要注意的是，他曾在浮石寺为大众千余人讲授《华严教分记》。⑥ 在 8 世纪中叶有千余名大众云集浮石寺，说明当时华严教学的昌盛。但更需要注意的是，他讲授的是法藏的《华严教分记》。神琳也曾在佛国寺和月瑜寺⑦等地主持过法会。神琳曾负责佛国寺的法会，⑧ 符合《三国遗事》所引《古乡传》⑨ 的记载：佛国寺创建后，神琳曾驻锡过此寺。另外，由 "世达寺沙门神琳"⑩ 的说法可知他曾

---

① 均如：《一乘法界图圆通记》卷下，《韩国佛教全书》第 4 册，东国大学出版部，1979，第 35 页 c。

② 均如：《释华严教分记圆通钞》卷 5，《韩国佛教全书》第 4 册，东国大学出版部，1979，第 259 页 a。

③ 均如：《释华严教分记圆通钞》卷 10，《韩国佛教全书》第 4 册，东国大学出版部，1979，第 508 页 c。

④ 《法界图记丛髓录》卷上之二，《大正藏》第 45 册，第 735 页 c。

⑤ 《法界图记丛髓录》卷下之一，《大正藏》第 45 册，第 747 页 a。

⑥ 均如：《释华严教分记圆通钞》卷 10，《韩国佛教全书》第 4 册，东国大学出版部，1979，第 506 页 a。

⑦ 《法界图记丛髓录》卷上之一，《大正藏》第 45 册，第 722 页 a。

⑧ 均如：《释华严旨归章圆通钞》卷下，《韩国佛教全书》第 4 册，东国大学出版部，1979，第 125 页 c（原书作《释华严教分记圆通钞》，但按其提供的页码，出处原作应为《释华严旨归章圆通钞》。——译者注）。

⑨ 一然：《三国遗事》卷 5，"大城孝二世父母·神文王代" 条。

⑩ 均如：《十句章圆通记》卷上，《韩国佛教全书》第 4 册，东国大学出版部，1979，第 40 页 a。

经驻锡过宁越①世达寺。世达寺曾拥有庄舍，寺院势力很大。② 高丽初期世达寺改称兴教寺，③ 而从义天的《兴教寺礼神琳祖师影》④ 可知，到高丽前期为止，寺中还安奉着神琳的真影。

神琳在新罗华严思想史上拥有很高的地位。因为他活跃于 800 年前后，门下高徒辈出，他的学说在均如的著作中被引用 20 余处，在《法界图记丛髓录》中被引用 10 余处，对后代多有影响。

神琳的弟子有法融、崇业、融秀、大云法师君、质应和顺应等。

法融是神琳的弟子，这从《十句章圆通记》末尾的识记"新罗僧法融受业于浮石嫡孙神琳和尚"⑤ 可知。当然由于这是 1250 年（高宗三十七年）所记，所以史料价值相对较小。不过《十句章》的第 2 句中"融问琳德……琳德叹曰：此乃昔相元师，于相德前所问之义也。汝今亦问，叹已答言"⑥ 的说法也可以确定法融是神琳的弟子。《法融记》中介绍了神琳与义相弟子相元的问答，⑦ 也与法融是神琳弟子不无关系。法融有对《法界图》的注，在《法界图记丛髓录》中以《法融记》的题名被引用达 47 处之多。因此《法融记》的大部分得以保留到今天。《法融记》也是对智俨"十句"之注释书《十句章》的注释，全文被收入均如的《十句章圆通记》中。《十句章圆通记》是圆通首座即均如对法融《十句章》的注释。有关《十句章》的作者，有诸种异说。对此，笔者已在第二章详细讨论过。

神琳在浮石寺为大众千余人讲授《华严教分记》时，7 岁的小沙弥崇业参加了法会。这由下面的记录可以知道。

---

① 世达寺址在宁越郡南面兴越里兴教洞大华山东腹（参见《考古美术》第 8 卷第 4 号，1967）。
② 一然：《三国遗事》卷 3，"洛山二大圣·观音·正趣·调信"条。
③ 金富轼：《三国史记》卷 50《弓裔传》，一然《三国遗事》卷 3，"洛山二大圣·观音·正趣·调信"条。
④ 《大觉国师文集》卷 18 的目录中只看到此文的题目，全文的版本磨灭不传。
⑤ 《韩国佛教全书》第 4 册，东国大学出版部，1979，第 81 页 a。
⑥ 均如：《十句章圆通记》卷上，《韩国佛教全书》第 4 册，东国大学出版部，1979，第 49 页 a。
⑦ 《法界图记丛髓录》卷上之二，《大正藏》第 45 册，第 740 页 a。

　　林大德在浮石寺，与千余人讲此章时，至此文，谓大众曰：此有一问、二答、三难、四通处，谁能知之？有沙弥嵩业，年始七岁，白言：我已得矣。然龙象之前，岂可容易。当诣方丈，呈其所解耳。乃罢诣方丈，白云：何者是总相？一问也。答舍是，则二答也。此但椽等诸缘，何是舍者？三难也。椽即是舍者，四通也。如是古辞传也。①

　　从上面这一记录的末尾句子"如是古辞传也"来看，均如是将至高丽初为止口头流传的说法记录下来的。对神琳的提问，千余名的龙象们都回答不上来，而 7 岁的嵩业能够回答，显示出嵩业非凡的聪明才智。嵩业为神琳弟子一说不是没有问题，不过若当时嵩业是 7 岁的话，他的主要活动时期当为 9 世纪初到 9 世纪中叶。嵩业与 9 世纪中叶的梵体相遇②一事也就可以更加确定。嵩业的学说在《释华严教分记圆通钞》和《法界图记丛髓录》中都有引用，不过从"崇业师观释中，释明难品心性是一之文云"③ 来看，嵩业似乎有著作《观释》传世。

　　融秀是神琳的弟子。《法界图记丛髓录》中之《古记》在引用了俱舍颂及其解释后，接着说："此上所说初虽引俱舍，实非彼论义。此是林德授融秀之义。"④ 换句话说，书中所引《俱舍论》的论旨是神琳传给融秀后，再被《古记》引用的。大云法师君被认为是神琳的弟子则是因为有文献记载在神琳说法时，他曾经提问过。⑤ 关于质应，有下面两条文献资料。

　　崇业师观释中，释明难品心性是一之文云……质应大德在大白山智悟师薮结夏之次，得大经中法性无所转文及孔目中性种性本有习种

---

① 均如：《释华严教分记圆通钞》卷 10，《韩国佛教全书》第 4 册，东国大学出版部，1979，第 506 页 a。

② 均如：《释华严教分记圆通钞》卷 3（原书作卷下。——译者注），《韩国佛教全书》第 4 册，东国大学出版部，1979，第 308 页 b。

③ 《法界图记丛髓录》卷上之一，《大正藏》第 45 册，第 722 页 c。

④ 《法界图记丛髓录》卷上之一，《大正藏》第 45 册，第 724 页 c。

⑤ 均如：《十句章圆通记》卷上："古言，神琳德说法之时，大云法师君问曰：缘起分说法如是，证分说法云何？琳德嘿然良久云：答之已竟，意得耶？云法师君云：意未得也。"见《韩国佛教全书》第 4 册，东国大学出版部，1979，第 63 页 a。

性修生者非佛法所乐乃至云法性外有修生起者缘起可增失等文，呈于林德云：此是湿过海之证耶？林德曰：是也。①

　　梵体德云：昔质应德在世达薮讲起信论时云：若不得知花严经中十重解释者，终不能得花严文义。又若不知起信论中八重解释，则亦不能得此论文义也。②

应该注意到，质应在太白山智悟住持的寺院中夏安居时，学习《华严经》与《孔目章》后有所得，并向神琳印证。智悟师之"师"字，是崇业站在后辈的立场上对智悟的尊称，当无问题。另外，由崇业称"质应大德"、梵体说"昔质应德"可知，质应当活跃于崇业与梵体活动的9世纪前半期之前。质应早崇业、梵体一代，明显是神琳的弟子。当然，崇业也是神琳的弟子，不过从年龄上来说，应该是质应的后辈。质应曾在神琳驻锡过的世达寺开讲，也增大了质应是神琳弟子的可能性。关于他重视《起信论》的记载，也是能够使我们了解当时华严教学特点的资料。

766年（惠恭王二年）神琳的弟子顺应入唐。或许顺应在入唐前就入神琳门下。下文再对顺应进行考察。

（三）法融与顺应的后继者

1. 法融的后继者

法融的弟子有梵体，而融咄与融质等是与法融有着某种因缘的僧侣。

梵体在840年（文成王二年）左右驻锡浮石寺时，智证国师道宪（824～882）入其门下学习。832年9岁的道宪上浮石山，初受梵体启蒙，840年17岁时在琼仪律师处受具足戒后，登上讲坛。③ 因此，如前所述，道宪在梵体门下学习的时间是832年到840年。梵体自师傅法融处亲受对"十句"的注释，因此即便法融是《十句章》的作者，但是将其记录、编撰并流布于世上，也不能不说是梵体的功劳，故《十句章》的传播时期当为梵体活动的9世纪前半期。梵体曾听世达寺质应说："若不得知《花

---

① 《法界图记丛髓录》卷上之一，《大正藏》第45册，第722页c～723页b。
② 《法界图记丛髓录》卷下之二，《大正藏》第45册，第767页a29～b4。
③ 《凤岩寺智证大师寂照塔碑》，《朝鲜金石总览》卷上，第90页。

严经》中十重解释者，终不能得花严文义"，他还将《华严经》中的"十重解释"传给润玄。① 可见，梵体曾跟质应学习过，也曾经教过润玄。另外，神琳也曾从崇业那里接受了神秀的学说。② 神琳的学说在均如《十句章圆通记》中被引用 3 处，《释华严教分记圆通钞》中被引用 1 处。尤其是《十句章圆通记》中所引内容，可以说明神琳曾经注释过《十句章》。

融咄随法融《十句章》提出自己的见解，也就是对《十句章》进行了注释。《十句章》经梵体而流传下来，而融咄是与梵体同时代或稍晚一些活动的人物。可以推定其为 9 世纪中叶左右活动的人物。《十句章圆通记》中引用了一处融咄对《十句章》的注释，③ 这可以作为例证。《释华严教分记圆通钞》卷 7 中也曾引用 1 次他的学说。④

融质的学说在《十句章圆通记》中被引用 8 次。从所引句子来看，也是对《十句章》的注释。可见他也曾注释过《十句章》。他也许是《十句章》流传的 9 世纪前半期以后约 9 世纪中叶的人物。《法界图记丛髓录》中的《大记》也曾引用过融质之说 1 次。⑤

2. 顺应与他的后继者

崔致远曾撰写过《释顺应传》与《顺应和尚赞》，不过只有赞现存于世。崔致远写于 900 年（孝恭王四年）的《海印寺善安住院壁记》中记载："祖师顺应大德，劾成瞡于神琳硕德。问老聘于大历初年，托窾木以忘躯，寻住山而得髓。穷探教海，俊达禅河。"⑥ 顺应是"浮石嫡孙"神琳的弟子，若从义相开始算起的话就是第四代。他无疑是华严僧人，但是也应注意到他通过入唐留学熟悉了牛头禅。顺应 766 年（惠恭王二年）入唐，如前引文，他入唐后"寻住山而得髓。穷探教海，俊达禅河"，但具体的活动不得而知。不过，要是注意到他"俊达禅河"一说的话，再

---

① 《法界图记丛髓录》卷下之二，《大正藏》第 45 册，第 767 页 a。
② 均如：《释华严教分记圆通钞》卷 3，《韩国佛教全书》第 4 册，东国大学出版部，1979，第 308 页 b。
③ 《韩国佛教全书》第 4 册，东国大学出版部，1979，第 44 页 b。
④ 《韩国佛教全书》第 4 册，东国大学出版部，1979，第 426 页 b。
⑤ 《法界图记丛髓录》卷上之二，《大正藏》第 45 册，第 734 页 a。
⑥ 崔濬玉编《国译孤云先生文集》下，宝莲阁，1982，第 282 页。

看到《顺应和尚赞》① 中的如下句子可以知道，顺应熟悉牛头禅。

> 天业受禅
>
> 犹如觉贤
>
> 牛头垂裕
>
> 象冈撑玄

崔致远说顺应从天业那里接受禅法，像觉贤一样。觉贤（佛驮跋陀罗，Buddhabhadra，359～429）应慧远之请，讲说《禅经》，是在中国弘传禅法的人物。法融（594～657）是道信门下，在牛头上幽栖寺北岩石室宣扬牛头禅风，其后有智岩、慧方、法持、智威、慧忠等人继承、发展了牛头宗。② 另外，智威门下有玄素，玄素的弟子有道钦，而道林又继承了道钦。顺应入唐的766年前后，应该是道钦（714～793）在弘扬牛头禅风的时期。742年道钦在径山搭了一个庵子，幽居于此，而768年唐代宗请其入宫，赐号"国一禅师"，翌年下旨在径山建立寺院。③ 那时候顺应也可有能会遇到道钦。

其时，曾跟复礼学习过华严与起信的道林成为道钦的弟子，可以作为曾跟神琳学习了华严的顺应也能够从道钦处接受禅法的反证。当然，没有具体的文献记载证明顺应遇到过道钦。不过顺应的确熟悉牛头禅，而当时弘扬牛头禅的人是道钦，从这一点来说，顺应有见过道钦的可能。即使不追究顺应在唐究竟跟谁学习了牛头禅，只注意他将牛头禅传入新罗一事，也有助于了解新罗华严思想的变化。802年（哀庄王三年）顺应着手建海印寺，但海印寺尚未竣工他便圆寂了。

利贞继承了顺应，建成海印寺。海印寺的建立是顺应之后利贞禅伯的功劳。这从《利贞和尚赞》中的"初建莲刹"一语可知。关于利贞，只有崔致远撰写的《利贞和尚赞》④ 等短篇文献存世。据《海印寺古迹》记载，他曾与顺应一起入唐后回国。从崔致远《利贞和尚赞》来看，他

---

① 崔灌玉编《国译孤云先生文集》下，宝莲阁，1982，第305页。
② 金东华：《禅宗思想史》，太极出版社，1974，第113页。
③ 《景德传灯录》卷4，《杭州径山道钦禅师》。
④ 崔灌玉编《国译孤云先生文集》下，宝莲阁，1982，第309页。

也是熟悉牛头禅的华严僧人。

900 年前后的那段时期即 9 世纪末到 10 世纪初，贤俊与定玄等人生活在海印寺，崔致远隐居海印寺也是在这一时期。通过下面两则资料可知道，贤俊是海印寺僧人，当然他与崔致远也有特殊的关系。

> 师兄大德玄准为名，仍以大乘远为别号。体叶偈之旅首花严之座，嗣仍孙于想德，钦益友于藏公。①
> （崔致远）最后带家隐伽耶山海印寺，与母兄浮图贤俊及定玄师结为道友，栖迟偃仰，以终老焉。②

依据以上两则记录，贤俊③是 9 世纪初海印寺杰出的华严学僧，号"大乘远"。他属于义相系，但是也很仰慕义相的同门法藏。884 年（宪康王十年）贤俊与决言一起组织了"终南山俨和尚报恩社会"，以回报智俨传授义相华严学的恩惠，④ 886 年在为定康王祈祷冥福的法会上，他又应国王之请讲解《华严经》。⑤

和贤俊一起组织"终南山俨和尚报恩社会"的决言也是活动于 9 世纪后半期的华严学僧。决言是不是海印寺僧人不得而知，但他可能是与贤俊一个系统的人物，因为二人一起组织了"终南山俨和尚报恩社会"。华严大德决言 861 年应景文王之请在鹄寺（重建后改称大崇福寺）讲经 5天。⑥ 决言之说在均如的《释华严教分记圆通钞》卷 2、3、5、6 各引用一次。决言似乎有华严学著作留下。

崔致远晚年在海印寺隐居，广为人知。他从 895 年开始大约在海印寺隐居了 10 年以上，留下来很多华严相关记录，即《浮石尊者传》、《法藏

---

① 崔致远：《法藏和尚传》，《韩国佛教全书》第 3 册，东国大学出版部，1979，第 776 页 b。
② 金富轼：《三国史记》卷 46，列传 6，《崔致远传》。
③ 贤俊，在《三国史记》中作"贤俊"，而在崔致远的《法藏和尚传》中作"玄准"，崔致远有时也写作"贤儁"（《故终南山俨和尚报恩社会愿文》）。
④ 崔致远：《故终南山俨和尚报恩社会愿文》，《韩国佛教全书》第 4 册，东国大学出版部，1979，第 644~645 页。
⑤ 崔致远：《华严经社会愿文》，《韩国佛教全书》第 4 册，东国大学出版部，1979，第646~647 页。
⑥ 崔致远：《新罗国初月山大崇福寺碑铭》（崔濬玉编《国译孤云先生文集》下，宝莲阁，1982，第 202 页）。

和尚传》、《新罗伽耶山海印寺结界场记》、《海印寺善安住院壁记》、《顺应和尚赞》、《利贞和尚赞》和《赠希朗和尚六首》等。① 当然，不能认为这些文章都是因为崔致远在海印寺居住才写的。崔致远因安奉、供养法藏和尚的遗像②，撰写了《法藏和尚传》，可见其对华严有很大的兴趣。他在海印寺隐居期间虽没有出家，但以佛弟子自处。这从他称呼贤俊为师兄可以知道。虽然《三国遗事》中记为"母兄"，③但是在崔致远自己的文章中称作"师兄"。所谓师兄，指的是法系上的兄长即同门中的前辈。无疑，崔致远是精通佛教和道教的儒学者，但是至少在海印寺隐居的晚年，他称贤俊为师兄以及供养法藏和尚的遗像等行为，说明他倾向于佛教特别是倾向于华严宗。到18世纪后半期，海印寺还安奉着崔致远的影像。1782年参访海印寺时，李德懋看到"希朗之旁，有崔孤云画像。巾袍虽是唐装，颜发恐不如是版俗"。④

10世纪初崔致远隐居海印寺时，希朗也在。崔致远在894年左右写给希朗和尚的诗⑤中，有"苾蒭海印寺讲经"、"认得文殊降东庙"、"只应天意委天才"、"何以伽耶继佛迹"等句子，可知当时希朗和尚讲《华严经》并赢得了一定的名声。从年代上来算，希朗可能是贤俊的弟子。但由于没有说明贤俊与希朗关系的文献资料，所以只能是推测。《高丽兴宁寺证晓大师宝印塔碑阴》中记载当时兴宁寺的院主是希朗长老。⑥写于924年的此碑，位于江原道宁越郡水周面狮子里。924年在兴宁寺的希朗长老与海印寺的希朗为同一人。不仅因为年代相近，而且也应注意到华严宗的世达寺也在宁越郡。海印寺还安奉着10世纪前半期造的木刻希朗祖师像。⑦ 关于希朗与高丽太宗王权的关系及与观惠的矛盾等，后将论及。

---

① 参考金福顺《崔致远佛教关系著作检讨》，《韩国史研究》43，1983，第157~173页。
② 崔致远：《法藏和尚传》，《韩国佛教全书》第3册，东国大学出版部，1979，第777页a。
③ 《三国史记》中作"母兄"，不知道是不是儒学者金富轼故意歪曲的。
④ 李德懋：《游伽耶山记》，《青庄馆全书》卷68，影印本，第583页。
⑤ 崔致远：《赠希朗和尚六首》（崔濬玉编《国译孤云先生文集》下，宝莲阁，1982，第51~54页）。
⑥ 黄寿永编《韩国金石遗文》，一志社，1976，第106页。
⑦ 文明大：《海印寺木造希朗祖师真影（肖像雕刻）像考》，《考古美术》138·139合辑，第25页。

二 非义相系的僧侣

（一）元晓与其继承者

和义相同期活动的人物中，不能把元晓排除在外。当然，元晓不像义相那样仅专攻华严学。他通晓三藏，但也对华严学有很浓厚的兴趣。他著有《华严经疏》、《华严宗要》、《华严纲目》、《一道章》、《普法记》等很多有关华严的著作，他的学说影响了中国的法藏、李通玄、慧苑、澄观以及日本的寿灵等人。他的大众教化思想虽根基于净土信仰，但也不能忽视华严思想的影响。倡导菩萨为教化、救护一切众生而修学诸佛回向的《华严经》的《十回向品》，正是元晓实践大众教化的思想契机。[1] 作为元晓教化大众的具体方便法门的无碍歌与无碍舞之"无碍"，就取自《华严经·菩萨明难品》中"一切无碍人，一道出生死"。尽管他是很出色的华严学者，但还谈不上是"海东华严宗祖"。对此，金知见有广泛的讨论。[2]

元晓的华严教学中有义相的影响。虽然元晓长义相 8 岁，但众所周知，他们一直保持着亲密的关系。义相回国后，二人也曾见面，元晓处于从义相那里接受华严学新理论的位置。尽管元晓是前辈，又通晓佛教学的不同领域，但他无法不对新学说感兴趣。再考虑元晓平时就表现出很关心中国佛教学界的动向，他受到在智俨门下修学多年后回国的义相的影响是很自然的。义相还把从智俨那里学来的数钱法传给了元晓。元晓曾在《普法记》和《华严宗要》中引用。从下面《普法记》中的记载可知，元晓从义相那里学习了数钱法。

> 普法记云：数钱之法，智俨法师所说之义，义相法师所传之辞。思量此义，有道理故。今须述也。[3]

当然，元晓是在自己研究了数钱法并断定其有道理后，才接受了它。

---

[1] 金煐泰：《新罗佛教大众化的历史及其思想研究》，《佛教学报》6，第 190 页。

[2] 金知见：《新罗华严学的谱系与思想》，《学术院文集》12，1973。

[3] 均如：《十句章圆通记》卷下，《韩国佛教全书》第 4 册，东国大学出版部，1979，第 25 页 a。

特别需要注意的是，《大记》中记载了元晓与义相相遇后，解决了自己的三个疑问。

> 古辞云，晓师遇相和尚，决疑有三：谓一始觉同本觉，为凡为圣之义；二湿过海种种心之义；三此能诠所诠，皆在言中之处也。①

当然，这是新罗末期流传的口头传说，难以确定有多少资料价值。无论如何，如以上所考，需要关注义相对元晓华严学的影响。不过，关于元晓遇到义相后解决自己的疑问等记载，也有观点认为是义相系有意编造的。② 这一观点引出了有趣的话题，但由于这一说法关系到元晓系和义相系之间华严学的差异或对立，所以还需要慎重研究。

金知见认为，元晓的著作在海外被讨论而在国内没有，是因为元晓没有作为华严家被后世继承。③ 不过，《道身章》、表员的《华严经文义要诀问答》、见登的《华严一乘成佛妙义》与《大乘起信论同异略集》等都引用过元晓华严学著作。尤其是均如在其华严著作中引用元晓的学说达30 余次，引用元晓著作 7 种。当然，均如是高丽初期的人物，不过要注意均如继承的是义相系的华严学。

元晓的弟子，或者说至少与元晓有密切关系的新罗华严学者中有蛇福。④ 他也是兴轮寺金堂十圣之一，但关于他的现存资料仅有传说。作为继承元晓所遗之教的僧人，芬皇寺的玄隆受到了关注。他使元晓的《劫义》得以传播，自己著有《玄隆章》15 卷。他的学说也曾被见登的《大乘起信论同异略集》和凝然的《华严经探玄记幽洞钞》引用。玄隆的生平不详，只知道他早于见登。⑤ 见登 12 岁时入钟山僧统门下出家为僧。他的《华严一乘成佛妙义》与《大乘起信论同异略集》现存于世。前者

---

① 《法界图记丛髓录》卷下之一，《大正藏》第 45 册，第 752 页 b。
② 高翊晋：《韩国古代佛教思想史》。东国大学出版部，1989，第 337～343 页。
③ 金知见：《新罗华严学的谱系与思想》，《学术院文集》12，1973，第 40 页。
④ 关于蛇福，只有《三国遗事》的"蛇福不言"条与"兴轮寺金堂十圣"条以及《东国李相国传》卷 23 中有相关记载。笔者曾在《蛇福传说的佛教意义》一文中坦言，蛇福传说的思想背景在于华严思想。
⑤ 金相铉：《新罗誓幢和尚碑再研究》，《黄寿永博士古稀纪念 美术史学论丛》，1988，第 490 页。

引用过景德王时期（742～765）的太贤的学说，而后者引用过《刊定记》与《法镜论》。从见登曾引用过太贤的学说来看，他是8世纪中叶以后的人物。见登现存著作中并没有引用义相的学说。他似乎比较尊敬元晓。因为他认为生在新罗遇到元晓的遗法是幸运的事。

　　皇龙寺被当作元晓的本寺，有学者认为出身于皇龙寺的表员、缘起和法海等人均为元晓系的华严学僧。① 这虽然为把握新罗华严僧的谱系提出了重要的问题，但笔者对是否可以毫无怀疑地接受这一见解有很多疑问。首先，笔者对皇龙寺是元晓的本寺一说难以理解。当然《宋高僧传》中说元晓是皇龙寺僧人。不过《宋高僧传·元晓传》的大部分内容是元晓在皇龙寺讲解《金刚三昧经》的事情。《宋高僧传》的作者赞宁注意到元晓是在皇龙寺开讲，因此将其看作皇龙寺僧人。实际上，与元晓有较深渊源的是芬皇寺、高仙寺、初开寺、穴寺等。② 皇龙寺是举行国家重要仪式之处，难以看作属于某一个特定宗派的寺院。因为此寺尽管与华严宗的若干僧人有些渊源，不过唯识学僧神昉也是皇龙寺出身，③ 身为禅师的真鉴国师也属于皇龙寺，④ 9世纪中叶被判定为密教僧人的坛师贤炬也出身于皇龙寺。⑤ 因此，很难说皇龙寺出身的华严僧都继承了元晓的华严教学。而且，将皇龙寺出身的缘起断定为元晓一系、将其创建华严寺解释为元晓一系华严寺院的发端，⑥ 是一个逻辑上的跳跃。

（二）五台山、天冠山和智异山的华严僧

　　众所周知，五台山文殊菩萨住处信仰是依靠慈藏传播的，其思想背景在于《六十华严》的《菩萨住处品》。⑦ 五台山信仰在7世纪末到8世纪初这段时间内，变得更加神秘化与具体化。即，新罗王子宝川与孝明将五

---

① 金福顺：《新罗后期华严宗研究》，高丽大学博士学位论文，1988，第100页；高翊晋：《韩国古代佛教思想史》，东国大学出版部，1989，第362～363页。
② 金相铉：《新罗誓幢和尚碑再研究》，《黄寿永博士古稀纪念 美术史学论丛》，1988，第485～487页。
③ 《种性差别辑 新罗皇龙寺沙门神昉记》，《大正藏》第65册，第415页c。
④ 《双溪寺真鉴禅师大空塔碑铭》，《韩国金石全文》（古代），第208页。
⑤ 《鹫栖寺石塔舍利盒记》，《朝鲜金石总览》卷上，第55页。
⑥ 高翊晋：《韩国古代佛教思想史》，东国大学出版部，1989，第365页。
⑦ 关于五台山信仰，请参考安启贤《五台山信仰与韩国佛教》（《韩国佛教思想史》，1982年）和李箕永《7～8世纪新罗与日本的佛国土思想》（《宗教史研究》2）。

台当作观音、弥陀、地藏、释迦、文殊等五类圣众住处来信仰，于705年创建了真如院，也为祈祷国家与王室的平安组织了信仰结社。① 关于宝川与孝明的五台山信仰有若干疑问。② 但本书中将仅考虑到他们与义相系无关一事。显然，他们继承发展了慈藏的五台山信仰。但义相借昙无竭菩萨之口说，"五台山有行有数人出世之地，此山无行无数人出世之地也"，强调金刚山是比五台山更优越的圣地。③ 这也是说明源于慈藏的五台山信仰很可能与非义相系有关的一例。

800年（哀庄王元年），通灵在支提山（即天冠山）建塔山寺和天冠寺。本来他在五台山，但看到天冠寺奇特的气运后寻到此处，赞叹此处为西天真佛住处，于是在此地建立寺院。④ 认为长兴的天冠山是天冠菩萨的常住说法之处，其思想背景在于《华严经·菩萨住处品》。9世纪前半期，洪震曾在天冠寺活动。

8世纪中叶，出身于皇龙寺的缘起在智异山建华严寺，754年还曾抄写《华严经》。据义天的《新编诸宗教藏总录》记载，缘起的著作有《华严宗开宗决疑》30卷、《华严经要诀》12卷（或6卷）、《华严经真流还源乐图》1卷、《大乘起信论珠纲》3卷（或4卷）和《大乘起信论舍繁取要》1卷等。虽然这些著作一本都没留下来，但由此可知他是当时杰出的华严学僧之一。义天还写有《华严寺礼缘起祖师影》：

> 伟论雄经莫不通，
> 一生弘护有深功。
> 三千义学分灯后，
> 圆教宗风满海东。⑤

从这个影赞与缘起的著作目录来看，显然他是通晓《起信论》与

① 《三国遗事》卷3，"台山五万真身"条和"溟州五台山宝叱徒太子传记"条。
② 笔者曾在《月精寺》（一志社，1977）中的《圣地五台山之开山》中讨论了五台山信仰。
③ 这是1297年闵渍撰写的《榆岾寺事迹记》中引用的《新罗古记》的记载（《榆岾寺本末寺志》，第45页）。
④ 收录于天因《天冠山记》（《东文选》卷68）与《支提山事迹》（《韩国寺刹全书》下，第1063~1047页）。
⑤ 《大觉国师文集》卷17，《韩国佛教全书》第4册，东国大学出版部，1979，第559页b。

《华严经》的学僧。另外，义天还赞扬他为三千义学讲授《华严经》和《起信论》的行为，使圆教宗风飘扬于海东。所谓缘起门下有三千义学，意思是他很多弟子都很杰出。义天在诗文中夹注，"本传云：传教义学数三千"，可见义天读过缘起的传记《本传》，传中已经有了类似的记载。然而目前为止，缘起的众多弟子中连一位弟子的名字都不知道。新罗后期的华严寺僧人中，目前只知道 9 世纪中叶的正行、① 900 年前后的定玄、10 世纪前半期的观惠以及活动年代不详的灵观。②

（三）其他的华严僧人

除上文所考的以外，华严宗僧侣还有胜诠、可归、审祥、表员、法海、元表、梵如、智海、梵修以及住宗等。

胜诠是唐法藏弟子，他返回新罗时，将法藏的著作和书信转给义相。法藏的信中有"一从分别二十余年"③ 一语，可见义相回国的 670 年的二十年后即 690 年，胜诠回到新罗。通过他抄写、传给义相后，法藏著作流传于新罗的有④：

《华严经探玄记》20 卷（2 卷未成）	《十二门论疏》1 卷
《一乘教分记》3 卷	《法界无差别论疏》1 卷
《玄义章等 杂义》1 卷	《别翻华严经中梵语》1 卷
《起信疏》2 卷	

此后，胜诠在尚州建葛项寺，被众多眷属围绕，讲论华严。可归是延续胜诠法脉的弟子。他著有《心源章》和《华严经义纲》，惜均已失传。⑤

法藏门下的新罗审祥（？ ~742）将华严传到日本，被称为日本华严宗初祖。审祥驻锡于大安寺时，他奉王命开始在东大寺依《探玄记》讲

---

① 《地藏禅院朗圆大师悟真塔碑》，《朝鲜金石总览》卷上，第 141 页。
② 均如的《华严一乘法界图圆通记》与《释华严教分记圆通钞》中引用了四次南岳灵观之说。
③ （高丽）一然：《三国遗事》卷 4，"义湘传教"条。
④ （高丽）一然：《三国遗事》卷 4，"胜诠髑髅"条。
⑤ （高丽）一然：《三国遗事》卷 4，"胜诠髑髅"条和《新编诸宗教藏总录》卷 1（《大正藏》第 55 册，第 1166 页 c）

解《六十华严》，每年讲 20 卷，历时三年讲完，之后入寂。① 他的著作有《华严起信观行法门》1 卷。② 当然，审祥为法藏弟子说，被凝然否定。也有观点认为审祥为义相系人物。审祥传入日本的《华严五教章》不是法藏的炼本而是义相订正的新罗草本（日本的和本），这成为主张审祥为义相系人物的重要根据。③ 不过，也有人否定了这一说法，而且目前还有很多质疑，认为审祥不仅与法藏的体系有关，他也受元晓华严教学的影响。④

表员是皇龙寺僧人。他的著作《华严经文义要诀问答》4 卷现存于世。虽然他的行迹难以知晓，但可以推测他活动于 8 世纪中叶到后半期。⑤ 因为他的著作中引用了慧苑之说，而日本寿灵的《五教章指事记》中则引用过他的《华严经文义要诀问答》。⑥ 他的著作中对元晓、法藏、慧苑之说多有引用，但义相之说仅引用 2 处，其中还有 1 处是指出了义相的谬误："义相师云：中门中向上来向下去，即门中向上去向下来。前后言错，故不用也。"⑦ 这与他是皇龙寺僧人联系起来看，表员是非义相系华严僧人的可能性较大。

传说法海曾在景德王十三年（754）夏应国王之请，在皇龙寺讲《华严经》。当时他炫耀自己的法力，倾东海之水，国王由此愈发尊敬他。⑧ 这是一然记载的，⑨ 笔者认为最好将其理解为以象征性传说的方式来理解事事无碍的道理。强调华严僧人法海的法力胜于瑜伽僧人太贤，是为了凸

---

① 《三国佛法传通缘起》卷中《新罗审祥传》，《大日本佛教全书》101，第 114~119 页。
② 《法界义镜》，《大日本佛教全书》302。
③ 金知见：《新罗华严学的谱系与思想》，《学术院文集》12，1973，第 45 页。
④ 平冈定海：《新羅審祥の教學について》，《印度学佛教学研究》20（2），第 578~586 页。
⑤ 金仁德：《表员的华严学》，《韩国华严思想研究》，东国大学出版部，1982，第 111 页。
⑥ 寿灵的事迹不得而知，但是对《五教章指事记》的撰写年代，有研究认为是审祥开讲后到空海归日的 806 年间。（高峰了州：《华严思想史》，东京：百华苑，1963，第 199 页）
⑦ 《韩国佛教全书》第 2 册，东国大学出版部，1979，第 358 页 c。
⑧ （高丽）一然：《三国遗事》卷 4，"贤瑜伽·海华严"条。
⑨ 一然赞叹法海："法海波澜法界宽，四海盈缩未为难。莫言百亿须弥大，都在吾师一指端"。一然《三国遗事》卷 4，"贤瑜伽·海华严"条。

显华严的优越性。①

　　元表在天宝年间（742～755）入唐留学，也曾到西域圣地巡礼。② 他在 755 年（景德王十四年）至 759 年间回国，因为 759 年元表在长兴郡迦智山建宝林寺。③ 他在中国时，曾背着 80 卷《华严经》，寻访位于福建省宁德县北部的霍童山，礼拜天冠菩萨。他是具有强烈的信仰心的华严行者。除了他回国后建宝林寺以外，其他行迹不得而知。他显然是非义相系华严僧人，并与支提山天冠菩萨住处信仰传入新罗并在新罗传播有关。787 年（元圣王三年），梵如和惠英同时被任命为少年书省。④ 梵如的著作有《华严经要诀》6 卷（或 3 卷），⑤ 但现已不存。智海也是皇龙寺僧。曾应元圣王（785～799 年在位）之请在大内讲《华严经》50 日。⑥ 梵修入唐后求得《后分华严经澄观疏》，799 年（宣德王元年）回国后开始传播。787 年《澄观疏》完成，不到 20 年后就传播到新罗。⑦ 880 年（宪康王六年）住宗曾驻锡无量寿寺时，教丽严华严学。⑧

第二节　华严宗寺院的扩张

一　华严十刹研究

　　新罗华严宗持续不断地发展，到新罗后期，在全国多地建立了华严宗寺院，而华严十刹是其中的代表。言及华严十刹的资料有以下两条：

　　　　a. 海东华严大学之所有十山焉，中岳公山美理寺，南岳智异山

---

① 金煐泰：《〈三国遗事〉中的华严思想》，《新罗华严思想研究》，东国大学出版部，第 47 页。

② （宋）赞宁：《宋高僧传》卷 81，《高丽国元表传》。

③ 《新罗武州迦智山宝林寺事迹》，《考古美术》81 号。

④ （高丽）金富轼：《三国史记》卷 40，《杂志》9，《职官》下（少年书省即小书省，是新罗真兴王十一年与大书省一起设置的僧职。——译者注）。

⑤ （高丽）义天：《新编诸宗教藏总录》卷 1，《韩国佛教全书》第 4 册，东国大学出版部，1979，第 682 页 a。

⑥ （高丽）一然：《三国遗事》卷 2，"元圣大王"条。

⑦ （高丽）一然：《三国遗事》卷 4，"胜诠髑髅"条。

⑧ 《菩提寺大镜大师玄机塔碑》，《朝鲜金石总览》卷上，第 131 页。

华严寺，北岳浮石寺，康州伽耶山海印寺、普光寺，熊州伽耶峡普愿寺，鸡笼山甲寺，良州金井山梵语寺，毘瑟山玉泉寺，全州母山国神寺，更有如汉州负儿山青潭寺也。此十余所。①

　　b. 湘乃令十刹传教，太伯山浮石寺，原州毘摩罗伽耶之海印，毘瑟之玉泉，金井之梵鱼，南岳华严寺等是也。②

　　a是新罗后半期的记载，而b是高丽后期的记载。a不仅写于新罗时期，而且作者是撰写《浮石尊者传》与《法藏和尚传》的崔致远，故资料价值更大。

　　相较于a是以拥有海东华严大学的"十山"为中心的记载，b则是以华严宗寺院的"十刹"为中心记载的。也可能是由于这个原因，a中罗列了包括伽耶山的两座寺院在内的10山11寺，而b中则包括不是建在山上的毘摩罗寺③。a中有11座寺院，而b中是6座。把a和b中的寺院合起来，是12座。由此可见所谓"华严十刹"其实不是精确的10座寺院。所以，说"海东华严大学"在"十山"的a的记录表达准确。不管是"十山"也好，"十刹"也好，应该注意，这全是为了强调华严教学在新罗社会广泛传播而写下的例证。因为崔致远在《法藏和尚传》中举拥有海东华严大学的十山为例，是为了用新罗是教化所及的国家与华严教学遍及十山，来强调华严在新罗弘扬广远。

　　史料b似乎表明，在义相活动时期，华严十刹就全部存在了，但这是错误的。包括802年（哀庄王三年）创建的海印寺在内的"华严十刹"，或"海东华严大学之所在"的"十山"，是新罗后半期，准确地说是海印寺建立的802年后到撰写《法藏和尚传》的904年之间形成的。

　　如上所述，新罗后半期，不管是华严教学还是华严信仰，都在新罗社会广泛流传，"华严十刹"的形成，其中蕴含了"强调随着华严宗势力的扩大华严教学流行"这一含义。换句话说，用"华严十刹"来表现华严

① （新罗）崔致远：《法藏和尚传》，《韩国佛教全书》第3册，东国大学出版部，1979，第775页c。
② （高丽）一然：《三国遗事》卷4，"义湘传教"条。
③ 《三国遗事》中记载，唯独毘摩罗寺位于非山区的原州。张忠植推测，原州凤山洞的寺址是毘摩罗寺（《新罗毘摩罗寺址考》，《东国思想》12）。

宗势力在全国的扩大与华严寺院在全国的分布。① 实际上这是选择了佛教中具有无量世界含义的"十方"一词来使用"十方刹"。② 另外，崔致远曾说十数是盈数，③ 他也曾在"十佛之佛国世界"的意义上使用"十刹"一词。④

华严十刹中，除浮石寺、华严寺和海印寺等有少量相关史料传世外，其他寺院几乎没有文献记载传世。

在太白山建华严宗的根本道场浮石寺，是文武王十六年（676），新罗统一三国以后。义相奉文武王的旨意建浮石寺，并开始传播华严教，《三国史记》和《三国遗事》都是这样记载的。不过，《宋高僧传·义相传》中，对浮石寺的创建传说却有如下记载：

> 湘入国之后遍历山川，于驹尘百济风马牛不相及地，曰：此中地灵山秀，真转法轮之所，无何权宗异部聚徒可半千众矣。湘默作是念，大华严教非福善之地不可兴焉。时善妙龙，恒随作护。潜知此念，乃现大神变于虚空中，化成巨石，纵广一里，盖于伽蓝之顶，作将堕不堕之状。群僧惊骇，罔知攸趣，四面奔散。湘遂入寺中，敷阐斯经。冬阳夏阴，不召自至者多矣。⑤

这一传说远远早于《三国史记》或《三国遗事》。目前，浮石寺还保留着与此传说有关的石龙、善妙井和浮石等。此寺的建立者义相被称为浮石尊者以及自义相开始称华严宗为浮石宗，都是沿用了"浮石"这一寺名，而寺名"浮石"也与这一传说有关。当然应该考虑到，作为史料，传说有一定的局限性。"权宗异部"也曾被解释为法相宗的僧侣们。⑥ 虽然这是值得注意的观点，但是"华严与法相是否一开始就严重对立"的问题也会随之产生。与善妙有关的传说——爱上义相的唐代少女帮助创建

---

① 金煐泰：《通过传说来看新罗义湘》，《佛教学报》18，第 89 页。
② 义相在：《华严一乘法界图》中说："何故十数说，欲显多佛故"、"所以说十者，欲显无量故"。《大正藏》第 45 册，第 714 页 a~b。
③ 《法藏和尚传》，《韩国佛教全书》第 3 册，东国大学出版部，1979，第 770 页 a。
④ 《王妃金氏奉为先考及亡兄追福施谷愿文》，《国译孤云先生文集》卷下，第 318 页。
⑤ （宋）赞宁：《宋高僧传》卷 4，《新罗国义湘传》。
⑥ 高翊晋：《韩国古代佛教思想史》，东国大学出版部，1989，第 280 页。

浮石寺并守护华严道场，显示出要把创建者义相之功德神秘化的意图。浮石寺建在太白山，有观点认为这是因为太白山为新罗五岳之一，或者因为太白山与高句丽接壤，具有重要性。① 不过，需要注意的是，上面的引文中说，义相选择此地作为传播华严教的福善之地的理由，不仅因为这里地灵山秀，而且还是远离高句丽之尘与百济之风的偏僻之地，适合修行。虽然有学者倾向于将浮石寺创建意图与王室的政治目的连接起来，但是义相的本意是要传播华严教义。义相在浮石寺传播华严教学的盛况，从义相在太白山传播佛法、利益众生这一消息的传开，或者是国王对他的恭敬以及赐予寺院田庄和奴仆等事上可以知道。

最近，李基白提出了义相为什么要在五岳中选择太白山建立浮石寺的疑问，认为太白山被认为是文殊菩萨的圣地。② 如果是因为太白山是文殊菩萨圣地才建立了浮石寺，那么浮石寺的创建及创建后，应该有浮石寺与文殊信仰有关的资料才对，但是实际上却无任何资料可以证明浮石寺与文殊信仰有关。反而是很早以前就有人指出，浮石寺创建的思想背景在于净土信仰。对此应该注意。浮石寺基于净土信仰建立，虽然也可以从伽蓝配置的特异性可以看出，不过下面的记载是具体的证据。

> 是寺也，义相师游方西华，传炷智俨，后还而所创也。像殿内唯造阿弥陀佛像，无补处，亦不立影塔。弟子问之，相师曰：师智俨云，一乘阿弥陀无入涅槃，以十方净土为体，无生灭相。故《华严经·入法界品》云：或见阿弥陀观世音菩萨灌顶授记者，充诸法界补处补阙也。佛不涅槃。无有阙时故。□□补处不立影塔。此一乘深旨也。俨师以此传相师，相师传法嗣，暨于国师。③

浮石寺的无量寿殿虽然安奉阿弥陀佛，但左右并无补处菩萨。义相初创时就如此。此外，也没有建立影塔。这样，浮石寺一开始就是在净土信仰的基础上建立的，不过不是三乘的净土信仰而是一乘的净土信仰。尽管

---

① 李基白：《新罗五岳之成立及其意义》，《震檀学报》33（《新罗政治社会史研究》，第201页）。
② 李基白：《浮石寺与太白山》，《三佛金元龙教授停年退任纪念论丛Ⅱ》，1987，第579页。
③ 《浮石寺圆融国师碑》，《朝鲜金石总览》卷上，第271页。

浮石寺是华严宗的根本道场，但标榜净土信仰是义相华严信仰所具有的特征，这也可以说是新罗华严学的特殊性。

华严教学以北岳太白山为中心开始弘扬的 8 世纪中叶，"浮石嫡孙"神琳在南岳智异山建华严寺，缘起建立皇龙寺。关于华严寺的建立，古来就有各种说法，也有建者是烟气的传说。《新增东国舆地胜览》中说僧人烟气建立了华严寺，而烟气"不知何代人"。① 据写于 1636 年（仁祖十四年）的《华严寺事迹》等记载，华严寺是新罗真兴王五年（544）印度僧缘起所建。甚至有传说烟气与母亲一起乘烟自印度到新罗，建立华严寺，所以也被称为"烟气"。642 年（宣德王十一年）慈藏重建华严寺，而丈六殿和华严石经则是义相建的。然而，位于三国时期百济旧地的华严寺，如何为新罗僧所见、慈藏如何能重修？义相不可能在石头上刻上晚于他翻译完成的《六十华严》，且现存石造物的样式都是 8 世纪下半叶到 9 世纪之间完成的，如此种种对《事迹记》的质疑由来已久。② 这些疑问，通过最近发现的《新罗华严写经》解决了。写经的跋文中有如下内容：

> 天宝十三载甲午八月一日初乙未载二月十四日一部周了成内之成内愿旨者皇龙寺缘起法师为内赐第一恩赐父愿为内弥第二法界一切众生皆成佛道欲为以成赐乎③

据此可知，皇龙寺僧缘起法师于 754 年八月开始刻写《华严经》，翌年二月完成。跋文的末尾还记录了与写经有关的人物。承担写经大部分人物的纸作人、经笔者的居住地是武珍州与完山州，属全罗道。故此，写经是缘起创建华严寺后完成的。④ 此外，四狮子石塔与四狮子石灯上记有缘起的孝行，所以被称为孝台，⑤ 而义天的《题智异山华严寺》中也使用了"孝台"一语，⑥ 再有缘起写《华严经》的第一个理由就是为了父亲的愿

---

① 《新增东国舆地胜览》卷 39，"南原都护府·佛宇"条。
② 韩国佛教研究院：《华严寺》，一志社，1976，第 24 页。
③ 译文见南丰铉《汉字·汉文的接受与借字表记法的发达》，《韩国古代文化与邻接文化的关系》，韩国精神文化研究院，1981，第 194 页。
④ 李基白：《新罗景德王代〈华严经〉写经相关寺院考》，《历史学报》，1979，第 133 页。
⑤ 韩国佛教研究院：《华严寺》，一志社，1976，第 97 页。
⑥ 《大觉国师文集》卷 17。

望，将这些联系起来看，华严寺是缘起在8世纪中叶完成写经后建立的。①

海印寺是顺应和利贞等人在新罗王室的帮助下，于802年（哀庄王三年）建立的。关于此寺的创建，《海印寺善安住院壁记》中记载如下：

> 祖师顺应大德……越贞元十八年良月既望，牵率同志，卜筑于斯……于时圣穆王太后，母仪四夷，子育三学。闻风敬悦，誓日归依。舍以嘉蔬，副之束帛……然属生徒方雾拥岩扉，耆德遽露晞林宇，利贞禅伯，踵武兴功。②

这一记载强调，海印寺的创建有圣穆太后的特别关照。圣穆太后是昭圣王之母，③ 也就是哀庄王的祖母。据《伽耶山海印寺古迹》，顺应与利贞因治愈了哀庄王王后的顽疾，而获得了新罗王室很大的帮助。不过，《伽耶山海印寺古迹》中的内容与《海印寺善安住院壁记》相比，较多传说性的润色。因为在800年，13岁的哀庄王登基，他登基三年后纳金宙碧之女为后宫，六年封朴妃为王后。如果注意到这些史实，很难相信《伽耶山海印寺古迹》中所记载的哀庄王二年治愈王后之说。不管怎么说，海印寺是在获得新罗王室帮助下于802年建成的，这一点各个文献记载一致。新罗后半期，海印寺发展成为华严宗寺院的代表。④

二　其他华严寺刹

除华严十刹以外，新罗时代被看作华严宗寺院的寺刹很多。义相建立或曾驻锡过的就不少。杨州洛山寺、天竺山佛影寺、金刚山摩诃衍、达摩山兜率庵等均传说为义相所建，而庆州皇福寺、尚州四佛山米面寺，清道碛川寺、天冠山义相庵等都与义相有较深的渊源。佛影寺是义相用神咒赶走毒龙、填了毒龙所居之处后，在651年（真德王五年）建立的。虽然

---

① 同意华严寺为景德王时期缘起所建的，有李基白（《新罗景德王代写〈华严经〉相关寺院考》，《历史学报》，1979，第127）、文明大（《新罗写〈华严经〉及其变相图研究》，《韩国学报》14，一志社，1979，第55页）和崔柄宪（《高丽时代华严学的变迁》，《韩国史研究》30，1980，第66页）。

② 崔濬玉编《国译孤云先生文集》下，宝莲阁，1982，第282页。

③ （高丽）一然：《三国遗事》王历篇。

④ 参见崔源植《新罗后半期的海印寺与华严宗》，《韩国史研究》49，1985。

建立时间不是没问题，但当注意到，1369年（恭愍王十八年）柳伯儒写
的《天竺山佛影寺记》① 中说这一说法引自新罗古碑。义相在金刚山居留
期间，亲见了昙无竭菩萨，这一记载源自新罗古记。② 因此，义相在金刚
山建摩诃衍一说，③ 也不是毫无根据。这一记载说明义相的足迹遍及南部
的长兴郡天冠山、灵岩郡月出山与达摩山等地。据13世纪中叶左右天因
参考古迹而写的《天冠山记》，天冠山有浮石尊者所建的义相庵。④ 无畏
的《达摩山记》中说灵岩郡的达摩山兜率庵是华严祖师义相选址建成
的。⑤ 主要活动于13世纪后半期的无畏，1302年丁午年曾在月出山白云
庵短暂停留过。⑥ 鉴于此，义相建兜率庵一说也是有所根据的。另外，金
克己的《月出山诗》中吟诵义相行迹的诗句值得关注。

> 祖师化去杳安往，
> 飒爽遗风千古吹。
> 祖师平昔独往意，
> 松下石闺日栖迟。
> 骑猪冷游象外境，
> 下笑车马趋喧卑。
> 鈎留金策挂壁牙，
> 降虎异踪长依稀。
> 海商百口昔超海，
> 山上神光遥望之。
> 登山谒圣遂卜筑，
> 洞口逢茅争芟夷。
> 终身不复念故里。⑦

① 权相老：《韩国寺刹全书》卷上，东国大学出版部，1979，第569页。
② 闵渍：《金刚山榆岾寺事迹记》，《榆岾寺本末寺志》，第45页。
③ 《榆岾寺本末寺志》，亚细亚文化社影印，1977，第465页。
④ 《东文选》卷68。
⑤ 《新增东国舆地胜览》卷35，"灵岩郡·山川"条。
⑥ 无畏：《庵居日月记》，《东文选》卷68。
⑦ 《新增东国舆地胜览》卷35，"灵岩郡·山川"条。

　　12 世纪后半期明宗（1171～1197）朝，文人金克己写的《月出山诗》是七言九十四句的长诗。当然，认为前面所引诗句中的"相师"说的就是义相，不知道是不是有些勉强。不过，笔者相信，义相在灵岩郡达摩山建兜率庵与他在月出山居住时有海商 100 人皈依他的门下，有某种联系。因为达摩山与月出山都在灵岩郡。天颐写的《游四佛山记》中，记载了与义相有关的米面寺。

　　　　山之坤维，有古寺曰米面，一名白莲社。盖义湘法师，住迹讲贯，龙女常侍。庭中左右有井，一生米，一生面。日日如是，虽供海众，犹故不愆。湘公自此，不复盂耕。因以名焉。至今双存。①

　　当然，这个传说不过试图强调义相的伟大，而龙女是善妙传说的一个变形。传说当时的古殿还安奉着元晓和义相的真影，而且还保有义相的袈裟和锡杖。另外，寺院的古藏中有许多新罗时期的经论，还有三本《华严经》和《起信论》等。由此推断，新罗时代的米面寺无疑是与义相有很深渊源的华严宗寺院。碛川寺在鳌山南。② 义天在碛川寺曾写过《想祖师祭文》。③ 祭文中说，"及谒旧居，徒增永慨"，可知此寺确是义相曾居留之所。

　　庆州的皇福寺是义相出家的寺院。故此寺应为义相出家之 643 年以前建立的。建立当时应与华严宗没有什么关系。不过由于义相在此出家这一因缘，义相系的僧侣驻锡于此。义相与弟子们曾在皇福寺绕塔修行，④ 760 年左右表训驻锡于皇福寺讲《华严经》，⑤ 而 9 世纪末华严宗的高僧们在皇福寺组织华严结社。⑥

　　以上考察了义相所建寺院与义相驻锡过的寺院。另外，义相系僧人们所建的寺院逐渐增加，有文字可考的：鹊岩寺是义相弟子悟真生活过的寺

---

① 《真静国师湖山录》卷下，《韩国佛教全书》第 6 册，东国大学出版部，1979，第 207 页。
② 《新增东国舆地胜览》卷 26，"清道郡·庙宇"条。
③ 《大觉国师文集》卷 16。
④ （高丽）一然：《三国遗事》卷 4，"义湘传教"条。
⑤ 《法界图记丛髓录》卷上之一，《大正藏》第 45 册，第 721 页 b。
⑥ 《圆宗文类》卷 22，《韩国佛教全书》第 4 册，东国大学出版部，1979，第 646 页。

院，① 毗卢寺位于义相弟子真定为亡母讲《华严经》90 日的小白山锥洞，②
金刚山表训寺和长安寺等也是义相弟子表训和能仁等人建的寺院。③ 862
年（景文王二年）觉贤在长安寺造毗卢遮那佛石像，并发愿共同参谒华
藏世界，④ 可见金刚山的华严信仰被绵绵不断地延续下来。而石佛寺和佛
国寺建成后，表训和神琳也分别驻锡讲华严教。

"浮石嫡孙"神琳曾驻锡于宁越郡大华山的世达寺。因为不仅有文献
记载神琳被称为"世达寺沙门神琳"，⑤ 世达寺中还安奉过神琳的真影。⑥
被认为是神琳弟子的质应，也曾在世达寺讲《起信论》。⑦ 世达寺的调信
曾被派到冥州的寺院做田庄的知庄。⑧ 另外弓裔也曾在世达寺出家，自称
法号善宗。⑨ 高丽前期，世达寺改称兴教寺。因为《三国史记》与《三
国遗事》中都有"世达寺今为兴教寺"的注记。义天著有《兴教寺神林
祖师影》，这与"世达寺沙门神琳"之记载联系起来看，义天写此文是世
达寺已经改称兴教寺之后。这样，世达寺一名应出现于神琳活动的 8 世纪
中叶，而在义天（1055～1101）生活的 11 世纪后半期之前改称兴教寺。
李承休的《帝王韵记》中关于世达寺有以下注记：

　　（弓裔）捷兴教寺古之善达寺也，或云浮石寺，以国史为定。

闵泳珪将其解释为，"今兴教寺旧名善达寺，也称浮石寺"，认为
"善达是션돌的音译，将其看作浮石寺的乡音为宜"。⑩ 朴汉卨也说，"兴
教寺是古世达寺，或称浮石寺"，认为世达寺就是浮石寺。⑪ 金到勇在

---

① （高丽）一然：《三国遗事》卷 4，"义湘传教"条。
② （高丽）一然：《三国遗事》卷 5，"真定师孝善双美"条和《毗卢寺事迹》（《韩国寺刹
　 全书》卷上，东国大学出版部，1979，第 579 页）。
③ 《新增东国舆地胜览》卷 47，"进阳都护府·庙宇"条。
④ 《长安寺毗卢遮那佛背石刻》，《榆岾寺本末寺志》，第 385 页。
⑤ 《十句章圆通记》卷上，《韩国佛教全书》第 4 册，东国大学出版部，1979，第 40 页。
⑥ （高丽）义天：《兴教寺礼神林祖师影》，《大觉国师文集》卷 18。
⑦ "质应德在世达巅讲起信论"。《法界图记丛髓录》卷下之二，《大正藏》第 45 册，第
　 767 页 a～b。
⑧ （高丽）一然：《三国遗事》卷 3，"洛山二大圣·观音·正趣·调信"条。
⑨ （高丽）金富轼：《三国史记》卷 50，《列传》10，《弓裔传》。
⑩ 闵泳珪：《义湘》，《韩国的人间像》，新丘文化社，1965，第 92 页。
⑪ 朴汉卨：《后三国之成立》，《韩国史》3，国史编纂委员会，1981，第 612 页，注 14。

《帝王韵记》的基础上，提出："浮石寺——善达寺——世达寺——兴教寺都是同一座寺院，随着时代发展改换寺名。"① 金福顺也紧随他们的观点，称："浮石寺叫善达寺，后到高丽时期，世达寺改称兴教寺。"② 这些将浮石寺和世达寺看作同一座寺院的观点，所依据的都是前面所引《帝王韵记》中的注记。不过，这一则注记应该解释为："弓裔曾生活在兴教寺。兴教寺是原来的善达寺。虽然也有人称其为浮石寺，但应以《国史》之说为准。""兴教寺古之善达寺也"之"善达寺"和"世达寺"是同一座寺院，通过《三国史记》与《三国遗事》中的"世达寺今兴教寺"的记载得以确认。不过，"善达"究竟是"世达"的误记还是异称，难以判断。"或云浮石寺"，不是说善达寺或者称为浮石寺，而是理解为"弓裔所居寺院或者是浮石寺"，似乎更合适。"以国史为定"，可以理解为，按照"弓裔在兴教寺出家"的《三国史记》的记载纠正"弓裔在浮石寺出家"的说法。《三国史记》列传《弓裔传》中，世达寺和浮石寺一起出现。即弓裔在世达寺出家，后来住兴州的浮石寺。他看到寺院墙上新罗王的画像，就用刀削去。至于《弓裔传》中世达寺与浮石寺一起出现的情况，也有观点认为这恰好说明了世达寺就是浮石寺。③ 但笔者认为，还是将《弓裔传》中的世达寺（兴教寺）与浮石寺看作不同的两座寺院为好。《大觉国师文集》卷18中同时出现了《浮石寺礼想师影》与《兴教寺礼神林祖师影》这两个题目。对于义天这种写法，有观点认为，并不是因为它们是两个寺院所以分开来写，而是考虑到是同一个寺院所以才换了名字，是特殊的记法。④ 不过这一主张使人难以接受。相反，笔者认为义天恰恰是为了区别浮石寺与兴教寺，才这样写的。因此，将其看作表明世达寺与浮石寺是不同的两座寺院的资料比较妥当。

将浮石寺称为世达寺或兴教寺的例子，没有任何文献记载。反而在高丽时期将这两座寺院写作不同寺院的例子不少。兴教寺建有高丽仁宗之子

① 金到勇：《弓裔势力形成考》，《东义史学》2，1985，第13页。
② 金福顺：《新罗后期华严宗研究》，高丽大学大学院博士学位论文，1988，第85页。
③ 朴汉卨：《后三国之成立》，《韩国史》3，国史编纂委员会，1981，第621页。
④ 金福顺：《新罗后期华严宗研究》，高丽大学大学院博士学位论文，1988，第86页。

冲曦和尚的碑。① 高丽末李达衷（？～1385）也曾写过《题兴教寺僧统饯行诗轴》。② 据《新增东国舆地胜览》卷46，兴教寺在宁越郡大华山西。现有调查报告指出："兴教寺址，在宁越郡南面兴越里兴教洞大华山西上腹。"③

此外，华严宗寺院遍及全国各地，从景文王建庆州大崇福寺作为元圣王的愿堂起，五台山、智异山、天冠山也有不少华严宗寺院。五台山有月精寺、真如院，传说为缘起建立的智异山的大源寺④、燕谷寺也是华严宗寺院。⑤ 还有，长兴郡的迦智山宝林寺，是彻底的华严信仰者元表在国家的帮助下于759年（景德王十八年）建立的。⑥ 长兴郡的天冠山，如后所述，被当作天冠菩萨的常住之处来信仰。山中有通灵建的塔山寺与天冠寺、9世纪前半期洪震感应到华严神众之礼唱的神众岩和9世纪中叶法亮曾居住过的九精庵。经过华严大德们的弘传，华严信仰也流传到此山。⑦

新罗末期，法水寺、庄义山寺以及复兴寺等也是华严宗寺院。伽耶山法水寺，敬顺王次子梵空曾驻锡过。⑧ 庄义山寺是坦文向信严大德学习华严之处，⑨ 而灵通寺与复兴寺则是均如学习华严学的寺院。⑩

---

① 《新增东国舆地胜览》卷46，"宁越郡"条。
② 《霁亭集》卷1，《高丽明贤集》4，第188页。
③ 《考古美术》第8卷第4号，1967。
④ 《智异山大源寺重建记》，《韩国寺刹全书》卷上，第284页。
⑤ 《智异山燕谷寺事迹》，《佛教学报》6，第208页。
⑥ 《宝林寺普照禅师彰圣塔碑》，《韩国金石全文》，第200页。
⑦ （高丽）天因：《天冠山记》，《东文选》卷68。
⑧ （高丽）一然：《三国遗事》卷2，"金传大王"条。
⑨ 《普愿寺法印国师宝乘塔碑》，《朝鲜金石总览》卷上，第225页。
⑩ 《均如传》，崔南善编《新增三国遗事》附录，瑞文文化社，1983，第57页。

第四章

新罗华严信仰的展开

华严宗的势力扩大后，华严教学的繁盛是理所当然的，同时华严信仰也在新罗社会广泛流传。为理解华严思想在新罗的展开，有必要研究华严信仰的类型及其意义。不过从前期的研究成果来看，相较于新罗的华严教学而言，华严信仰的研究较少。所以，笔者将研究义相的信仰，还有义相以后出现的华严信仰的特征类型。义相，作为修行的信仰者之特质比作为学者更强。虽然前人已经指出这一点，但是没有综合地、体系化地研究具体内容。义相留有包括《法性偈》在内的《一乘发愿文》、《白花道场发愿文》、《投师礼》和《西方歌》等发愿文形式的偈颂。笔者将研究包含义相思想与信仰的发愿文，以了解义相的信仰。新罗社会中流行着何种形态的华严信仰？主要有《华严经》信仰、华严神众信仰、菩萨住处信仰和历代祖师崇拜。笔者将对这些类型的华严信仰及其含义进行研究。

第一节 义相的信仰与发愿文

一 华严传教之实践

研究义相的华严教学和华严信仰，不仅有助于了解义相的思想，也是把握义相系新罗华严特征的需要。义相之教学与信仰的特征蕴含于智俨给他的号"义持"中。义相在智俨门下学习时，同学中有法藏（643~712）。法藏是小义相18岁的后辈，出家前是行者，在其师入寂后二年的

28 岁时受具足戒。智俨分别给义相与法藏"义持"与"文持"之号。①
他们的师傅似乎已经看出，义相的长处是修行者的实践行动，而法藏则擅
长学者式的理论研究。

如"义持"之含义，义相长于信仰与实践，而非理论与学问。他建
立浮石寺和洛山寺，将华严教传给众多弟子等，都可以从这一脉络上来理
解。义相"贵如说行。讲宣之外，精勤修练"。② 作为修行者，义相的态
度可以说是明确、严格的。除了三法衣、瓶和钵以外，义相别无他物。拥
有彻底的净土信仰的义相，终其一生都没有背对着阿弥陀佛所在的西方而
坐过。③ 注意到这些资料的时候，就会有这样的感觉，即义相对修行的态
度很明确很严格。国王布施田庄与奴仆给义相，他坚辞："贫道以法界为
家，以盂耕待稔。"④ 义相这一举动，与法藏从武则天那里接受豪华的布
施、⑤ 神文王时身着华服骑马出入王宫的憬兴相比，⑥ 他的修行者的人格
更加突出。说他"贵如说行"，确实毫无夸张。义相虽然写了《华严一乘
法界图》，但故意没有署名。之所以如此，他自己解释说："表缘生诸法，
无有主者故。"⑦ 这也是他"贵如说行"的具体事例。

义相撰有《华严一乘法界图》1 卷、《入法界品抄》1 卷、《小阿弥陀
经义记》1 卷等著作和《白花道场发愿文》、《一乘发愿文》、《投师礼》、
《西方歌》等偈颂。与法藏的 50 余部、元晓的 80 余部和憬兴的 40 余部著
作相比，义相的著作相当少。这与他试图通过实践体现佛法之真意不无关
系。义相的著作较少且著作中没有一部的长度超过 1 卷，是值得注意的特
点。《华严一乘法界图》，即使与他自己所作的略疏合起来也没有超过 1

---

① （高丽）体元：《白花道场发愿文略解》中说："俨公号（义相）法师为义持，号贤首
为文持"。《韩国佛教全书》第 6 册，东国大学出版部，1979，第 570 页 c。朴寅亮也在
《海东华严始祖浮石尊者赞》中说，"鸡贵义持，鸿才杰出"，使用了义相的号"义持"。
《圆宗文类》，《韩国佛教全书》第 4 册，东国大学出版部，1979，第 632 页。
② （宋）赞宁：《宋高僧传》卷 4，《新罗义湘传》，《大正藏》第 50 册，第 729 页。
③ （高丽）无寄：《释迦如来行迹颂》卷下，《韩国佛教全书》第 6 册，东国大学出版部，
1979，第 537 页。
④ （宋）赞宁：《宋高僧传》卷 4，《新罗义湘传》，《大正藏》第 50 册，第 729 页。
⑤ 法藏驻锡武后所建的太原寺时，曾在端午节时接受武则天赐予的五种礼物。《法藏和尚
传》，《韩国佛教全书》第 3 册，东国大学出版部，1979，第 770 页 c。
⑥ （高丽）一然：《三国遗事》卷 5，"憬兴遇圣"条。
⑦ 《大正藏》第 45 册，第 716 页 a。

卷，而这一作品的中心——法性偈，也不过是 210 字的短偈。它模仿了《华严经》中七言三十句的偈颂。而《小阿弥陀经义记》虽现已失传，但也可以推测它是一个短篇。这是因为此经本身就很短，而记其要义的义记很难是长篇。义相的短小的偈颂类作品也一样。《白花道场发愿文》约 260 余字，《一乘发愿文》140 字，《投师礼》656 字，《西方歌》636 字。没有一则偈颂超过三张 200 字的稿纸。可见，义相更喜欢写短小的偈颂类作品而不是长篇的注释和论说。他的这种倾向，从下面的例子中也可以看到。

> 表训、真定等十余德，从和尚所学此印时，问云："'不动吾身即是法身自体'之义，云何得见？"于是和尚即以四句偈子而答之云："诸缘根本我，一切法源心。语言大要宗，真实善知识。"[1]

在义相四句偈的基础上，表训写了《五观释》，而真定写了《三门释》。对弟子们的提问，义相也喜欢用很短的偈颂来回答，而不是啰唆一大堆。义相如此喜欢短偈而不是长篇大论，是因为他意识到了语言本质上的限制，也是忠实地遵循了师傅智俨的教诲。来看一下智俨与其弟子之间的问答：

> 《道身章》云：俨师迁神十个日前，学徒进所问讯。师问大众曰："经中'一微尘中含十方世界'与'无量劫即一念'等言，汝等作何物看？"众人白云："缘起法，无自性。小不住小，大不住大。短不住短，长不住长。故尔耶。"师曰："然之然矣，而犹生白。"云："何谓？"师曰："莫须多道，只言一故。"[2]

当时义相也在场。对长篇大论，弟子们还半懂不懂，所以只要说一句就行——智俨这一教诲，显然对义相也有影响。智俨虽留下了 20 余部著

---

① 《法界图记丛髓录》卷上之一，《大正藏》第 45 册，第 721 页 a。
② （高丽）均如：《十句章圆通记》卷下，《韩国佛教全书》第 4 册，东国大学出版部，1979，第 66 页 c；《法界图记丛髓录》卷上之一，《大正藏》第 45 册，第 725 页 c ~ 726 页 a。

作，但这些都是简略的章句，文简义丰。① 智俨华严教学的特征就是文字不烦琐。从这一点来看，留下不多的著作与短小的偈颂之义相的华严教学中，师傅智俨的影响不少。

那么，义相更喜欢使用短偈而非长篇大论的意图是什么？当然，首先因为义相更侧重于实践与信仰而不是理论，具体来说，是因为他关心对"下根人"的教化。

> 多文广义，利根众生乃可修之。钝根众生，难以措意。故为钝根之人说简略之言。钝者诵少而总持故。令钝根者，诵持一偈，常念思惟，乃至遍知一切佛法。是名如来善巧方便。②

这是元晓的说明。留有很多著作的元晓，为了教化大众，使用了简短的偈颂和歌谣。义相也注意到，一般大众不喜欢理论的说明或者是长篇大论而喜欢简短的偈颂或口号。义相写《法界图》的用意，是"冀以执名之徒，还归无名真源"。③ 如义相所愿，对《法界图》，众人"竞所珍佩"。④

毋庸再说，《白花道场发愿文》和《一乘发愿文》，《投师礼》和《西方歌》也属于广义上的发愿文类。义相撰写、传播这几种发愿文，也是他实践与信仰的一环，因为他关心的是"下根人"的大众。也就是说，义相的目的是要引导下根人通过发愿逐渐走向觉悟之路。

如上所述，义相通过实践体现他的华严教。新罗初期华严教学的实践行倾向，与唐法藏的华严学有很大差异。与当时新罗的法相宗相比，这也是突出的特点。因为义相在新罗传播华严学的7世纪后半期，新罗法相学者的教学研究如同它们烦琐的程度一样兴盛。正是由于义相在新罗传播华

---

① 《华严经传记》卷3，《大正藏》第51册，第164页a。
② （新罗）元晓：《金刚三昧经论》卷下，《韩国佛教全书》第1册，东国大学出版部，1979，第658页b～c。
　　经曰：……多文广义，利根众生，乃可修之。钝根众生，难以措意。……
　　论曰：……为钝根者，少文略摄。……钝者诵少而总持故。……
　　经曰：佛言：令彼钝根，受持一四句偈，即入实谛。一切佛法，摄在一偈中。
　　论曰：……令钝根者，诵持一偈，常念思惟，乃至遍知一切佛法。是名如来善巧方便。
③ 《大正藏》第45册，第711页a。
④ （高丽）一然：《三国遗事》卷4，"义湘传教"条。

严学，所依靠的是实践、信仰而不是学问，所以才会得到众多人的皈依与拥护。

二　净土信仰与《西方歌》

义相为净土信仰所深深地倾倒，早就为世所知。正如人们常常提起的那样，义相所建的浮石寺是以弥陀净土信仰为背景设计的。不过，关于义相的净土信仰，又有了一两条新的资料。我们一边介绍它，一边来研究义相的净土信仰。

下面关于义相一心希求安养、一生都没有背对西方坐过的传说，是说明他的净土信仰有多么深的重要资料。

> 昔新罗义湘祖师，专求瞻养，平生坐不背西。其门徒中，有一犯罪比丘，依法摈之。离群出去，游行他界。仰慕其师，造像负行。师闻之，召来告曰："汝若实忆我者，一生来坐不背西，像亦应尔。"于是令像背西而坐，像自回身向西而坐。师乃善之，赦罪还摄。①

依据这一传说，连弟子造的义相之像都有感应，不会背对着西方而坐，可见义相是带着彻底的净土信仰而生活的。特别是浮石寺法堂的结构，在南向的无量寿殿中安奉着东向的本尊佛阿弥陀佛。这是为了无论何时礼拜浮石寺无量寿殿的本尊佛阿弥陀佛都是面向西方而设计的。

最近发现了义相歌颂西方净土的《西方歌》，这也是为人们所关注的、关于义相净土信仰的重要资料。题为《义相和尚西方歌》的歌词收录于《念佛作法》的结尾部分，而《念佛作法》是 1572 年开刊的千佛山开天寺的木版本。②《西方歌》以 10 章的景几体歌③的形式构成。由金文基最先发掘介绍，④ 下面按照他划分的章与行来引用：

---

① （高丽）无寄：《释迦如来行迹颂》卷下，《韩国佛教全书》第 6 册，东国大学出版部，1979，第 537 页。
② 成均馆大学图书馆，贵重图书 No.78670，78672。
③ 景几体歌是高丽中叶以后出现的、学者之间吟唱的长歌，与俗谣相对。因其末尾附加"景几如何"而得名。——译者注
④ 金文基：《义相和尚西方歌研究》，《东洋文化研究》5，1978。

①从是西过 十万亿 佛国土

有世界 名极乐 安养净土

其土有佛 号阿弥陀 现在说法

为 教化众生景긔엇더 ᄒ니잇고

唯心净土 自性弥陀（再唱）

为 返净即是景나ᄂ됴해라

②其国人 无众苦 但受众乐

七重栏 七重网 七重行树

皆是四宝 周匝围绕 为故名极乐

为 功德庄严景긔엇더 ᄒ니잇고

极乐不离 真法界中（再唱）

为 挞矢成佛景나ᄂ됴해라

③七宝池 八功德水 充满其中

宝开上 有楼阁 众宝合成

池中莲花 大如车轮 杂色光明

为 微妙香洁景沙긔엇더 ᄒ니잇고

九品招生 坐宝莲花（再唱）

为受诸快乐나ᄂ됴해라

④黄金地 碧空虚 长作天乐

雨天花 香分付 昼夜六时

常公清但 合以交祴 成众妙花

为 供养他方景伊긔엇더 ᄒ니잇고

十方佛刹 正行自在（再唱）

为 胜事诸佛景伊나ᄂ됴해라

⑤彼国有 杂色鸟 种又奇妙

白鹤与 孔雀等 莺鹉舍利

加凌频加 共命之鸟 出和雅音

为 演畅说法景긔엇더 ᄒ니잇고

欲令法音 宣流变化（再唱）

为 缘念三昧景나ᄂ됴해라

⑥微风吹 动诸树 及宝罗网

出妙音 百天乐 同时俱作

闻是音者 自然心生 念佛念法

为 念僧景괴엇더 ᄒ니잇고

宝树光明 亦能说法（再唱）

为 闻法欢喜景沙나 논됴해라

⑦佛光明 佛寿命 无量无边

往生人 寿长远 与佛无异

阿弥陀佛 成佛移来 于今十劫

为 寿命长远景沙괴엇더 ᄒ니잇고

乘佛原力 自然皆生（再唱）

为 永断生死景沙나 논됴해라

⑧菩萨众 声闻众 其数甚多

皆不退 亦多有 一生补处

众生闻者 应当发愿 生彼国土

为 但会一处景괴엇더 ᄒ니잇고

诸上善人 以为朋伴（再唱）

为 熏习增进景나 논됴해라

⑨阿弥陀佛 四十八 大誓愿生

十念者 皆往生 佛说分明

何况一念 全持名号 成就三昧

为 直证上品景沙괴엇더 ᄒ니잇고

阿弥陀佛 慈悲愿力（再唱）

为 殊胜功德景沙나 논됴해라

⑩极乐国 大教主 阿弥陀

观世音 大势至 诸大菩萨

娑婆世界 念佛众生 摄受无边

为 宝皆接人景괴엇더 ᄒ니잇고

知与不知 相逢劝念（再唱）

为 生生极乐景나 논됴해라

《念佛作法》中明记《西方歌》的作者为义相和尚。不过，以景几体歌为形式的《西方歌》被当作义相作品，是有问题的。特别是注意到景几体歌产生的时间是 13 世纪的时候。① 据金文基推测，《西方歌》的作者有三种可能：一是新罗时代的义相，二是高丽末李朝初还有另一位义相，三是新罗义相有类似《西方歌》的歌谣口口相传，后代将其改成景几体歌的形式。不过他否定了这三种可能性，他推测《西方歌》可能是后人为了传教而借用了义相的威名而写的。② 考虑到景几体歌的产生时期，显然无法把景几体歌形式的《西方歌》看作义相的著作。不过，也难以排除新罗义相写的《西方歌》在高丽后期被改编为景几体歌的形式的可能。我们先来考察一下义相写景几体歌以前的《西方歌》的可能性。如前所论，义相的净土信仰是彻底的，这从他以净土信仰为基础建立浮石寺以及终其一生都未背对西方而坐可知。另外，他曾经写过《小阿弥陀经义记》1 卷，③ 这关系到他撰写《西方歌》的可能性。因为，后文将详述，《西方歌》中对《小阿弥陀经》的内容多有援用。《西方歌》与广义上的发愿文有相似的性质。义相喜欢写《白花道场发愿文》、《一乘发愿文》和《投师礼》这样的发愿文。这也是义相有可能撰写《西方歌》的一个旁证。通过"唯心净土，自性弥陀"、"极乐不离，真法界中"等句子来看，《西方歌》是歌颂一乘的净土信仰的，这与义相的净土信仰并不相悖。

从以上的考察来看，义相撰写《西方歌》有充分的可能性。因此，《西方歌》的作者署名义相，难以看作后人假托义相之名。因此，义相的《西方歌》被后世改成景几体歌的形式一说，是有道理的。经过长时间的口口相传或变换形式，歌谣的原型有了很大的变化，但是基本内容并没有被改变。因此，它被当作研究义相的资料来使用，当不会有大的问题。当然，在这种情况下，应该注意原型上的变化。

---

① 景几体歌存在于 13 世纪到 16 世纪间（赵东一《韩国文学通史》2，知识产业社，1983，第 184 页）。

② 金文基：《义相和尚西方歌研究》，《东洋文化研究》5，1978，第 65～66 页。

③ （高丽）义天：《新编诸宗教藏总录》卷 1，《韩国佛教全书》第 4 册，东国大学出版部，1979，第 687 页 c。

《西方歌》是佛赞类的景几体歌，形式是固定的。共 10 章的《西方歌》可以分成序歌（第 1 章）、本歌（第 2 章～第 9 章）和结歌（第 10 章）。[①]另外，《西方歌》可以说跟《小阿弥陀经》一样，列举了极乐世界的种种庄严。即，第 1 章歌颂了教化众生景，第 2 章功德庄严景，第 3 章微妙香洁景，第 4 章供养他方景，第 5 章演畅法性景，第 6 章念僧景，第 7 章寿命长远景，第 8 章俱会一处景、第 9 章直证上品景与第 10 章宝皆接人景。到第 8 章为止列举极乐世界的种种庄严，大部分是将《小阿弥陀经》的内容压缩后援用的。为比较一下《西方歌》的歌词在多大程度上援用了《小阿弥陀经》，我们引用此经的一部分来看。

a 尔时，佛告长老舍利弗：从是西方，过十万亿佛土，有世界名曰：极乐。其土有佛号阿弥陀，今现在说法。

b 舍利弗！彼土何故名为极乐？其国众生，无有众苦，但受诸乐，故名极乐。又舍利弗！极乐国土，七重栏楯，七重罗网，七重行树，皆是四宝周匝围绕。是故彼国名曰极乐。

c 又舍利弗！极乐国土有七宝池，八功德水，充满其中。池底纯以金沙布地，四边阶道，金、银、琉璃、颇梨合成。上有楼阁，亦以金、银、琉璃、颇梨、车璩、赤珠、马瑙而严饰之。池中莲花，大如车轮。青色青光，黄色黄光，赤色赤光，白色白光，微妙香洁。舍利弗！极乐国土，成就如是功德庄严。

d 又舍利弗！彼佛国土，常作天乐。黄金为地，昼夜六时，天雨曼陀罗华。其国众生，常以清旦，各以衣裓，盛众妙华，供养他方十万亿佛。即以食时，还到本国，饭食经行。舍利弗！极乐国土，成就如是功德庄严。

e 复次，舍利弗！彼国常有种种奇妙杂色之鸟，白鹄孔雀、鹦鹉舍利、迦陵频伽，共命之鸟。是诸众鸟，昼夜六时，出和雅音。其音演畅五根、五力、七菩提分、八圣道分，如是等法。其土众生闻是音已，皆悉念佛、念法、念僧。舍利弗！汝勿谓此鸟，实是罪报所生。

---

① 金文基：《义相和尚西方歌研究》，《东洋文化研究》5，1978，第 69～77 页。

所以者何？彼佛国土，无三恶趣。舍利弗！其佛国土，尚无三恶道之
名，何况有实。是诸众鸟，皆是阿弥陀佛欲令法音宣流变化所作。①
　　　　　　　　　　　　　　　　　　‥‥‥‥‥‥‥‥

《西方歌》之第 1、2、3、4、5 章的内容分别相当于《小阿弥陀经》
的 a、b、c、d、e。笔者用着重号标记的内容基本上原封不动地出现在
《西方歌》中。说《西方歌》的第一章完全援用了《小阿弥陀经》之 a 部
分，也不为过。第 3 章以下是经文的要义，表现的有所不同。第 6 章到第
8 章也类似，不过是为避免烦琐而省略了经典的内容。此歌第 9 章中的阿
弥陀佛的四十八愿和第 10 章的观世音、大势至等是《无量寿经》中的内
容。可见，《西方歌》虽主要以《小阿弥陀经》为背景，但也参考了《无
量寿经》。而到第 8 章为止，大多是把《小阿弥陀经》的内容概括后援用
的。故此，《西方歌》的原创性会受到质疑。不过，朝鲜初期已和写的
《安养赞》② 也引用了很多《小阿弥陀经》的内容，与《西方歌》的情况
没多大差别。鉴于此，《西方歌》与其说有独创性不如说是把《小阿弥陀
经》的内容歌谣化，从而使极乐世界的庄严功德成为易于背诵的歌谣。
尽管如此，《西方歌》中也不是没有与义相的净土信仰有关的内容。第 1
章中的"唯心净土，自性弥陀"、第 2 章中的"极乐不离，真法界中"等
句子与义相的一乘净土信仰相通。因为义相遵照智俨"一乘阿弥陀佛无
入涅槃，以十方净土为体"③ 的教诲，在浮石寺仅造阿弥陀佛像安奉，而
无补处菩萨。义相的净土信仰是一乘的。

　　在义相活动的 7 世纪后半期，元晓曾写过《弥陀证性歌》，④ 广德也
曾基于净土信仰写过《愿往生歌》。义相的《西方歌》与《弥陀证性歌》
和《愿往生歌》一样，对新罗的净土信仰在大众中传播做出了贡献。

三　观音信仰与《白花道场发愿文》

　　洛山寺是义相所建，以观音真身之常驻处闻名。自唐朝回国后，义相

---

① 《大正藏》第 12 册，第 346 页 c～347 页 a。
② 《涵虚堂得通和尚语录》，《韩国佛教全书》第 7 册，东国大学出版部，1979，第 242b～
　 243 页 b。
③ 《浮石寺圆融国师碑》，《朝鲜金石总览》卷上，第 271 页。
④ 参考金相铉《元晓之弥陀证性偈》，《庆州史学》6。

听说大悲真身在洛山海边的洞窟，于是到此处斋戒，7 日后发现有座具浮在水面上，而义相被天龙八部的侍从引入窟中参礼。其时洞窟中有一串水精念珠悬在空中，义相领受后退出。而后东海龙王也给义相了一粒如意珠。义相又斋戒了 7 日之后才得见观音真容。观音菩萨说："于座上山顶双竹涌生，当其地作殿宜矣。"义相听后便出窟去挖，果然有竹子涌出地面，于是在此处建金堂安奉塑像。塑像"圆融丽质，俨若天生"。后竹子又消失不见，义相才知道此处就是观音真身常住之处。故此，此寺叫作洛山寺。最后，义相将得到的珠子安放于圣殿中后离开。这就是《三国遗事》中关于洛山寺观音与义相的传说。①

不过，《新增东国舆地胜览》中引用了高丽僧侣益庄的《洛山寺记文》，相关内容如下：

> 高丽僧益庄记，襄州东北降仙驿之南里，有洛山寺。寺之东数里许巨海边有窟，其高可百尺，其大可容万斛之舟。其下海涛常出入，为不测之壑。世称观音大士所住处也。窟前距五十许步海中，有石，上可铺一席，出没水面。昔新罗义相法师，欲亲睹圣容，乃于石上展坐，百稽，精勤至二七日，尚未获睹。便投身海中，东海龙扶出石上。大圣即于窟中，伸臂手授水精念珠，曰：我身未可亲睹，但从窟上行至双竹涌出处，是吾项。上于此可营一殿，安排设像也。龙亦献如意珠及玉。师受珠而来，有双竹涌立。乃于其地创殿，以龙所献玉造像安之。即兹寺也……水精念珠及如意珠，藏于是寺传宝之。……世传有人到窟前，至诚拜稽，则青鸟出现。②

益庄是活动于 13 世纪前半期的禅师。③ 因此，益庄的记载约早《三国遗事》50 年。这一点有意义。益庄与一然的记载略有不同。在益庄所记文中，窟前海中有一大石，义相在上铺席礼拜，而《三国遗事》中没有这一段。另外，《三国遗事》中说义相最终得见真身，但是记文中则是

---

① （高丽）一然：《三国遗事》卷 3，"洛山二大圣·观音·正趣·调信"条。
② 《新增东国舆地胜览》卷 44，"襄阳都护府·佛宇"条。
③ 益庄的前期活动不详。仅从李奎报《益庄元伊淡灵大歇各为禅师官诰》（《东文选》卷 27）写于 13 世纪，可知益庄活动于 13 世纪前半期。

未见到观音菩萨，仅听到声音。还有，益庄的记文中，龙给义相除了如意珠以外还有玉，而义相用玉造了观音像。但《三国遗事》中没有说龙给了玉，观音像也是塑像。虽然这两条记录之间有这样的差异，但是，义相在这一观音菩萨常住之地创建洛山寺，这一点是一致的。因此，这也可以理解为，继观音真身常住西域宝陀落迦山之说，观音真身常住东海边的洛山寺的信仰也依靠义相落脚。

洛山观音真身住处信仰的背景在于《华严经》。在此经的《入法界品》中，善财童子第28回遇到的善知识就是观音。观音菩萨在南方海上的光明山（即补陀洛迦山）常住说法，当善财童子问观音修何种菩萨道时，观音菩萨说自己为使一切众生摆脱恐怖而立下誓愿，成就了大悲法门光明行。① 从观音真身住处信仰根源于《华严经》来看，是可以质疑新罗洛山观音住处信仰究竟是不是通过义相传播的。因为关于观音住处，《六十华严》说是光明山，而《八十华严》说是"补怛洛伽山"。② 《八十华严》是699年翻译完成的，距义相圆寂（702）的时间很近。不过，"补陀落迦"这一山名并非仅出现于《八十华严》中，写于646年玄奘的《大唐西域记》中，也说"布呾洛迦山"山顶有天宫，观自在菩萨"往来游舍"，并出现在愿见者面前，予以宽慰晓喻。③ 另外，"布呾洛迦山"也叫小白华山。《三国遗事》中记载，西域的宝陀落迦山是白衣大士（即观音菩萨）之真身常住之处，此处叫小白花。而澄观也说"补怛落伽山者，此云小白华树"。④ 可见宝陀落迦山这一地名并非仅见于《八十华严》，而义相所使用的白花道场一语源于宝陀落迦山的汉译小白华山，因此不能简单地否定洛山观音真身住处信仰与义相的关系。

义相在洛山的观音窟礼拜发愿时，写了《白花道场发愿文》，内容如下：

> 稽首皈依，观彼本师观音大圣，大圆镜智。亦观弟子，性静本觉，所有本师，水月庄严，无尽相好。亦有弟子，空花身相，有漏形

---

① 《六十华严》卷51，《大正藏》9，第718页。
② 《八十华严》卷68，《大正藏》10，第366页 c。
③ 《大唐西域记》卷10。
④ （唐）澄观：《大方广佛华严经疏》卷57，《大正藏》第35册，第940页。

骸，依正净秽，苦乐不同。今以观音镜中，弟子之身，归命顶礼。弟子镜中，观音大圣，发诚愿语，冀蒙加被。惟愿弟子，生生世世，称观世音，以为本师。如菩萨顶戴弥陀，我亦顶戴观音大圣。十愿六向，千手千眼，大慈大悲，悉皆同等。舍身受身，此界他方，随所住处，如影随形，恒闻说法，助扬真化。普令法界一切众生，诵大悲咒，念菩萨名，同入圆通三昧性海。又愿弟子，此报尽时，亲承大圣放光接引，离诸怖畏，身心适悦。一刹那间，即得往生白华道场。与诸菩萨同闻正法，入法流水，念念增明，现发如来，大无生忍。发愿已，归命顶礼，观自在菩萨摩诃萨。①

《白花道场发愿文》很好地反映了义相观音信仰的特征。义相的观音信仰是求道而不是祈求现世利益。② 《法华经·观世音菩萨普门品》中的观音信仰，祈求现世利益的性质很强。③ 但是在《华严经·入法界品》中，观音菩萨是善财童子遇到的五十五位善知识中的一位。以《华严经》为基础的观音信仰大部分是求道式的。而义相的观音信仰中，华严的要素较多。这一点在《白花道场发愿文》中得到了很好的体现。如从此文中"稽首皈依"，"归命顶礼"等句子看到的，义相诚恳地发愿，愿生生世世奉观音菩萨为本师，往生白花道场。而且，他希望能够像影子一样追随着观音菩萨，随时听闻正法。因此，义相的观音信仰不是停留在他力上的。与此有关的，还需要留意"今以观音镜中弟子之身，归命顶礼，弟子镜中观音大圣"这一句，因为这可以看作观音之大圆镜智与弟子的性净本觉已经合一。体元对这一句子的解释如下：

　　大圣镜智，弟子本觉，既同一体，清净离染，万像本影，森罗顿现，只此无㤭一法界体，诸佛证为果海印，菩萨证为因海印。但分满异可故。弟子现彼大圣镜中，大圣现于弟子镜中。④

① 此文收录于 1328 年体元所写的《白花道场发愿文略解》中。此书现存的木板中，缺第五张和第七张。
② 郑炳三：《统一新罗的观音信仰》，《韩国史论》8，1982，第 39 页。
③ 郑炳朝：《义湘的观音信仰》，《东国史学》10·11 合辑，1978，第 48 页。
④ 《白花道场发愿文略解》，《韩国佛教全书》第 6 册，东国大学出版部，1979，第 573 页 b。

体元的理解是以华严教学为视角的，这就是义相观音信仰的特点。另外，体元认为《白花道场发愿文》中有自利与利他这两个含义。"我亦顶戴，观音大圣，十愿六向，千手千眼，大慈大悲，悉皆同等。舍身受身，此界他方，随所住处，如影随形，恒闻说法，助扬真化"是自利行，而"普令法界一切众生，诵大悲咒，念菩萨名，同入圆通三昧性海"是利他行。

这样，通过《白花道场发愿文》来看，义相的观音信仰不是单纯的他力信仰。因为他发愿获得观音的加持，是希望观音的慈悲在自己的性净本觉中显现，而利他行就是慈悲之实践。

四　华严信仰与《一乘发愿文》

义相写了与净土信仰有关的《西方歌》，也留下了建立在观音信仰基础上的《白花道场发愿文》，不过，他的净土信仰与观音信仰都有华严的背景，也是作为引导三乘之根机趣向究竟一乘的方便。某日，义相在太白山大芦房时，对弟子真定、智通说："行人欲见十佛者，应先作眼目通等。"智通等人问："什么是眼目？"义相回答："以花严经为自眼目。所谓文文句句皆是十佛。自此以外求观佛者，生生劫劫终不见也。"[1] 义相向弟子强调，要以《华严经》为眼目，并且还解释了无着佛等行境十佛。在华严教学中有行境十佛与解境十佛的两种十佛，不过因为义相实践修行的倾向更强，所以认为行境十佛更重要。[2]

无论是义相在皇福寺时与弟子一起绕塔,[3] 弟子真定接到母亲的讣告后入定 7 日,[4] 还是智通在太白山弥理岩窟中修华严观且常常礼拜木刻尊像,[5] 都反映了义相及其弟子们的华严信仰。他们修华严观、礼拜尊像以及绕塔等，精进修行不辍。另外，由义相有弟子犯错后被开除教团的例子[6]来

---

① 《法界图记丛髓录》卷下之二,《大正藏》第 45 册，第 758 页。
② 坂本幸男:《华严教学研究》，京都：平乐寺书店，1956，第 448 页。
③ （高丽）一然:《三国遗事》卷 4,"义湘传教"条。
④ （高丽）一然:《三国遗事》卷 5,"真定师孝善双美"条。
⑤ 《法界图记丛髓录》卷上之一,《大正藏》第 45 册，第 725 页 a。
⑥ （高丽）无寄:《释迦如来行迹颂》卷下,《韩国佛教全书》第 6 册，东国大学出版部，1979，第 537 页。

推断，教团的规范被严格地遵守。他教训弟子们"汝当善用心"、① "各宜勉旃无自欺也"② 等，不仅是在强调修行的重要性，也是在提醒弟子们要转而关注自己的修行。

《华严经》不仅包含深奥的道理，同时还强调实践的信仰。实践大乘菩萨道就是华严信仰的核心，这一般解释为普贤菩萨的愿行。而反映义相的普贤行愿的是《一乘发愿文》。它原收录在 1350 年（高丽忠定王）写的《绀纸金泥华严写经》的结尾部分，最近张忠植发现后并将其公布，③ 笔者将全文引用如下：

惟愿生生世世处	三种世间为三业
化作无量供养具	充满十方诸世界
顶礼供养诸三宝	乃施六道一切愿
如一念尘作佛事	一切念尘亦如是
诸恶一断一切断	诸善一成一切成
值遇尘数善知识	听受法门无厌足
如善知识发善心	我及众生无不发
如善知识修大行	我及众生无不修
具足广大普贤行	往生华藏莲华界
亲见毗卢遮那佛	自他一时成佛道

由七言二十句共 140 字组成的《发愿文》，篇幅比较短，但由于所发之愿基于华严信仰，所以受到特别关注。此《发愿文》的内容充分反映了义相的华严信仰建立在《普贤行愿品》的思想基础上。

《华严经·离世间品》中列举了如下十种普贤行愿法：

尽未来劫行菩萨行普贤愿行法

恭敬供养未来一切佛普贤愿行法

---

① 《法界图记丛髓录》卷上之一，《大正藏》第 45 册，第 721 页 a。
② （新罗）崔致远：《法藏和尚传》，《韩国佛教全书》第 3 册，东国大学出版部，1979，第 775 页 c。
③ 《佛教新闻》，1982 年 2 月 14 日。

立一切众生于普贤菩萨愿行普贤愿行法

积集一切善根普贤愿行法

入一切波罗蜜普贤愿行法

满足一切菩萨愿行普贤愿行法

庄严一切世界普贤愿行法

往生一切佛所普贤愿行法

善巧方便，求一切法普贤愿行法

于一切十方佛刹，成无上菩提普贤愿行法①

留意上面的普贤行愿，再看《一乘发愿文》，能够感觉到，义相的发愿是与普贤行愿相通的。为三业化作无限供养具充满世间、礼拜供养佛法僧三宝、值遇无数善知识听其说法、自己也像善知识那样发心修行等内容，与普贤行愿没有太大的区别。尤其是在结尾部分"具足广大普贤行，往生华藏莲华界"一句，明确地体现了义相的发愿是建立在普贤行愿的基础上的。

义相对十佛中的"愿佛"是这样解释的："百四十愿、十回向愿、初地愿及性起愿等，皆愿佛也。"②《华严经》中有菩萨众多的誓愿。③"百四十愿"、"十回向愿"、"初地愿"、"性起愿"等都是《华严经》中的誓愿。一百四十愿出现于《净行品》，是"为了一切众生清净身口意三业并趣向佛道而发愿"之连续的一百四十颂。十回向愿在《十回向品》，义相认为愿就是十回向本身。初地愿是《十地品》中菩萨在初地欢喜地上建立的十种愿望。此外，《华严经》中还有很多的誓愿。《华严经》既开显了如来的觉悟，同时也阐述了以普贤行愿为代表的菩萨道。此经中的各种誓愿都与菩萨道的实践有关，也与普贤行愿联系在一起。

义相的《一乘发愿文》以普贤行愿为思想背景。因为此发愿文强调了菩萨道的实践，而实践菩萨道即是义相华严信仰的中心概念。

---

① 《华严经》，《大正藏》第 9 册，第 635 页 a。

② 《法界图记丛髓录》卷下之二，《大正藏》第 45 册，第 758 页 a。

③ 关于这一问题，请参考权坦俊《〈华严经〉之誓愿思想小考》，《韩国佛教学》11，1986。

五 《投师礼》及其信仰的含义

与义相有关的、受到关注的另一则资料是《投师礼》。它收录在全罗道光阳县万寿庵 1529 年（朝鲜中宗二四十年）刊行的《念佛作法》中，最近闵泳珪将其找到并收录在《晓城先生八十颂寿 高丽佛籍集佚》① 后出版。② 《投师礼》是密契收集的，而到目前为止，密契的生卒年代不详。③ 唯一知道的是，密契收集《投师礼》的时期是高丽末到朝鲜中宗时期。我们首先看一下《投师礼》的原文：

①花藏世界卢舍那　　海会菩萨共围绕
　我今志心归命礼　　愿共众生恒亲近

②十方三世诸如来　　各有菩萨共围绕
　我今志心归命礼　　三世师亲常安乐

③誓灭众生所造恶　　三十五佛大宝王
　我今志心归命礼　　一切业障尽忏悔

④贤劫千佛教授师　　五十三佛大圣尊
　我今志心归命礼　　降伏魔群成正觉

⑤灵山教主释迦尊　　诸大菩萨阿罗汉
　我今志心归命礼　　勇猛精进勤修道

⑥满月世界药师尊　　两大菩萨共围绕
　我今志心归命礼　　十二上愿皆同等

⑦极乐世界阿弥陀　　观自在等共围绕
　我今志心归命礼　　愿我先亡到彼岸

⑧现住兜率天宫会　　当来下生弥勒尊
　我今志心归命礼　　龙华三会愿相逢

---

① 《晓城先生八十颂寿 高丽佛籍集佚》，东国大学出版部，1985，第 519～524 页。
② 晓堂崔凡述看了华严寺郑彙宪（？～1969）所藏的版本后抄下来的《义湘和尚投师礼》抄写本。笔者看到晓堂师的抄写本《投师礼》后，在努力确认这个版本的时候，知道了闵泳珪这一版本的存在。真是让人高兴的事情。
③ 闵泳珪：《高丽佛籍集佚札记》，《晓城赵明基博士追慕 佛教史学论文集》，东国大学出版部，1988，第 418 页。

⑨大方广佛华严经　　三世诸佛大法藏
　我今志心归命礼　　圆通觉悟妙法门

⑩大乘妙法莲花经　　会三归一纯金宝
　我今志心归命礼　　远离火宅登宝所

⑪无上法王圆觉经　　十二菩萨次第问
　我今志心归命礼　　圆通觉悟大法王

⑫金刚般若波罗蜜　　三善法门最上乘
　我今志心归命礼　　愿得金刚不毁身

⑬随求准提大悲咒　　佛顶尊胜宝楼阁
　我今志心归命礼　　愿持甚深秘密意

⑭大乘起信并释论　　马鸣首唱龙树和
　我今志心归命礼　　愿入不二摩诃衍

⑮文殊普贤四十类　　同生异生菩萨众
　我今志心归命礼　　广度有情无疲厌

⑯常住皆骨昙无竭　　一万二千菩萨众
　我今志心归命礼　　愿我速乘般若船

⑰已成正觉名如来　　而现大悲观自在
　我今志心归命礼　　口亲授记正法门

⑱欢喜园中地藏师　　亲授佛记化群生
　我今志心归命礼　　愿灭罪根离恶道

⑲文殊师利德云等　　五十五位善知识
　我今志心归命礼　　初遇文殊善知识

⑳历代传灯诸祖师　　及与天下老和尚
　我今志心归命礼　　不越一念了此事

㉑一切声闻缘觉等　　四向四果贤圣众
　我今志心归命礼　　福智具足勤修道

㉒圆满世界真法藏　　三种世间总三宝
　我今志心归命礼　　愿共众生亲近礼

㉓忉利天宫帝释尊　　满德庄严相好身
　我今志心归命礼　　助我愿轮成正觉

㉔土地伽蓝诸善神　　及与天龙八部众

我今志心归命礼　　助我愿轮成正觉

尽管《念佛作法》中已经明确说明《投师礼》的作者是义相，但因为它在 16 世纪前半期的文献中初次出现，所以有必要考察作者的真伪。《念佛作法》之《义湘和尚投师礼》与作者未详的《阿弥陀佛赞》之间，也就是《投师礼》的结尾部分有下面的偈颂：

愿我临欲命终时　　尽除一切诸障碍

面见彼佛阿弥陀　　即得往生安乐刹①

此颂是引用了般若翻译的《四十华严》末尾普贤菩萨的偈颂的一部分。②《四十华严》是义相圆寂后的公元 795 ~ 798 年翻译出来的。因此，如果说"愿我临欲命终时"云云的这个偈颂是附在《投师礼》末尾的话，很难将《投师礼》看作义相之作。不过，很难认为此颂原来就包含在《投师礼》中。它可能是被《念佛作法》的编撰者编到《投师礼》与《阿弥陀佛赞》之间的。此颂不仅是对《四十华严》中偈颂的引用，而且与《投师礼》中"我今志心归命礼"等句子的固定形式迥然不同。

《投师礼》中出现了《圆觉经》，而《圆觉经》的翻译时期也不是没有问题。据 722 年智昇编撰的《开元释教录》，此经翻译时代不明。③ 然而，北都藏海寺的道诠法师疏中说此经是 693 年翻译完成的，且宗密在丰德寺的杂藏中见到了译于 647 年的《圆觉经》异本。④ 但可以确定的是，《圆觉经》在义相圆寂的 702 年以前就翻译完成了。因此《投师礼》中出现《圆觉经》没有太大问题。而且，《投师礼》中也没有义相以后出现的特殊用语。

《海东文献总录》之"释家"条中，出现了"释义湘等撰《诸般请文》"。⑤《海东文献总录》是金烋在 1637 年（朝鲜仁祖十五年）对朝鲜

---

① 《晓城先生八十颂寿 高丽佛籍集佚》，东国大学出版部，1985，第 524 页。
② 般若译《华严经》卷 40，《大正藏》第 10 册，第 848 页 a。
③ 《大正藏》第 55 册，第 565 页 a。
④ 镰田茂雄：《宗密教学之思想史的研究》，东京大学出版会，1982，第 104 页。
⑤ 《海东文献总录》，学文阁影印，第 306 页。

中期传播的 670 余种图书所作的题解。由此可知，在朝鲜中期左右，义相等人写的《诸般请文》仍在流传。从文章名来看，似乎是以礼请诸佛为内容的《诸般请文》有与《投师礼》相似的形式。注意到义相曾写过《一乘发愿文》、《白花道场发愿文》、《西方歌》等发愿文类的偈颂时，如有相似个性的文章《投师礼》和《念佛作法》中明确记载的一样，《诸般请文》可以确定为义相著作。

　　所谓《投师礼》，也许是在投身师门并进行礼拜的意义上使用的。"投师"或者"投礼于师"等用语似乎在新罗时常被使用。因为智通寻访朗智并"投礼于师"① 或智远僧统"投师礼谒"道义国师② 等记载反映了这一点。不过，义相在这儿使用的"投师"之"师"，不是特指某一具体人物。《投师礼》中礼拜的对象是佛、法、僧三宝。《投师礼》1 ～ 9 是以佛宝为礼拜对象、10 ～ 16 是以法宝为礼拜对象、而 17 ～ 24 是以僧宝为礼拜对象。

　　佛宝中以卢舍那佛、十方三世如来、三十五佛、五十三佛、释迦牟尼佛、阿弥陀佛、弥勒佛等为礼拜对象。其中，三十五佛信仰与五十三佛信仰目前还不得而知。关于三十五佛信仰，《大宝积经》中曾言及，也有不空翻译的《佛说三十五佛名礼忏文》1 卷。根据这些经文，犯了五无间罪的人，应该在三十五佛前③ 至心忏悔、称念三十五佛佛号并皈依三十五佛。《投师礼》中也有类似"归命三十五佛，忏悔一切业障"等内容。根据《三十五佛名礼忏文》的后记，五天竺的大乘修行人常常进行三十五佛名礼忏，目前这一信仰在西藏流行。五十三佛信仰的经典依据是《观药王药上二菩萨经》、《观虚空藏菩萨经》、《占察经》等。《观虚空藏菩萨经》中说：

---

① （高丽）一然：《三国遗事》卷 5，"朗智乘云"条。
② （高丽）天颀：《禅门宝藏论》卷中，《韩国佛教全书》第 6 册，东国大学出版部，1979，第 479 页 a。
③ 三十五佛是：释迦牟尼佛、金刚不坏佛、宝光佛、龙尊王佛、精进军佛、精进喜佛、宝火佛、宝月光佛、现无愚佛、宝月佛、无垢佛、离垢佛、勇施佛、清净佛、清净施佛、婆留那佛、水天佛、坚德佛、旃檀功德佛、无量掬光佛、光德佛、无忧德佛、那罗延佛、功德华佛、莲华光游戏神通佛、财功德佛、德念佛、善名称功德佛、红炎幢王佛、善游步功德佛、斗战胜佛、善游步佛、周匝庄严功德佛、宝华游步佛、宝莲华善住婆罗树王佛。

若有善男子善女人及余一切众生，得闻是五十三佛名者，是人于百千万亿阿僧祇劫，不堕恶道。若复有人，能称五十三佛名者，生生之处常得值遇十方诸佛。若有人能至心敬礼五十三佛名者，除灭四重五逆及谤方等皆悉清净。①

此五十三佛信仰在新罗相当流行。因为榆岾寺中自新罗时代以来一直安奉信仰五十三佛，真平王时期智惠尼曾在安兴寺佛殿的墙上画五十三佛，② 海印寺一柱门外的三层石塔上发现的塔志《百城山寺前台吉祥塔法瞙记》（895 年中）也有"五十三佛号"③ 一语。

《投师礼》中将法宝《华严经》、《法华经》、《圆觉经》、《金刚般若经》、《随求陀罗尼经》、《大乘起信论》、《释摩诃衍论》等作为皈依的对象。其中《随求准提大悲咒》，从密教的修行来说，是特别的。不过，《白花道场发愿文》中也有"诵大悲咒"的句子，宝川在掌天窟时也曾把诵《随求陀罗尼》当作日课，④ 可见新罗华严宗中也诵咒。

《投师礼》中将僧宝文殊菩萨、普贤菩萨、昙无竭菩萨、观自在菩萨、地藏菩萨、五十五善知识、诸祖师与老和尚、声闻与缘觉、真法藏、帝释、诸善神与天龙八部等作为皈依的对象。其中"常住皆骨昙无竭，一万二千菩萨众"的句子，与金刚山昙无竭菩萨住处信仰有关，因此受到关注。在因受华严信仰的影响改称金刚山之前，新罗人称呼此山为皆骨山。依《六十华严》，昙无竭菩萨在枳怛山率一万二千名大众常住说法。《八十华严》中则是法起菩萨在金刚山率一千二百名大众常住说法。因此，昙无竭菩萨在皆骨山率一万二千名菩萨大众常住说法一文，将皆骨山与《华严经》中的菩萨住处信仰联系在一起。归命"文殊师利德云等五十五位善知识"，说的是皈依《华严经·入法界品》中善财童子遇到的所有五十五位善知识。⑤ 华严信仰原本就很重视善财童子和他遇到的善知识，新罗的华严信仰也是如此。

---

① 《大正藏》第 13 册，第 679 页 a。
② （高丽）一然：《三国遗事》卷 5，"仙桃圣母随喜佛事"条。
③ 黄寿永编《韩国金石遗文》，一志社，1976，第 172 页。
④ （高丽）一然：《三国遗事》卷 3，"台山五万真身"条。
⑤ 善财童子遇到的善知识，依不同的计算方法，有五十三位或五十五位。

显而易见，新罗时代曾举行过各种佛教仪式，但其具体内容未见于现存的文献记载中。而五台山之宝川在其所留下的关于佛教行事的文献①中，规定要行观音礼忏、占察礼忏、弥陀礼忏、涅槃礼忏、文殊礼忏等。由此可知新罗曾举行过各种礼忏，但其具体内容也不得而知。9 世纪前半期在唐朝赤山法华院举行的佛教仪式，所依据的是新罗的风俗。这可以作为了解新罗佛教仪式的参考资料，但遗憾的是资料中只言及了讲经的仪式。在佛教各种仪式中，礼佛仪式是最普遍的。义相弟子智通常常在木佛像前面礼拜等，就与礼佛有关，也可以作为参考。义相《投师礼》一文具有礼佛文的形态，七言的偈颂中，每四句就有一句"我今志心归命礼"，这与以"至心归命礼"来引导的现行礼佛文之形态相似。《投师礼》中所列诸佛菩萨和佛教经典等皈依的对象达 27 个。《投师礼》中称名的诸佛菩萨与佛教经典多种多样。这也与五台山宝川留下的记载中将很多佛菩萨与经典当作信仰的对象相似。不过，《投师礼》中华严信仰的分量略多一些。要皈依的诸佛中有卢舍那佛，经典中有《华严经》，诸菩萨中有文殊菩萨与普贤菩萨，这都是因为义相原本就有的华严信仰。另外，皈依"常住皆骨昙无竭，一万二千菩萨众"与"文殊师利德云等，五十五位善知识"等，也基于华严信仰。

六　自体佛的意义

至此，我们考察了义相的信仰。结果发现，义相更关心、更致力于信仰的实践而不是学问。同时可以确定的是，义相的信仰具有各种形态。他不仅在浮石寺安奉阿弥陀佛作为本尊，还作《西方歌》发愿往生西方净土，又在洛山寺礼拜观音真身，在《白花道场发愿文》中将观世音菩萨奉为本尊、发愿往生白花道场，更在《一乘发愿文》中发愿往生莲华藏世界亲见毗卢遮那佛。另外，义相在《投师礼》中把诸佛菩萨和佛教经典等三宝当作皈依的对象。不过由此也产生了一个问题，那就是如何理解义相的信仰才恰当。要解决这一问题，需要理解义相对自体佛的解释。

新罗华严教学中对自体佛的解释，具有重要意义。义相与其弟子间曾

---

① （高丽）一然：《三国遗事》卷 3，"台山五万真身"条。

有过关于自体佛的问答，这些问答被整理成《自体观佛论》。① "自体佛"也用"吾体佛"、"吾佛"来表示，意思是我这五尺凡常之身就是法身自体。义相曾说："今日吾五尺之身，名为世间。此身遍满虚空法界，无处不至。"② 又说："我凡夫五尺身，称于三际而不动者，是无住也。"还说："以是缘之五尺故。须一即一，须多即多也。"③ 另外，法融也曾说过："何者是法？借因分诠。若强指者，汝身心是。"再有，真秀的解释如下：

> 法性者，微尘法性，须弥山法性，一尺法性，五尺法性。若约今日五尺法性论者，微尘法性须弥山法性等，不动自位称成五尺。不增小位，不减大位，而能成也。④

这是在缘起法的基础上所进行的解释。义相所说的"诸缘根本我"或"以是缘之五尺故"就是这个意思。义相甚至曾以"自体三宝"来解释自体佛说。即身业是佛宝，口业是法宝，意业是僧宝。⑤ "不动吾身即是法身自体"，即"现在这五尺凡夫之身就是法身"的自体佛说与"天上天下唯我独尊"之佛的宣言一样，强调人的尊严。

不过，由此也可能会产生这样的疑问：既然"吾体"是佛，怎么能礼拜他佛呢？对此，义相有如下解释：

> 《锥穴问答》云：问：自未来佛还化自现在者，以何文知乎？答：《璎络经》第八地菩萨云：自见己身。当果诸佛摩顶说法故。则圣说炳然可知。又既诸经云：三世诸佛拜敬故，诸罪业灭，未来诸佛者何乎。问：此他已成佛拜义。何为自未成佛乎？答：拜他佛之义非无而远疏。所以者，凡诸佛为众生说佛德，意为欲众生自亦得彼果，故令修行。是故众生望自当来所得之果德，为欲得彼，不惜身命修

① 金相铉：《〈法界图记丛髓录〉考》，《千宽宇先生还历纪念 韩国史学论丛》，1985，第386页。
② 《法界图记丛髓录》卷下之二，《大正藏》第45册，第758页a。
③ 《法界图记丛髓录》卷上之一，《大正藏》第45册，第721页c~722页a。
④ 《法界图记丛髓录》卷上之一，《大正藏》第45册，第721页c。
⑤ 《法界图记丛髓录》卷下之二，《大正藏》第45册，第759页c。

行。不为得他佛果故修行。是故正令吾发心修行。……又此吾佛，于一切法界，有情无情中，全全即作在。无一物非吾体佛故。若能拜自体佛者，无物不所拜。此甚大要，常可思之。①

也就是说，我们不惜身命、发心修行的原因不是为了别人，而是为了自己获得佛德。"吾佛"因缘而成，遍及一切法界，所以不管朝向何物礼拜都是礼拜吾体佛。解释完后，义相嘱咐弟子，"此甚大要，常可思之"，就是说要老是想着这个。

第二节　新罗华严信仰诸类型

一　《华严经》信仰

虽然相当于三宝中法宝的经典是传达教义的容器，但是经典本身成为信仰对象的也很多。对佛教经典的信仰，表现为强调某一经典的受持、诵读、讲解、抄写、传播等具有功德。对佛教经典的信仰，是佛教文化圈中每个国家都有的，韩国也是一样。不过新罗时代常信仰的佛教经典是《华严经》、《法华经》、《仁王般若经》和《金光明经》等。《华严经》中包含深奥、庞大的教理与哲学，但对经典的信仰如读诵或抄写经典等，是出于信仰经典的灵验而非经典中的教理体系等。新罗社会上不是专门的华严学者而是一般人，对这样的信仰表现出了兴趣。

（一）讲经

依据现存文献记载，最早在新罗讲《华严经》的是慈藏。慈藏出家后舍宅为元宁寺，在落成法会上讲"杂花万偈"，也就是《华严经》。②当时慈藏所感应到的神异之事，与此经《入法界品》中善财童子寻找五十三位善知识求道的内容有关。慈藏在皇龙寺讲《菩萨戒本》时，也有神异的感应。当时"天降甘露，云雾暗霭，覆所讲堂"，四众都对他的神

---

① 《法界图记丛髓录》卷下之二，《大正藏》第45册，第759页 a~b。这一问答是《锥穴问答》中记载的，但由于《锥穴问答》是义相弟子智通所整理的义相的讲义，因此这一问答可以看作在义相与其弟子之间进行的。

② （高丽）一然：《三国遗事》卷4，"慈藏定律"条。

异叹服不已。

景德王在其即位第十三年（754）夏，请法海大德在皇龙寺讲《华严经》。当时，景德王表现出对法师大德法力的兴趣，所以法海在讲《华严经》时，倾注东海之水，以炫耀自己的法力。由是国王对其愈加敬重。① 认为这是在强调法海之法力的同时，强调《华严经》不可思议之功德，并不为过。如此种种因讲解《华严经》而出现神异灵验的传说，都是在强调讲《华严经》的功德与灵验。

另外，也有通过讲《华严经》为亡者祈祷冥福的例子。义相为其弟子真定的亡母讲《华严经》90日后其亡母生于天上的传说②，就是一则非常好的实例。新罗后期华严宗僧人曾为亡者祈祷冥福而举行法会，并讲《华严经》。如崔致远在《华严经社会愿文》中记载的："故我业中，先达龙象，共缔香社，特营法筵。如先示灭者，众集皇福寺，讲经一日，追冥福也。"③

861年，受景文王之请，华严大德决言在鹄寺（后崇福寺）讲《华严经》5天。此法会是景文王为其九世祖元圣大王追福，计划重建鹄寺后举行的。④ 886年，定康王为宪康王祈祷冥福，请当时的华严学匠贤俊讲《华严经》。⑤ 如以上几个例子所反映的，这种通过讲《华严经》为亡者祈祷冥福的信仰形态，也可以理解为在强调讲解此经的功德。

（二）受持

义相的著作《华严一乘法界图》，为其弟子所珍视。甚至可以说，如果不是因为他的弟子们，义相的《法界图》都成不了经典。义相是在接受了善财童子给的聪明药与青衣童子的三次秘诀后，才撰写了这篇文章，而且《法界图》即使被扔到火里，也没有被烧毁。⑥ 这一与义相的《法

---

① （高丽）一然：《三国遗事》卷4，"贤瑜伽·海华严"条。
② （高丽）一然：《三国遗事》卷5，"真定师孝善双美"条。
③ 《圆宗文类》卷22，《韩国佛教全书》第4册，东国大学出版部，1979，第646页。
④ （新罗）崔致远：《崇福寺碑铭》，《朝鲜金石总览》卷上，第120页。
⑤ （新罗）崔致远：《华严经社会愿文》，《韩国佛教全书》第4册，东国大学出版部，1979，第646页。
⑥ 均如在其《一乘法界图圆通记》中引用了崔致远写的《义相传》中的传说。《圆宗文类》卷22，《韩国佛教全书》第4册，东国大学出版部，1979，第1页。

界图》交织在一起的传说，似乎意味着《法界图》是契合佛意的不朽名著。义相在世时就有很多人"竞所珍佩"《法界图》。① 另外，义相知其弟子智通所取得的成就后，授其《法界图印》。② 可见《法界图》不单是一部著作，也是崇拜与信仰的对象。从强调受持它的功德这一点可以得知。

在《华严经》信仰中，强调受持《华严经》的例子，具体可以在8世纪中叶元表的事迹中找到。

> 释元表，本三韩人也。天宝中来游华土，仍往西域瞻礼圣迹。遇心王菩萨指示支提山灵府。遂负《华严经》八十卷，寻访霍童礼天冠菩萨。至支提石室而宅焉。先是，此山不容人居，居之必多霆震、猛兽、毒虫，不然鬼魅惑乱于人，曾有未得道僧，辄居一宿，为山神驱斥。明旦，止见身投山下数里间。表赍经栖泊涧、饮木食。后不知出处之踪矣。③

元表能住在"不容人居"的支提山石室，依靠的是其背着80卷《华严经》巡礼支提山的极大功德。另外，《元表传》中还记载，847年，元表藏在石室中的《华严经》被保福寺的慧评禅师发现。当然，元表负80卷《华严经》巡礼支提山是在唐朝。不过它也可以作为新罗华严信仰的参考资料，这是因为元表回国后，在759年建宝林寺。④ 另如后文当述，他还与天冠山的天冠菩萨住处信仰有关。

（三）诵读

下面来看强调诵读《华严经》之功德的例子。梵鱼寺的建立传说中，强调如果一心诵读《华严经》，就会子孙不绝，永无干戈。⑤ 再有，圣德王即位的第四年（705）在五台山"构建殿堂"，组织华严社，命灵卜等五人"长转华严经"，并"长年供费"。宝川离世前，所"留记后来山中

---

① 《三国遗事》卷4，"义湘传教"条。
② （高丽）均如：《释华严旨归章圆通钞》卷下，《韩国佛教全书》第4册，东国大学出版部，1979，第139页 c～140页 a。
③ （宋）赞宁：《宋高僧传》卷30，《释元表传》。《大正藏》第50册，第895页。
④ 金颖：《普照禅师碑铭》，东国大学博物馆编《普照禅师·寂然国师·玄化寺碑铭》，1985，第23页，第138页。
⑤ 《梵鱼寺事迹记》。

所行辅益邦家之事"中，规定要在中台真如院"昼读《华严经》、《六百般若》"。①

元圣王（785～798年在位）请皇龙寺僧人智海入宫"称《华严经》五旬"，② 这可能说的也是诵读《华严经》。僧均谅等人在太和年间（827～835）召集僧众结社，春秋二时聚在宣懿王后的祠堂，持经典为王妃祈福。当然，从记载这一事件的《华严经社会愿文》③ 的上下文可知，当时所持经典就是《华严经》。"宣懿王后"，是惠中王之女以闵哀王之母的身份被册封的谥号。④ 定康王为去世的兄长宪康王祈祷冥福，组织华严结社。在当时华严学匠贤俊的建议下组织起来的华严结社中，有国王、三公之类的重臣和宗室的加入。他们抄写完成几部《华严经》，还一年在陵寝北寺聚两次，"转读百遍真诠"。⑤

通过以上例子可知，诵读《华严经》一般是在具有护国性质的法会上或者是为死者祈祷冥福的法会上进行的，而且诵读《华严经》活动主要以王室为中心进行。

（四）写经与石经的雕刻

景德王十四年（755）完成的《新罗华严写经》最近被发现，它是与这一时期写经有关的最重要的资料。⑥ 这部《华严经》是皇龙寺僧人即华严寺的创建者缘起法师，为回报父亲的恩惠并愿法界一切众生皆成佛道而抄写的。或许也是为了将抄写好的经典放在塔里，⑦ 通过纳塔供养获得功

---

① （高丽）一然：《三国遗事》卷3，"台山五万真身"条。
② （高丽）一然：《三国遗事》卷2，"元圣大王"条。
③ （新罗）崔致远：《华严经社会愿文》，《韩国佛教全书》第4册，东国大学出版部，1979，第647页。
④ （高丽）金富轼：《三国史记》卷10与《三国遗事·王历》
⑤ （新罗）崔致远：《华严经社会愿文》，《韩国佛教全书》第4册，东国大学出版部，1979，第647页。
⑥ 关于此华严写经的研究有：文明大《新罗华严经写经及其变相图研究》，《韩国学报》14，1979；黄寿永《新罗景德王时期的白纸墨书华严经》，《历史学报》83，1979。另外，关于此写经跋文的翻译，请参考南丰铉《汉字·汉文的受容与借字表记法的发达》，《韩国古代文化与邻接文化的关系》，韩国精神文化研究院，1981。
⑦ 在历史学会第206次月例发表会以《新发现新罗景德王时期华严经写经》为主题的讨论上，闵泳珪认为此写经不是为了诵读而是代替舍利供养用的（《历史学报》83，第142页）。

德。所有参与抄写的人士"纸作伯士"、"经写笔师"、"经心匠"、"佛菩萨像笔师"等都受了菩萨戒，他们以非常虔敬的心和严格的仪式完成了抄写。通过抄写此经的发愿文中"我今誓愿尽未来，所成经典不烂坏。假使三灾破大千，此经与空不散破"① 一语可知，他们对《华严经》有很深的信仰。此外，参加这一佛事的人的身份，也有四头品和五头品的贵族，可以确定新罗的华严信仰者不限于真骨贵族阶层。9 世纪后半期，定康王也曾为先王、其兄宪康王祈祷冥福，而与群臣一起抄写《华严经》。这不仅是一个新罗后期王室抄写《华严经》的例子，也是一种通过写经来为亡者祈祷冥福的信仰形态。8 世纪中叶缘起所建的华严寺"丈六殿"（现在的觉皇殿），四壁上刻的就是《华严经》。《新增东国舆地胜览》中是这样描述的：

> 此寺（华严寺）中有一殿，四壁不以土涂，皆用青壁刻华严经于其上。岁久壁坏，文字刓没，不可读。②

海印寺"丈六殿"毁于壬辰倭乱的战火，华严石经也遭到了破坏，现仅存残片。新罗时代的石经还有法华石经和金刚石经。③ 另外，中国五代时，曾有人在石壁上刻《华严经》。④ 可见，中国有在石壁上刻《华严经》的例子，新罗也有雕刻其他佛教经典的例子。通过华严寺的华严石经可以确定，新罗时代的《华严经》信仰像石头一样坚固。

二　华严神众信仰

佛教经典中有梵天王、四天王、八部神将等很多的护法神。《华严经》中也有。据经文记载，获得正觉的佛坐在寂灭道场的狮子座上，有金刚力士、道场神、龙神等众多神众围绕在周围。⑤ 这些具有无限力量的神众们会守护佛法，是阻挡灾难的善神。《华严经》中的这些神众成为信

---

① 李基白：《韩国上代古文书资料集成》，一志社，1987，第 27 页。
② 《新增东国舆地胜览》卷 40，《求礼县》，"佛宇"条。
③ 黄寿永：《韩国金石遗文》，一志社，1976，第 80～83 页。
④ （宋）赞宁：《宋高僧传》卷 28，《遵诲传》，《大正藏》第 50 册，第 884 页。
⑤ 末纲恕一：《华严经的世界》（东京：春秋社，1957）一书将华严神众整理得很好。

仰的对象，这就是华严神众信仰。这一信仰从新罗开始一直延续下来，但在此我们仅考察新罗时期的情况。

8 世纪初，五台山曾有华严神众信仰。有资料详细记载了宝川在五台山各台建庵结社，保有一定的福田，并为国家日夜举行法事等。据此可知，宝川规定，作为五社之本社的宝川庵，每夜要念华严神众，而作为都会社的下院文殊岬寺，则日夜进行华严神众礼忏。在这一记载中，还说宝川"命净行福田镇长香火，则国王千秋，人民安泰。文虎和平，百谷丰穰矣"。① 可见，华严神众信仰被认为是有益于国家的。

当作宝盖如来的化身而受到推重敬仰的义相，周围常有华严神众在保护，而且他也有命令神众去阻止灾难的威力和神力。义相在唐留学时，某日受终南山道宣律师邀请一起接受天的供养。然而由于外面有神兵守护，所以天之使者不得其门而入，义相走后才得以进入室内。道宣由此知道义相有神的护卫，"乃服其道胜"。② 这一传说中的"神卫"就是华严神众之护卫的意思。③ 此外，天龙八部侍从引导义相进入洛山观音窟，浮石寺建立传说中出现的妙善龙等，也都是说明义相受神众保护的例子。这些传说进一步发展，内容也变得更为具体，进而产生了新的传说。

> 初海东倭人，领十万兵船，至东欲侵新罗……义相亲幸金井山，七日七夜，读经一心。有地大震，浩逸放光，诸佛天王神众及文殊童子，各现色身，各持兵器，临海讨贼。或弯弓放箭，或雨利枪，或雨刀刃，或雨沙石。而主风神，鼓扇黑风。兵火涨天，破涛动地。倭船自相攻击，兵众尽没无疑。④

以上是华严十刹之一的梵鱼寺的建立传说中的部分内容。由于记载这一传说的《梵鱼寺事迹记》是后代的记载，其资料价值稍弱。不过，这一传说也可以当作相信新罗华严初祖义相受到华严神众保护的一条重要资料来参考。

---

① （高丽）一然：《三国遗事》卷 3，"台山五万真身"条。
② （高丽）一然：《三国遗事》卷 3，"前后所将舍利"条。
③ 金煐泰：《通过传说来看新罗义湘》，《佛教学报》18，第 15 页。
④ 《梵鱼寺事迹记》。

　　说到拥有虔诚华严神众信仰的高僧，新罗后期及末期也有传说记载某位僧人能够调遣华严神众。9 世纪前半期流传着华严宗的洪震借华严神众的威力帮助金祐征的传说。下面就是这一传说。

　　　　新罗神虎王为太子时，适遭天谴，流山南莞岛。华严洪震师素善太子，闻东宫事急。走依是寺，日夜精勤，礼唱华严神众。因感诸神众随唱而应，遍列寺南峰。今神众岩是也。①

　　神武王在太子时被流放到莞岛，是争夺王位失败的金祐征为了避难在 837 年（僖康王二年）带着妻子投靠清海镇大使张保皋②一事的讹传。而且金祐征很快就借助清海镇的兵力取得了王位，他就是神武王。长兴郡冠山面的天冠山与莞岛的清海镇不远。因此，洪震在华严宗寺院天冠寺帮助金祐征的传说未必只是虚构的故事。华严神众的感应也与武力有关。这一传说是在说帮助金祐征的清海镇军师、僧人洪震曾经在天冠寺祈祷，这样理解并不为过。

　　新罗末年，海印寺的华严宗匠希朗是王建的福田。他曾借助华严神众的威力帮助王建作战。

　　　　新罗末僧统希朗，住持此寺，得华严神众三昧。时我太祖与百济王子月光战。月光保美崇山，食足兵强。其敌如神，太祖力不能制。入于海印寺，师事朗公。师遣勇敌大军助之。月光见金甲满空，知其神兵，惧而降。太祖由是敬重奉事，纳田五百结，重新其旧山。③

　　这一传说中，希朗所借的华严神众之威力以武力的形式展示出来。传说是在强调华严行者希朗的法力。如后将述，希朗确实对王建统一后三国有所帮助。

　　也有借助神众三昧而行妖妄之事的道人被册封为国师的特殊传说。金克己《朱岩寺诗》的序文中记载了这一传说。

---

① 此传说出自 1240 年释天因所写的《天冠山记》（《东文选》卷 68）。它不仅早于《三国遗事》的记载，而且也是天因参考了古迹之后写的，所以是值得关注的资料。
② （高丽）金富轼：《三国史记》卷 10，"僖康王二年"条。
③ 《伽耶山海印寺古迹》，《朝鲜寺刹史料》卷上，第 495～496 页。

自持麦岩西行八九步有朱岩。昔道人得神众三昧，尝自励云：苟非宫人，不足动心。神众闻之，往窃宫人。腾空而去，晨往夕还，未尝愆期。宫人恐惧，白于王。王命宫人，凡所归宿，以丹砂志之。仍命甲士物色求之。内自城市，远至高山穷谷幽绝之处，不可得也。忽至此岩，见有丹痕，留在岩户。而衲衣老僧宴坐其内。王怒其妖感，遣猛士数十人，欲兵之。僧冥心闭目，一念神咒。阴兵数万，连亘山谷，若世所画神众者。王卒恐惧，伏地不能进而还。王知其异人，迎入大内，拜为国师。其妖遂绝。①

12 世纪中后期的文人代表金克己所记的这一传说，早于《三国遗事》中的若干传说。这一传说中并没有出现具体时间，但认为它从新罗时代开始流传，似乎也不为过。富山距庆州不远，是新罗的军事重镇，持麦石是与金庾信有关的遗迹。鉴于此，认为与富山持麦石有关的传说，是在新罗时期形成的，也不是毫无道理。这一传说中，老僧借助神众的力量引诱宫人、与国王所派的兵士对峙等，虽然比较特别，但它实际上是在强调，获得神众三昧的道人能够得到神众的护卫，进而被奉为国师。

对于以上有关华严神众的传说意义的解释，可能有多种意见。不过，这些传说得以形成和流传，显然是受到华严神众信仰广泛流传的影响。另外，新罗时代的这种华严神众信仰，在高丽时期以华严神众信仰道场等法会的形式被继承下来。

三 菩萨住处信仰

《华严经·菩萨住处品》中说到，有菩萨在 20 余处常住说法。这些菩萨，或居住于八方山海，或杂居于城邑，率众多眷属说法。虽然世上无一处没有菩萨，但这样明确地指出菩萨的住处，是"约机缘所宜，指有方所"。② 这种菩萨住处信仰在中国、韩国、日本等国都广泛流传。新罗人也相信五台山、金刚山、天冠山等分别有文殊菩萨、昙无竭菩萨和天冠菩萨常住说法。另外，如前所述，洛山的观音菩萨住处信仰也是以《华

---

① 《新增东国舆地胜览》卷 21，"庆州府·古迹·朱岩寺·持麦石"条。
② （唐）澄观：《大方广佛华严经疏》卷 47，《大正藏》第 35 册，第 859 页。

严经·入法界品》为背景的。尽管这些菩萨住处信仰不是新罗特有的现象，但是在华严信仰在新罗的流传及向大众的普及这一点上，它们成为值得讨论的问题。

（一）五台山的文殊信仰

五台山被当作文殊菩萨住处圣地来信仰，是 7 世纪前半期的事情，由慈藏开始。慈藏一般被看作律师，但是在他的佛教信仰中，华严信仰反而占有更大的比重。636 年（善德王五年），慈藏入唐。在他巡礼五台山的时候，感应到文殊菩萨。中国的五台山在山西省太原府五台县东北 140 余里处。此山有东、南、西、北、中五座山峰，山顶无树，积土而成，故名五台山。夏季时此山也很凉爽，所以又称清凉山。中国的五台山被当作文殊住处的灵山来信仰，是基于《六十华严》的《菩萨住处品》。经文中说：“东北方有菩萨住处，名清凉山，过去诸菩萨常于中住；彼现有菩萨，名文殊师利，有一万菩萨眷属，常为说法。”认为五台山是文殊菩萨常住之灵山的信仰，渐渐盛行起来，5 世纪后半期，山上开始立塔。隋末唐初，与文殊菩萨有关的灵验记广泛流传。所以不仅有来自中国各地的信徒，也有来自西域、新罗和日本等远方的信徒，到五台山巡礼。[1]

在中国的太和池边的文殊石像前祈祷了 7 天后，慈藏得到了感应。文殊菩萨不仅传给慈藏四句偈、佛头骨舍利、佛之袈裟和钵，还嘱咐他回国后建立皇龙寺九层塔与太和寺。此外，文殊菩萨还对慈藏说：“汝本国艮方溟州界有五台山，一万文殊常住在彼。汝往见之。”[2] 慈藏回到新罗后，建立月精寺、净岩寺、水多寺等，都是为了能够亲见文殊菩萨的真身。

当然韩国五台山信仰的思想背景也在于《华严经》，不过它是由慈藏将中国的五台山信仰移植到新罗的。韩国五台山的山势与中国的相似，是此山被指为文殊菩萨常住之圣地的首要原因。8 世纪，新罗的五台山文殊菩萨住处信仰得到进一步发展并具体化，这是依靠新罗王子宝川与孝明二

---

[1]　江田俊雄：《新罗的慈藏与五台山》，《朝鲜佛教史研究》，东京：国书刊行会，1977，第 176 页。

[2]　（高丽）一然：《三国遗事》卷 3 “皇龙寺九层塔” 条与卷 4 “慈藏定律” 条（关于慈藏与五台山信仰的记载在《三国遗事》中有几处，但这段文字主要是在 “台山五万真身” 条。——译者注）。

人实现的。他们相信此山之五台是五类圣众所居之处，因此进行礼拜。相关记载如下。

> 兄弟二人礼念修行。五台进敬礼拜。青在东台满月形山，观音真身一万常住。南台麒麟山，八大菩萨为首，一万地藏菩萨常住。白方西台长岭山，无量寿如来为首，一万大势至菩萨常住。黑掌北台相王山，释迦如来为首，五百大阿罗汉常住。黄处中台风炉山，亦名地炉山。毗卢遮那为首，一万文殊常住。真如院地，文殊大圣每日寅朝化现三十六形，两太子并礼拜。每日早朝汲于洞水，煎茶供养，一万真身文殊。①

这种相信山之五台分别有观音、弥陀、地藏、释迦、文殊等佛菩萨常住说法的信仰，通过景德王时的信孝居士得以重新确定和强调。

（二）金刚山之昙无竭菩萨

金刚山也叫枳怛山、皆骨山、枫岳山、蓬莱山、涅槃山、众香山等，因被认为是"昔为仙人所居之山"②，所以叫作蓬莱山。此山被当作昙无竭菩萨的常住说法之处来信仰，是因为受到佛教的影响，具体说应该是受到了华严信仰的影响。从"极天之东滨海，有山俗号枫岳。僧徒谓之金刚山"③一文来看，僧人们有意将此山转变为佛教信仰的对象。金刚山昙无竭菩萨住处信仰是以《华严经》为思想背景产生的。枳怛山或金刚山等山名虽均出自《华严经》，但由于译本不同而名字各异。枳怛山源于《六十华严》，这是因为经文中有以下内容：

> 四大海中有菩萨住处，名枳怛，过去诸菩萨常于中住。彼现有菩萨，名昙无竭，有万二千菩萨眷属，常为说法。④

金刚山这一山名开始在新罗社会通用是 8 世纪前半期以后。因为 704 年翻译完成的《八十华严》之《诸佛菩萨住处品》中"海中有处，名金

---

① （高丽）一然：《三国遗事》卷 3，"溟州五台山宝叱徒太子传记"条。
② （高丽）李穑：《金刚山长安寺重兴碑》，《稼亭集》卷 6。
③ （高丽）崔瀣《送僧禅智游金刚山序》，《东文选》卷 84。
④ 《大方广佛华严经》卷 29，《大正藏》第 9 册，第 590 页 a。

刚山。从昔已来，诸菩萨众于中止住。现有菩萨，名曰法起，与其眷属、诸菩萨众千二百人俱，常在其中而演说法"一段，是金刚山名称的来源。《六十华严》中的"枳怛山"、"昙无竭菩萨"，在《八十华严》中变成了"金刚山"、"法起菩萨"。不过这没什么问题，因为前者是音译而后者是意译，所以出现了差异。

皆骨山为昙无竭菩萨常住说法之处之说在新罗社会广泛流传，与义相有关。因为义相《投师礼》中，有"常住皆骨昙无竭，一万二千菩萨众。我今志心归命礼，愿我速乘般若船"① 一文。义相是笃实的华严行者，考虑到昙无竭菩萨之眷属有一万两千名依据的是《六十华严》，显而易见，义相的昙无竭菩萨住处信仰以《六十华严》为思想背景。反映义相与皆骨山昙无竭菩萨住处信仰有关的另一个传说，出现在《新罗古记》中。

> 新罗古记云：义湘法师，初入五台山，次入是山。昙无竭菩萨现身而告曰：五台山，有行有数人出世之地。此山，无行无数人出世之地也。②

据此可知，义相在皆骨山感应到昙无竭菩萨真身出现。而且应该注意到，昙无竭菩萨说此山有无数人出世，也与义相在此山建摩诃衍寺有关。因为所谓摩诃衍就是"拉人的大车"即"大乘"的意思。义相以后，此山与华严信仰的盛行有关。这一点可以从表训寺为义相弟子表训所建以及山名使用的是源自《八十华严》的金刚山等例子中可知。

（三）天冠山之天冠菩萨

天冠山在全罗南道长兴郡。此山又叫天风山、佛头山、牛头山、支提山等。③ 过去多使用天冠山、支提山等名字，现在叫天冠山。静明国师天因（1205～1248）参考当时的古迹所写的《天冠山记》④ 中，写了"天冠"这一山名的由来：

---

① 《晓城先生八十颂寿 高丽佛籍集佚》，东国大学出版部，1985，第522页。
② 此记载被闵渍写于1297年的《榆岾寺事迹记》引用。
③ 《新增东国舆地胜览》卷37，"长兴都护府·山川"条："旧号天风，或云支提"。另外，《支提山事迹》中说此山有佛头、牛头、支提、天冠等4个名字。
④ 收录于《东文选》卷68及《新增东国舆地胜览》卷37。

> 相传云：此山亦名支提山。如《华严经》说：有菩萨住处，名
> 支提山。现有菩萨，名曰天冠。是也。

天因认为天冠山、支提山等山名都来自《华严经》，根据是《八十华
严》之《诸佛菩萨住处品》中的内容：

> 东南方有处，名支提山。从昔已来，诸菩萨众于中止住。现有菩
> 萨，名曰天冠，与其眷属、诸菩萨众一千人俱，常在其中而演说法。①

当然《六十华严》中也有同样的内容，② 天冠山、支提山等名字由
"天冠菩萨在支提山常住说法"而来。也许此山开始被叫作支提山，是
《八十华严》翻译完成的 8 世纪初以后的事。但是不能就此断定此山的天
冠菩萨住处信仰，就一定是 8 世纪初产生的。因为天冠山这一山名也可以
出自《六十华严》。依天因的《天冠山记》，孝昭王时期义相曾在此山居
住。虽不能排除此山的菩萨住处信仰可能自义相起就开始出现，不过义相
曾居住于此山的说法，可以看作后人的附会。

《八十华严》中的支提山成为此山的名字，与天冠菩萨常住此山说法
之信仰的流传有关。由此，8 世纪中叶的元表引起了笔者的关注。759 年
（景德王十八年）元表建立宝林寺，应该注意到，天冠山和宝林寺都位于
长兴郡。如前所述，元表在中国时，曾背着 80 卷《华严经》参访支提
山，礼拜天冠菩萨。这大大增加了元表传入与传播天冠山天冠菩萨住处信
仰的可能性。天冠山距元表驻锡的宝林寺较近，鉴于"迦智山宝林寺"
一名也是元表从自己曾参访的西域及中国的迦智山宝林寺移植过来的，③
这种感觉更加强烈。

四 华严结社与华严祖师崇拜

（一）华严结社

新罗曾有过信仰结社活动，一般也称为社会。所谓结社是一种信仰集

---

① 《大正藏》第 10 册，第 241 页 b。
② 《大正藏》第 9 册，第 590 页 a。
③ 《新罗国武州迦智山宝林寺事迹》，《考古美术》81 号。

会，目的是修行或举行佛事。华严结社的例子见于 8 世纪初，到 9 世纪末左右则相当盛行。

8 世纪初，五台山曾组织过华严结社。由王子宝川与孝明二人主导。两人每天早晨"汲洞中水"，煎茶供养文殊菩萨。孝明后来被国人推举为圣德王，他即位第四年即 705 年，孝明改建五台山的真如院，并组织华严结社。

> 神龙元年乙巳三月初四日，始改创真如院。大王亲率百寮到山。营构殿堂，并塑泥像文殊大圣，安于堂中。以知识灵下等五员，长转华严经。仍结为华严社，长年供费。每岁春秋，各给近山州县仓租一百石、净油一石。以为恒规。①

真如院是之前宝川与孝明在五台山中台供养文殊菩萨三十六种化身之处。已经登上王位的圣德王改建自己之前的修道处并组织华严结社，是很自然的。留在五台山继续修行的宝川，临终前留下了山中要实行的助益国家之事，嘱咐分别在此山的五台进行结社修行。与华严结社有关的部分内容如下：

> 黄处中台。真如院中安泥像文殊不动。后壁安黄地画毗卢遮那为首三十六化形。福田五员，昼读《华严经》、《六百般若》，夜念文殊礼忏，称华严社。宝川庵改创华藏寺，安圆像毗卢遮那三尊及大藏经。福田五员，长门藏经，夜念华严神众。每年设华严会一百日，称名法轮社。以此华藏寺为五台社之本寺，坚固护持命净行福田，镇长香火，则国王千秋，人民安泰，文虎和平，百谷丰穰矣。又加排下院文殊岬寺为社之都会。福田七员，昼夜常行华严神众礼忏。②

根据这一记载，当时五台山可能流传华严信仰，因为中台举行百日的华严会、诵读《华严经》、华严神众礼忏、文殊礼忏法事等。另外，此处还安奉着毗卢遮那三尊像、文殊菩萨像、文殊的三十六种变化像等。当然，宝川的嘱咐是否被如实执行，不得而知。不过这可能也不仅仅是单纯的记载。宝川不仅请求国王代代勿忘遵行，而且还明确指出，

---

① （高丽）一然：《三国遗事》卷 3，"台山五万真身"条。
② （高丽）一然：《三国遗事》卷 3，"台山五万真身"条。

包括佛事在内的四事之费用，要"以河西府道内八州之税充"。鉴于其浓厚的护国性质，笔者更觉得这并非单纯的文献记载。新罗五台山的华严结社与王室密切相关，是因为当时的佛教具有护国性以及宝川和孝明的王子身份。

9世纪末，崔致远留下了与华严结社有关的四种愿文。①

①故终南山俨和尚报恩社会愿文
②海东华严初祖忌晨愿文
③华严社会愿文
④华严经社会愿文

①是884年（宪康王十年）当时的华严学匠决言与贤俊为报答唐智俨将华严教学传给新罗义相的法恩而结成的。②是性起等人为追慕义相在新罗传播华严教的恩惠而组织结社的愿文，把在义相每年的"忌晨"讨论他的遗教作为常规。这两个结社都是为了追慕华严祖师而结成的，共同点都是通过讨论他们的遗教来追忆他们。对此，后文中将进一步论述。③是属于华严业的僧侣们所组织的香社。无论其中的谁圆寂后，参加结社的僧人都会聚在皇福寺为其祈祷冥福，并讲论《华严经》一天。从结社是以皇福寺为中心组织的这一点来看，他们当是义相系僧人。④在《佛国寺古今创记》中叫作《上宰国戚大臣等奉为献康大王结华严经社愿文》，题目很长。这一结社是886年定康王想要为其兄先王宪康王祈祷冥福，与大臣们一起组织的。大德贤俊从国王那里获得了授权，劝请群臣们抄写《华严经》。他挑选了侍书中的善书者来抄写《华严经·世间净眼品》。金林甫、顺宪和金一等人参加了这一结社，抄写《六十华严》，而国统、僧禄等则抄写了《四十华严》。此外，北宫公主即后来的真圣女王曼，也"舍净财"、助"庄经之具"。国王和重臣与宗室一起为先王祈祷冥福，抄写《华严经》，不到10天就抄完10帙。他们还每年在陵寝北寺聚会两次，转读《华严经》100遍。

---

① （高丽）义天：《圆宗文类》卷22，《韩国佛教全书》第4册，东国大学出版部，1979，第644~647页。

由此可见，9 世纪末新罗举行了多种性质的华严结社。或追慕华严祖师的恩惠，或为亡者祈祷冥福。有王室主导的，也有以僧侣为中心的。新罗后期华严结社的盛行，有学者认为是受到唐中期以后盛行华严结社的影响，① 也有观点认为是受到禅宗攻击后处于守势的华严宗团努力强化自己势力的一种手段。② 笔者认为后者是直接原因。不过，为什么关于华严结社的文献资料都是崔致远写的呢？这也许不仅是因为崔致远在唐朝也是屈指可数的文豪，也是因为他与当时的华严宗关系密切。

（二）华严祖师崇拜

海东华严初祖义相后来成为崇拜的对象，是很自然的。他被推崇为宝盖如来的化身，③ 是塑像被安奉在兴轮寺金堂的十圣之一。到高丽前期为止，浮石寺、碛川寺等还供奉着义相的真影，这可以从义天《浮石寺礼想师影》④ 和《祭碛川寺想祖师文》⑤ 等文得知。另外，通过高丽前期亡名的《浮石尊者礼赞文》1 卷中的记载，⑥ 可以知道对义相的崇拜已经成为宗教式的。尽管不能完全肯定，但是安奉义相之真影、撰写与他有关的礼赞文，可能不是高丽前期才有的，而是从新罗延续下来的。

9 世纪末，性起等人为追慕义相在新罗传播华严教学之恩惠而结社。性起在《海东华严初祖忌晨愿文》中表达了对义相的追慕之情：

> 十年精练，万里流传。振龙树之余芳，播鸡林之远俗。显敷妙义，遍谕群迷。披聩以法雷，开曚以智月。遂得慈航，广济化人，而永谢爱河。法轭长驱，救物而皆离毁室。一自寂灭为乐，虚空是宗。每怀惓惓之诚，但想循循之诱。不涉鹫头之岭，自达妙音。能持鹊尾之炉，竞寻蹶躅。高山仰止，何日忘之。是以弟子性起等，悲切藏舟，感深入室。同成社会，用报法恩。每值忌晨，仰谈遗教。⑦

① 金文经：《通过仪式进行的佛教大众化运动》，《史学志》4，1970，第 105 页。
② 崔源植：《新罗后期的海印寺与华严宗》，《韩国史研究》49，1985，第 20 页。
③ 闵渍：《金刚山榆岾寺事迹记》。
④ 《大觉国师文集》卷 18，目录。
⑤ 《大觉国师文集》卷 16，目录。
⑥ 《新编诸宗教藏总录》卷 1，《韩国佛教全书》第 4 册，东国大学出版部，1979，第 682 页。
⑦ （高丽）义天：《圆宗文类》卷 22，《韩国佛教全书》第 4 册，东国大学出版部，1979，第 645～646 页。

此愿文以"功灰虽尽，香火无尽"这一间接的发愿结束。新罗后期，对义相的崇拜达到了极致。另外，《华严一乘法界图》不断地被后人研究，甚至到高丽后期义相的斗笠还保存在功德山白莲社，① 等等，这些都与后人与对他的崇拜有关。

义相之杰出弟子以"十圣弟子"为代表，但其中表训最为受人尊敬。他被推崇为兴轮寺金堂的十圣之一，他的真影跟圆测、瑜伽等人的真影一起被安奉在佛国寺的光学藏。② 9 世纪末期，佛国寺安奉着表训的真影，是因为他与佛国寺的建立有渊源。表训曾传授华严学给大正即金大城，③ 而且佛国寺建成之后表训最先驻锡于此，说明佛国寺是在他的影响下建成的。④ 另外，传说表训请天帝赐予景德王的子嗣就是后来的惠恭王，⑤ 这其实是在强调，他是有法力可以往来天上人间的圣人。

9 世纪末，圆测被当作华严祖师来崇拜，这非常有意思。华严宗寺院的佛国寺也崇拜圆测。⑥ 另外，华严诸大德还商量为圆测立"忌晨"去追慕他，《翻经证义大德圆测和尚讳日文》就是那时候写的。⑦ 此文称圆测为"翻经证义大德"，这与他在翻译《八十华严》时担任证义⑧有关。通常以唯识学者闻名的圆测，真影被安奉在华严宗的佛国寺中，并且华严宗僧侣为追慕他而组织结社，都是因为他参与了《八十华严》的翻译。

此外，神琳、缘起、顺应、利贞等人的真影分别被安奉于他们所建的寺院中，由此可知他们也成了后人崇拜的对象。"浮石嫡孙"神琳是曾在浮石寺指导千余名大众的华严学匠。⑨ 他与世达寺有渊源，这可以从"世达寺沙门神琳"的记载得知。高丽前期，世达寺改称兴教寺。从义天的

---

① 《题通师古笛》，《东国李相国集》卷 8。
② （新罗）崔致远：《王妃金氏奉为先考及亡兄追福施谷愿文》，《佛国寺古今创记》。
③ （高丽）均如：《十句章圆通记》卷下，《韩国佛教全书》第 4 册，东国大学出版部，1979，第 63 页。
④ 金相铉：《石佛寺与佛国寺研究》，《佛教研究》2，第 11 页。
⑤ （高丽）一然：《三国遗事》卷 3，"景德王·忠谈师·表训大德"条。
⑥ （新罗）崔致远：《王妃金氏奉为先考及亡兄追福施谷愿文》，《佛国寺古今创记》。
⑦ 崔濬玉编《国译孤云先生文集》下，宝莲阁，1982，第 325 页。
⑧ （新罗）崔致远：《法藏和尚传》，《韩国佛教全书》第 3 册，东国大学出版部，1979，第 771 页。
⑨ （高丽）均如：《释华严教分记圆通钞》卷 10，《韩国佛教全书》第 4 册，东国大学出版部，1979，第 506 页。

赞文《兴教寺礼神林祖师影》① 来看，到高丽前期为止，世达寺还安奉着神琳的真影。8 世纪中叶，皇龙寺的缘起曾举行过很多佛事，如建华严寺与抄写《华严经》等。华严寺的孝台很早就开始流传与缘起之孝诚有关的传说，也有对他向三千名义学传教，广弘华严宗风的评价。而义天礼赞其真影，② 也说明后人多么尊敬缘起。

在海印寺居住过的崔致远，曾分别写过真赞与传记，追忆海印寺的建立者顺应与利贞的功德。新罗末年海印寺的华严宗匠希朗的木刻像保存至今，也是崇拜他的一个例子。崔致远在希朗生前还写了六首《赠希朗和尚》诗。③

不仅是新罗的华严祖师，就连中国的智俨与法藏也成为钦慕的对象。884 年（宪康王十年），为报答唐智俨将华严教学传给新罗义相的法恩，决言和贤俊组织结社，就是"故终南山俨和尚报恩社会"，崔致远当时写的愿文流传下来。④ 每年八月十日，他们选择洁净之家，开设讲席，谈论圣教，以此报答法恩。报答的对象是智俨、翻译经典与演述偈颂的天竺尊宿，还有编撰章疏的中国的法师们。为他国的华严祖师组织结社，是为了勿忘华严大教传入新罗的根本。崔致远《终南山至相寺智俨尊者真赞》中"镜挂尘表，灯传海滨。东林佛影，永契良缘"⑤ 一语也有同样的含义。

904 年，崔致远在海印寺华严院写《法藏和尚传》。他在此文中强调，华严教在新罗开花结果、发扬光大，是因为法藏传给义相很多的华严章疏。⑥ 他的另一篇文章也暗暗地强调了法藏的功德。法藏的遗像被安奉在海印寺华严院中，崔致远也曾经供养过，这也是值得关注的事情。因为供养法藏遗像，不限于崔致远一个人。

---

① 《大觉国师文集》卷 18，目录。

② 《大觉国师文集》卷 17，《华严寺礼缘起祖师影》。

③ 崔潚玉编《国译孤云先生文集》下，宝莲阁，1982，第 51 页。

④ （高丽）义天：《圆宗文类》卷 22，《韩国佛教全书》第 4 册，东国大学出版部，1979，第 644 页。

⑤ （高丽）义天：《圆宗文类》卷 22，《韩国佛教全书》第 4 册，东国大学出版部，1979，第 632 页。

⑥ （新罗）崔致远：《法藏和尚传》，《韩国佛教全书》第 3 册，东国大学出版部，1979，第 775 页。

第五章

新罗华严思想的特征

华严思想与信仰传入后，通过几个事例以新罗特有的形式和内容被表现出来。有以图印和诗文合体的形式撰写的义相之《华严一乘法界图》与明晶的《海印三昧图》，也有以华严的人生观为背景形成的蛇福传说，还有表现华严的佛国世界造型的石佛寺与佛国寺等。《华严一乘法界图》与《海印三昧图》是以新罗特有的形式撰写的，关于它们的研究不少，①但是对蛇福传说与佛国寺等研究则相对不足。当然，有学者用原型法研究过蛇福传说。②不过，很难看到有研究成果可以充分阐明其作为佛教主题的意义。因此，笔者将考察蛇福传说得以形成传播的佛教史背景，以及这一传说所传达的佛教意义。最近，笔者找到了大正曾向表训学习华严的资料。虽然它只是一个片段，但说明了石佛寺和佛国寺建立的思想背景，所以帮助很大。因此，本章将考察石佛寺与佛国寺的历史、思想背景，弄清金大城想要通过营造这两个寺院表达的基本意图。为理解蛇福传说，需要以研究传说的方法为基础进行研究。而对石佛寺和佛国寺的研究，则需要参考美术史学领域的研究成果，所以困难不少。仅仅依靠分析某人留下的著作来进行思想上的研究时，很难知道某一特定思想对当时社会的具体影响。为了克服教义史研究的这种限制，笔者认为，通过传说和建筑物来研究某一特定思想也是一个必要的课题。

---

① 李箕永：《〈华严一乘法界图〉的根本精神》，《新罗伽倻文化》4，1972；李箕永：《明晶的〈海印三昧图〉》，《鹫山李殷相博士古稀纪念 民族文化论丛》，1973。

② 黄浿江：《蛇福传说研究》，《文湖》5，1969年。此文以《蛇福传说试论》为题收入《韩国叙事文学研究》（檀国大学出版部，1972）。

第一节　蛇福传说中的华严思想

一　蛇福传说的结构

（一）文献资料之研究

蛇福传说是一则文字传说，收录于高丽后期编撰的《东国李相国集》和《三国遗事》中。为分析这一传说的资料性质，研究它的结构，首先来看它在这两部文献中的具体内容。

> A.（元晓房）旁有一庵，俗语所云：蛇包圣人所昔住也。以元晓来居，故蛇包亦来侍。欲试茶进晓公，病无泉水。此水从岩罅忽涌出，味极甘如乳，因尝点茶也。①

1200 年（神宗三年）八月二十一日，全州牧司牧李奎报参拜元晓房。他将自己亲耳听到的这一传说记录下来。它比《三国遗事》中收录的蛇福传说约早 80 年，因此无疑是重要的资料。我们首先来研究这一传说出现的历史背景。

元晓房是元晓曾居住过的地方。② 高句丽的普德迁到完山州（现全州）的孤大山（现高德山）后③的某日，元晓和义相一起到这里向普德学习《涅槃经》和《维摩经》等方等教。④ 元晓房与义相庵距普德住过的景福寺很近。李奎报参访元晓房时，元晓的真影还在，可见元晓确实曾经住在元晓房。跟着元晓来到此处的蛇包为元晓进茶，反映了蛇包与元晓的关系。元晓与蛇包的真影一起被安奉在苏莱寺，证明此地有可能流传与

---

① （高丽）李奎报：《南行日月记》，《东国李相国集》卷 23。
② 李奎报在其《八月二十日题楞伽山元晓房》一诗之序文中说："昔元晓所居方丈"。《东国李相国集》卷 9。
③ 普德移居完山州的时间，《三国史记》中记为 650 年六月（金富轼《三国史记》卷 22，《高句丽本纪》10，"宝藏王九年"条）。李奎报参考了崔致远写的《普德传》后，定为 667 年三月三日（李奎报《南行日月记》，《东国李相国集》卷 23）。一然在注释中采用了普德本传的 667 年说。难以确定普德究竟在哪一年移居孤大山。
④ 《大觉国师文集》卷 17，《孤大山景福寺飞来方丈礼普德生师影》一诗中有"涅槃方等教，传授自吾师"一句。

元晓有关的蛇包的传说。

B.①京师万善北里有寡女，不夫而孕。既产，年至十二岁不语，亦不起，因号蛇童（下或作蛇卜、巴，又伏等，皆言童也）。

②一日其母死，时元晓住高仙寺。晓见之迎礼，福不答拜而曰：君我昔日驮经牸牛，今已亡矣。偕葬何如？晓曰：诺。遂与到家，令晓布萨授戒。临尸祝曰：莫生兮其死也苦，莫死兮其生也苦。福曰：词烦。更之曰：死生苦兮。① 二公与归活里山东麓。晓曰：葬智惠虎于智惠林中，不亦宜乎？福乃作偈曰：往昔释迦牟尼佛，裟罗树间入涅槃。于今亦有如彼者，欲入莲花藏界宽。

③言讫，拔茅茎，下有世界。晃朗清虚，七宝栏楯。楼阁庄严，殆非人间世。福负尸共入其地，奄然而合。晓乃还。

④后人为创寺于金刚山东南，额曰：道场寺。每年三月十四日，行占察会为恒规。

以上 B 的记载就是《三国遗事》卷四中题为"蛇福不言"所记的蛇福传说之全部内容。

在这一传说之后一然接着说："福之应世，唯示此尔。俚谚多以荒唐之说托焉。可笑。"由此可知，一然在编撰《三国遗事》时，关于蛇福还流传其他形态的传说。前面所引的 A 就是一例。

当时流传的与蛇福有关的其他形态的传说，在一然看来都是荒唐之事、可笑之事，仅肯定自己所记载这一传说，认为它说明了"蛇福是为应世而化现"。这一点是研究蛇福传说时应该首要考虑的，但也应该想到一然记录 B 之传说有很深的用意。一然的传说意识具体如何不得而知，不过在他把关于蛇福的其他形态的传说都看作荒唐之事、可笑之事的背景下，渗透出他的佛教信仰与思想及世界观，这显然与此传说的主题有很深的关系。

---

① 此部分的原文作"福曰词烦，更之曰……"。大部分的翻译书中，把"更之曰"的主语看作元晓，译为"元晓再改说"。只有权相老将"更之曰"的主语看作蛇福，他译为："蛇福认为这话太啰唆，改成死生是苦。"（权相老译解《三国遗事》，东西文化社，1978，第 350 页）笔者把"更之曰"的主语看作元晓。

而且，B 之传说有可能是口头传说而被一然记录下来的。因为"蛇福不言"不仅没有典据出处，还因为当时流传着好几种关于蛇福的传说。因此，应该说，这一传说经过了很长时间的口头流传从而发生了很多变化。这一点可以很容易通过 A 与 B 两个传说内容相异上得知。

下面对比一下 A 与 B。

为了把 A 与 B 联系起来分析，先要考察一下"蛇包"与"蛇福"是不是同一人。蛇福的"福"，也作"童"、"卜"、"伏"等，如一然所说，这些都有"童"即"孩子"的意思。"童"取的是含义，"福"、"巴"取的是读音。[①]《三国遗事》中虽然没有这样的例子，但是"蛇包"的"包"字是作为"福"的同音字来使用的，所以这已经从语言学的角度得到了证明。[②] 因此可以确定，"蛇包"与"蛇福"是同一人。"蛇包"与"蛇福"都和元晓有很深的渊源，传说中他们以圣人身份出现的内容也可以作为旁证。尽管这两则传说都是关于同一个人的，有共同的要素，但也显示出重要的差异。即 A 中蛇福是元晓的弟子，而 B 中蛇福反而凌驾于元晓之上。什么原因导致了这样的差异呢？可以从下面几个方面来考虑。

第一，传说记录时间上的差异。A 比 B 约早 80 年。如果说 A 接近于事实，B 则接近于虚构的传说，这可以看作由于时间上的差异引起的变化。第二，传说记录空间上的距离。A 是流传于扶安元晓房的传说，而 B 是以庆州为地理背景产生的传说。第三，把这两则传说与蛇福的生涯联系起来看，A 是蛇福年轻时候的事情，而 B 则主要说的是蛇福进入莲华藏世界之后的场面。这样看来，A 与 B 的差异，是蛇福与元晓的关系因时间与场所而不同导致的，因此 A 可以放在 B 之①与②之间。然而试图把 A 与 B 连接起来的时候，又遇到了别的问题。蛇福是元晓弟子的 A 与把蛇福刻画成凌驾于元晓之上的人物的 B，是相乖离的。这一问题后文当述。

（二）传说结构之分析

现在分析一下前面所引资料——特别以 B 之传说为中心——这些传

---

① 李基文：《新罗语的"福"（童）》，《国语国文学》49·50 合辑，1970，第 201 页。
② 参见南丰铉《借字表记法的"巨"字》，"朝鲜学会大会"论文，1982 年 10 月 30 日。

说的结构。

此传说中出现的时代，是与元晓的生存时代（617～686）几乎同时的7世纪。蛇福确切的生卒年代虽不得而知，但因其与元晓一起出现，则可以推测为约7世纪。那么，这一传说就不可能形成于7世纪。显然，以7世纪为基准，此后这一传说逐渐形成、变化。此传说出现的地理背景是庆州。因为其中出现了万善北里、活里山、金刚山等地名以及高仙寺、道场寺等寺名。其中金刚山与高仙寺等名称目前还在沿用，而且二者所在地理位置明确，但是万善北里和活里山的具体位置，目前尚未确定。因此，有观点认为，"神话中的名字是根据其作用命名的"，"活里山的'活里'，意思是Katharsis的乐土"。① 但新罗善德女王在位时期有"活里驿"② 这一与活里山有关的地名，因此"活里山"当是确实存在过的山名。作为此传说背景的地域，在庆州以北、现在的柏栗寺所在的小金刚山和高仙寺所在的阏川上游暗谷里一带，还有明活里等阏川的东北部。传说中登场的人物有蛇福和他的寡母以及元晓三个人。三个人各自有自己的角色，主角是蛇福和他的母亲，元晓是配角。生活在庆州万善北里的寡妇"不夫而孕。既产"一般翻译为"没有男人的寡妇怀孕并生下孩子"。因此，也有人把寡妇解释成为"不贞的女人"，③ 但是"不夫而孕"的意思是"寡妇与男人无关而怀孕生子"。④ 因此，寡妇所表现的不仅不是"不贞的女人"，反而是不同于普通的女人的圣女。注意到元晓将死去寡妇的尸体比喻成"智慧之虎"、蛇福将其母的死亡与释迦牟尼的涅槃相提并论的时候，显然这个寡妇并不是平凡的女人。

蛇福是一个寡妇"不夫而孕"生下的孩子。这种出生谭说明蛇福不是一般的人。不仅如此，他在小的时候就显示出与他人不同的样子。到12岁为止，他一直"不语亦不起"，所以叫作"蛇福"。"不语亦不起"的形象，有人解释说是为了引出"蛇福"之"蛇"字。但是这部分的文

---

① 黄浿江：《蛇福传说试论》，《韩国叙事文学研究》，檀国大学出版部，1972，第174页。

② 《大东韵府群玉》卷20，"入声·合·心火绕塔"条中记载："志鬼新罗活里驿人"。

③ 李仁福：《韩国文学中的死意识之历史的研究》，悦话堂，1979，第74页。

④ Tae - Hung Ha 与 Grafton K. Mintz 共译 *SAMGUK YUSA*（YONSEI University Press, 1972, p. 312）（英译本《三国遗事》，延世大学出版社，1972。——译者注）中这一部分译为"a widow conceived without a man and bore a son"，意思很清楚。

脉被解释为"因为不语亦不起所以叫作蛇福"的时候，与其说是在强调蛇的形象，不如说是强调其"不语亦不起"的特殊形象。不起的"他"的形象与蛇的形象直接联系在一起，也就是与"不起即蛇"联系在一起，所以取了"蛇童"这个名字。相较于从精神分析学的层面解释"蛇童"、认为它是男性的象征而言，[①] 将其看作包含了"不语亦不起"的意义更为妥当。然而，必须注意到蛇福之"不语亦不起"仅限于 12 岁之前。12 岁以后的"晓见之迎礼"，有人译为"元晓见到这个孩子迎接他",[②] 并把蛇福看作"贱徒"，而他与元晓一起举行葬礼的故事是"为了反映元晓活泼的形象"。与此同时，执著于"蛇童"这一名字之余，有研究者认为这反映了其成人后人格的卑下。下一节我们来分析蛇福到 12 岁为止"不语亦不起"究竟有什么含义。

B 传说中全然没有言及蛇福 12 岁以后的活动。但是在 A 中，蛇福是以侍奉元晓的弟子身份出现的。他可能也是僧人。当然也有观点认为蛇福"是卑贱低微的无名庶民而非沙门",[③] 因为"蛇福不言"条中没有证据可以证明蛇福是沙门，他也没有法名。不过这样的观点让人难以接受。因为在 A 中蛇福作为元晓的弟子出现，而不仅兴轮寺金堂安奉着他的塑像，而且苏莱寺也安奉着他的真影。蛇福有可能是元晓的弟子，但如何解释蛇福在 B 传说中凌驾于元晓之上呢？笔者认为可以这样理解，这是由于这两个传说中的主人公不同而出现了不同的特点。在元晓房记录的 A 中，主角是元晓；而在 B 中，蛇福是主角，元晓是配角。

我们现在来分析这一传说的梗概。此传说由四部分构成：相当于序幕部分的是蛇福的出生与儿时的故事（前面引文的 B①），故事的展开是蛇福和元晓一起在其母的丧礼上念的咒文和偈颂（前面引文的 B②），结尾部分是蛇福背着母亲的遗体进入莲华藏世界（前面引文的 B③），证示的部分是后人为他建道场寺（前面引文的 B④）。

传说的主干内容也可以分为故事的展开与结束两部分。因为传说的开

---

① 黄浿江：《蛇福传说试论》，《韩国叙事文学研究》，檀国大学出版部，1972，第 173 页。

② 李丙焘译《三国遗事》，大洋书籍，1972，第 366 页（原书第 168 页虽然有脚注 15，但是行文中却没有。译者根据上下文脉络，将注 15 置于此处。——译者注）。

③ 金煐泰：《新罗佛教大众化的历史与思想研究》，《佛教学报》6，1969，第 170 页。

头是蛇福为应世而以化身登场，这一点使展开部分与结尾部分的故事成为可能，它也是解释这一传说的复杂象征意义的关键。蛇福和元晓一起为亡母举行葬礼，是这一传说的主要内容，也成为传说的核心主题。特别是元晓的"死生苦兮"与"葬智惠虎于智惠林中"之言，还有"往昔释迦牟尼佛，裟罗树间入涅槃。于今亦有如彼者，欲入莲花藏界宽"的告祝文与偈颂，都相互对照地反映出生死与涅槃这一佛教的重要命题。

蛇福背着母亲遗体入地的故事相当于传说的结尾。戏剧性结束的结尾部分是由 a. 蛇福"拔茅茎""下有世界"、b. 这个世界"殆非人间世"和 c. "福负尸共入其地，奄然而合"等具有有机联系的要素构成的。因此不管你试图把其中的哪一个单独抽出来进行分析，都会有失去整体意义的危险。黄浿江认为"茅茎"象征"宇宙之树"，① 而崔南善认为"其地奄然而合"是一种变相地保留了大地生殖力之象的地母神话，② 金煐泰则认为茅茎下出现的莲华藏世界"反映了新罗佛国净土思想"。③ 这些解释都是有可能的，但也未免流于片面，难以说是对传说全部内容有机地展开分析。结尾部分的象征意义后文再述，笔者先将这一部分的结构与《法华经·方便品》中的"开示悟入"之方便联系起来，以便能够对其进行解释。《法华经·方便品》中说：

> 诸佛世尊，欲令众生开佛知见，使得清净故，出现于世；欲示众生佛之知见故，出现于世；欲令众生悟佛知见故，出现于世；欲令众生入佛知见道故，出现于世。舍利弗！是为诸佛以一大事因缘故出现于世。④

这阐明了诸佛出现于世的一大事因缘，是为众生"开示悟入"佛之知见。在传说中，蛇福以化身应世，如此看来他和诸佛一样，也是为

---

① 黄浿江：《蛇福传说试论》，《韩国叙事文学研究》，檀国大学出版部，1972，第175~181页。
② 崔南善：《三国遗事题解》，《三国遗事》，民众书馆，第37页。
③ 金煐泰：《新罗佛教思想》，《崇山朴吉真博士花甲纪念 韩国佛教思想史》，圆光大学出版局，1975，第110页。
④ （姚秦）鸠摩罗什译《妙法莲华经》卷1，《大正藏》第9册，第7页 a23~28页。

“开示悟入”众生而出现。可以认为，传说结尾部分中，a. 显示的是
“开”，而 c. 显示的是“悟入”。

后人为蛇福在金刚山东南建道场寺，并定期于每年三月十四日举行占
察法会，这相当于传说的证示部分。虽然之前也有学者注意到这部分，并
因此把蛇福传说归类为“道场寺占察法会的缘起传说”，[①] 但事实上蛇福
传说的主题不是道场寺的建立。这部分的问题是，为什么为蛇福修建的寺
院名叫道场寺，为什么把举行占察法会定为常规，为什么占察法会要在三
月十四日举行？等等。可以一次性解决这些疑问的答案，就是“为了蛇
福”。三月十四日或许与蛇福为其母举行葬礼的日子有关。

以上分析了蛇福传说的结构。蛇福在元晓的帮助下，为母亲举行了葬
礼。元晓那时即 7 世纪时居住在庆州活里山东麓。虽然这一传说看起来是
如此的简单，但其实内容并不简单。因为蛇福之母的死亡，是以摆脱生死
轮回、得到涅槃的形式显现的，而且祝文与偈颂中也蕴含着生死与涅槃这
一重要命题。

（三）佛教史的背景

在笔者看来，《华严经》是“蛇福传说”产生的思想背景。因为莲华
藏世界出现于《华严经》中的佛国土，这是最重要的依据。[②] 生死与涅槃
这一传说的主题，也是《华严经》的重要命题。蛇福“拔茅茎”后下面
出现一个世界，则基于《华严经》中“一微尘中含十方”的事事无碍理
论。这些也都是证据。因此，笔者认为，对以华严思想为背景的这一传
说，分析其得以出现、流传以及传承的佛教史背景，是必要的。《华严
经》传入新罗的确切时间虽不得而知，但依据现有记载可知是由慈藏开
始传播的。进入统一新罗时期以后，佛教界对华严思想进行了富有创造性

---

① 金东旭：《新罗人的生死观》，《韩国思想》3，1962；《韩国思想丛书》Ⅰ，再收录，
1973，第 245 页。

② 也有观点认为，传说中的莲华藏世界就是《阿弥陀经》中的西方净土。黄浿江（前文，
第 174 页）和李基白持这种观点。尤其是李基白，他认为莲华藏世界等同于西方净土
（《新罗净土信仰的起源》，《学术院论文集（人文·社会科学篇）》19，1980，第 150
页），因此把蛇福传说看作一条有关新罗净土信仰的资料。不过，笔者认为，不能把二
者等同。因为如果说莲华藏世界是一乘的极乐世界，西方净土就是三乘的极乐世界
（《游心安乐道》，《韩国佛教全书》第 1 册，东国大学出版部，1979，第 567 页 b）。

的体系化研究。这主要是依靠元晓与义相完成的。

　　元晓的《华严经疏》对中国的华严学者多有影响，海东华严初祖的义相之华严学风为其很多弟子继承并因此形成了学问体系，加之"华严十刹"的建立等，都足以使新罗华严宗令人刮目相看。因此，当时新罗流传着众多与华严学有关的著作以及《法界图》、《海印三昧图》等新罗特有的著作，同时从以华严石经来庄严华严寺觉皇殿的四壁也可以看出其时华严信仰之深厚。

　　不过，新罗的华严思想并非只限于贵族的、学问的世界。慈藏的五台山信仰、义相的金刚山信仰的流传，元晓用无碍歌与无碍舞教化庶民大众，这都是因为新罗的华严思想家们不仅精于学问，而且也很关心向大众传教。在华严思想的影响下产生的传说也相当流行。当时的新罗社会不仅流传着"知识树"、① "元晓分百身"、② "朗智乘云"、③ "正趣菩萨"、④ "胜诠髑髅"⑤ 等传说，也有义相撰写《华严一乘法界图》、⑥ 建立浮石寺⑦和讲授《华严经》⑧ 等交织在一起的传说，还流传着菩萨住处信仰等。

　　如以上所考，新罗时代的华严学研究很活跃，同时在华严思想的影响下产生的传说也很多。这为以《华严经》为思想背景的蛇福传说提供了产生、流传、传承的肥沃土壤。

二　蛇福传说的华严思想的意义

（一）寡女之三世，其生死与涅槃

　　"蛇福传说"中出现了一个女人在前世、今世和未来这三世不同的形象：前世是一头母牛，今世是蛇福的寡母，而死后涅槃进入莲华藏世界。

---

① （高丽）一然：《三国遗事》卷4，"慈藏定律"条。
② （高丽）一然：《三国遗事》卷4，"元晓不羁"条。
③ （高丽）一然：《三国遗事》卷5，"朗智乘云"条。
④ （高丽）一然：《三国遗事》卷3，"洛山二大圣·观音·正趣·调信"条。
⑤ （高丽）一然：《三国遗事》卷4，"胜诠髑髅"条。
⑥ （高丽）均如：《一乘法界图圆通记》。
⑦ （宋）赞宁：《宋高僧传》卷4，《义湘传》。
⑧ （高丽）一然：《三国遗事》卷4，"真定师孝善双美"条。

这一传说是由于因果报应而轮回与摆脱轮回进入莲华藏世界这两部分构成的，也就是说这一传说的主题是生死与涅槃这一佛教重要命题。蛇福告诉元晓自己母亲的死讯并请元晓一起举行葬礼时，说自己的母亲是"君我昔日驮经牸牛"。如果仔细玩味蛇福说其母为昔日①驮经之母牛这句话，就发现其中有其母前世是母牛，因为驮经的功德投胎为人后成为他的母亲的含义。当然，也有人将这部分故事理解为："元晓和蛇福在前世让蛇福之母即牛驮了经典，所以作为业报，蛇福投胎为牛的儿子。所以他们将这头牛送到了莲华藏世界"。② 意思是说，蛇福和元晓由于让牛驮经、虐待牛的这种恶业，得到了恶报，所以蛇福投胎为牛的儿子。《阿含经》中有一个故事，说前世驾牛车生活的人，堕到地狱中受苦。即使后来再转世投胎，也会拉着铁车受苦。③ 而考虑到传说中蛇福到 12 岁为止 "不语亦不起" 的情况时，这种解释也是有可能的。不过这又出现了一个问题，就是如何解释元晓的境遇，毕竟他是和蛇福一起让牛驮经的。

"蛇福母亲的前生是牛" 这一传说的含义，笔者认为与下面的 "郁面传说" 联系起来解释比较好。

> 栋梁八珍者，观音应现也。结徒有一千，分明为二：一劳力，一精修。彼劳力中知事者不获戒堕畜生道，为浮石寺牛。尝驮经而行，赖经力转为阿干贵珍家婢，名郁面。④

郁面的出生传说中，曾经作为畜生的牛可以投胎为人是 "赖经力"。这一传说的结构如果适用于 "蛇福传说" 的话，可以解释为蛇福之母也是因为驮经的善根功德投胎为人。前生是畜生的牛因善根功德在今世托生

---

① 对原文 "君我昔日驮经牸牛" 之 "昔日" 的理解不同，也会使句子有不同的含义。如果把 "昔日" 译为 "前生"，蛇福的母亲前世就是牛。但如果翻译成 "过去" 的话，母牛不过是对蛇福的母亲比喻。从这一传说的整体内容来看，笔者认为前者的解释是恰当的。

② 李载浩译注《三国遗事》(2)，韩国自由教育协会，第 237 页注；李民树译《三国遗事》，乙酉文化社，第 331 页注；成殷九译注《三国遗事》，全南大学出版社，第 463 页注。

③ 《杂阿含经》卷 19，《驾乘牛车经》。

④ (高丽) 一然：《三国遗事》卷 5，"郁面婢念佛西升" 条。

为人的传说，是以佛教的业报轮回说为基础的。新罗时期在社会上佛教的业报轮回说影响下出现的传说相当流行，① 蛇福之母前生是牛的传说当然也属于这种。

寡妇三世的传说反映了生死与涅槃这一命题，现在我们将其与佛教的四谛联系起来进行分析。因为"生死涅槃因果，此则第一四谛法轮"。② 她前生是牛，今世作为寡妇生下蛇福后，在某日死去。这反映了重复的生死轮回，但生死轮回是痛苦的。对此，元晓说："莫生兮其死也苦，莫死兮其生也苦。"从生到死，又从死到生，这就是轮回。换句话说，"有生才有死"。这是从佛教缘起角度的解释。元晓强调"莫生莫死"就是停止生死，因为"死生苦兮"。元晓此言与佛陀下面的话没有区别。

> 诸比丘！此为苦之圣谛。当知生即苦。老即苦。病即苦。死即苦。怨憎会是苦。恩爱别离是苦。求不得亦是苦。总而言之，人生即是苦。诸比丘！此为苦之生谛。③

这是佛陀本人对代表佛陀的人生观和世界观的四谛之首苦谛的解释。因此作为"蛇福传说"重要命题的"死生苦兮"一语，与佛教四谛中的苦谛联系起来理解比较好。

永不停止的变化（无常）是苦。由五蕴构成的存在不停地在变化，而执著于五蕴就是苦。"死生苦兮"一语也有人理解为厌世主义，但是这句话与厌世或乐天无关，不过是说执著于无常的生死是苦。

那么，苦的原因是什么呢？答案就是四谛中的"集谛"。虽然一般情况下认为苦的原因是渴爱，也包括贪、嗔、痴，也认为是无明。尤其是，集指的是原因聚集起来，因为原因是复合的、相互依存而生起的。对此我们再用十二因缘来解释。对感官快乐的渴望（欲爱），对存在与形成的热

---

① 金东旭曾介绍过《三国遗事》中的"佛教转生传说"（《新罗人的生死观》，《韩国思想》3，1962；《韩国思想丛书》Ⅰ，再收录，1973，第259页）。黄浿江曾把佛教传说分类，也曾仔细讨论过业报轮回传说（《新罗佛教传说研究》，第58～64页）。
② （新罗）圆测：《佛说般若波罗蜜多心经赞》，《韩国佛教全书》第1册，东国大学出版部，1979，第1页 a。
③ 《杂阿含经》卷25，17转法轮（此段并非直接引用原文。——译者注）。

望（有爱），对名誉、权势的欲望（无有爱）等渴爱导致了轮回，迷妄的人生一再恶性循环。元晓"众生轮回火宅门，于无量世贪欲不舍"① 一语，就指出了这样的事实。

苦谛与集谛是四谛中的前二谛。此二谛与"此生故彼生"这一苦之生起的缘起公式有关。传说中元晓所说的人生的痛苦源于生死轮回，指的就是这个。这样就出现了如何摆脱生死之苦、获得涅槃之乐的问题。这一问题的答案就是四谛中的后两个灭谛和道谛。后二谛"此灭故彼灭"，是消灭苦的实践真理。"蛇福传说"中元晓为蛇福亡母布萨受戒后，蛇福背着她进入莲华藏世界的故事，可以与灭、道二谛联系起来看。灭除、抛弃、摆脱渴爱、不执著于它，这就是灭谛。换句话说，从痛苦中解脱、摆脱、得到自由，就是灭谛。灭谛，就是涅槃。因为去除了贪、嗔、痴三毒就是涅槃。

传说中蛇福之母被蛇福背着进入莲华藏世界，就意味着涅槃，这在传说中已经表现出来了。也就是说蛇福之母已经摆脱生死轮回了。所谓涅槃就意味着轮回的结束，因为它是作为"无碍"、"解脱"等词的同义词来使用的。元晓着眼于《华严经》的"一切无碍人一道出生死"的句子，写了《无碍歌》并四处吟唱，② 也是这个意思。

实现灭苦之路即实现涅槃之路，在于践行八正道。现在把它与"蛇福传说"联系起来看一下。此传说中有元晓为蛇福亡母布萨受戒的场面。这就与道谛这一实现灭苦之路有关。所谓布萨，是从原始佛教教团开始实行的每半月（15 日等）举行集会、忏悔罪恶的仪式。布萨意味着忏悔罪恶，抑恶扬善。"一切众生，无始以来，无明所醉，作罪无量"，所以需要忏悔。③ 元晓认为，忏悔已做之恶，不仅可以弱化、折伏罪恶种子的"增强之用"，而且还可以使其"不至现在"。④ 所谓授戒，就是给予戒的

---

① （新罗）元晓：《发心修行章》，《韩国佛教全书》第 1 册，东国大学出版部，1979，第 841 页 a。

② （高丽）一然：《三国遗事》卷 3，"元晓不羁"条。

③ （新罗）元晓：《大乘六情忏悔》，《韩国佛教全书》第 1 册，东国大学出版部，1979，第 842 页 a。

④ （新罗）元晓：《金刚三昧经论》卷下，《韩国佛教全书》第 1 册，东国大学出版部，1979，第 676 页 c。

意思。在元晓看来，它是"返流归源之大津，去邪就正之要门也"。① 值得注意的是，元晓对"戒"的解释中抛弃"邪"就是实现"正"的说法和"八正道"全都附加了"正"这一形容词。不是因为单纯的字面上的意思，而是因为戒的根本精神与八正道的精神一致。虽然可以用戒、定、慧三学来解释八正道，但戒、定、慧三学并不是相互分离的。②

不过蛇福让元晓布萨授戒时，为什么元晓不说五戒而说"莫生兮其死也苦，莫死兮其生也苦"的祝文呢？《三归五戒慈心厌离功德经》中的内容有助于解决这一疑问。

> 布施及受三归五戒，慈念众生福，复不如起一切世间不可乐想福。所以然者，起一切世间不可乐想福，能令行者灭生死苦，终成佛道，故其福最胜也。③

这是在强调，为摆脱贪欲这一生死苦的原因，厌离的功德比什么都重要。而戒就是逆生死之浊流而上、回归一心本源的津梁。元晓站在这个立场上，认为"死生苦兮"的祝文是最好的戒。

后世建道场寺并于每年举行占察法会的目的，似乎是后人效仿蛇福与其母成道的方法，为成佛道而忏悔修行。"道场"（bodhi‐manda）意思是菩提道场或是菩提场，是诸佛菩萨成道或为成道而修行的地方。另外，所谓占察会是依据《占察善恶业报经》行占察法的法会，其意义就在于末世之众生可以通过至心忏悔达到大乘的一实境界。从道场与占察会这样的意义，可以窥知后人将寺院命名为道场寺及把举行占察法会定为恒规的意图。这一意图与布萨受戒之意或者四谛中道谛的实践等相距不远。

（二）化身的蛇福

此传说中出现的蛇福，样子特殊，又自由。抛弃了历史人物的历史界限，几乎完全是装扮成演员的样子出现。为了扮演好自己的角色，他可以

---

① （新罗）元晓：《菩萨戒本持犯要记》，《韩国佛教全书》第 1 册，东国大学出版部，1979，第 581 页 a。
② 元晓用戒定慧三学来解释的例子就是这个意思（参照《菩萨戒本持犯要记》）。
③ 《三归五戒慈心厌离功德经》，《大正藏》第 1 册，第 878 页 c。

责备元晓，也能够入地。这就是传说中所描绘的蛇福之形象。蛇福之所以能够无拘无束地扮演他的角色，固然是因为他是传说中的人物，更多的是因为他是以化身登场的人物。寡妇"不夫而孕"生的儿子就是蛇福。蛇福的这种出生谭，强调了蛇福不是普通人。

正如黄浿江已经指出的，"不夫而孕"可以解释为"反映了古代人精灵的孕育观"。而且用佛教的意义来解释"不夫而孕"的话，它具有"不是由于受父母六情的染污而生，而是依救济世人的愿望而生的"[①] 象征意义。一然把蛇福看作应世的化身，就与此相通。蛇福被当作圣人而不是普通人来推崇敬仰的历史事实，是以他能够被升华为菩萨的化身为背景的。元晓是陈那菩萨的化身，义相是金山宝盖的化身，信孝居士是幼童菩萨的化身，[②] 都属于类似的例子。

寡妇"不夫而孕"生下蛇福的故事，描绘的就是蛇福的化身。在把他的生母也描写成圣人的这一传说中，蛇福和母亲的关系也是特殊的。这与《华严经》过去、现在、未来三世一体的菩萨们都是摩耶夫人所生的主题相似。《华严经·入法界品》中，摩耶夫人对善财童子解释她为什么是一切菩萨之母：

> 佛子！我已成就菩萨大愿智幻解脱门，是故常为诸菩萨母……在贤劫中，于此三千大千世界，当成佛者，悉为其母。如于此三千大千世界，如是于此世界海十方无量诸世界一切劫中，诸有修行普贤行愿，为化一切诸众生者，我自见身悉为其母。[③]

第十一地中的初门是摩耶夫人的法门"大愿智幻解脱门"，是摩耶夫人用慈悲心生起智慧幻化而生的成佛利生之门。[④] 换句话说，这是再强调

---

① 李箕永：《佛教的现代意义》，《韩国佛教研究》，韩国佛教研究院，1982，第 589 页。

② （高丽）一然：《三国遗事》卷 3，"原宗兴法·厌髑灭身"条及卷 4，"义湘传教"条。而且，1884 年锦河写的《金刚山长安寺事迹》中有"古记云……有义相法师即金山宝盖如来化身也。有元晓法师，即陈那菩萨化身也"的记载（《榆岾寺本末寺志》，1942，第 327 页）。此外，信孝居士是幼童菩萨化身之说，见《三国遗事》卷 3，"台山月精寺五类圣众"条。

③ 《大方广佛华严经》卷 76，《大正藏》第 10 册，第 415 页 c～417 页 a。

④ 金吞虚：《新华严经合论》20，华严学研究所，第 41～73 页。

一切菩萨都是追随佛的誓愿、大悲和智慧出生的。把《华严经》中的这种说法与蛇福出生谭比较来看,二者有相似的主题。摩耶夫人以慈悲心生起智慧,幻化而生,成为诸菩萨母。而具有智与惠（惠即是慈悲）的寡妇则"不夫而孕"生下了化身的蛇福。

如一然已经指出的,8世纪初在新罗南白月山修道的努肹夫得、怛怛朴朴,在一位"娘子"的帮助下成佛的传说,也与《华严经》的摩耶夫人为一切菩萨之母说有相似主题。① 如果想到当时新罗社会华严思想广泛传播这一思想背景,就会很容易同意,蛇福诞生传说与努肹夫得、怛怛朴朴传说的主题都源于《华严经》。

现在我们来分析一下以化身的形象登场的蛇福,在传说中显示的内容是什么。蛇福到12岁为止"不语亦不起",这有很深的象征意义。我们也没必要追究这到底是不是历史的真实。因为假设这是历史上的事情,传说的搬运者也可以参考这一点并附加上象征意义。收录此传说的一然,就把蛇福"不语亦不起"理解为象征性的。由于"不语亦不起"而被叫作"蛇童"的他,反而被看作非同寻常的"渊默龙眠"。笔者认为,交织在蛇福身上的故事有其他象征性的性质。把蛇福进入地下的莲华藏世界的故事看作具有象征性的时候,自然就应该把他12岁为止"不语亦不起"也理解为象征性的。尤其是注意到他后来既会说话又起来走路的时候,也应该留意他诞生时的样子描绘的是化身。

数字12似乎象征佛教的十二缘起。因为此传说的主题是生死与涅槃,而元晓认为缘起就是"有生才有死,有死才有生"。十二缘起不过是四谛的另一种解释。所谓十二缘起,说的就是无明、行、识、名色、触、受、爱、取、有、生、老、死。因为它们相互依存而生起所以叫作缘起。当然这是从原因的层面来说的,如果从结果的层面来说的话就叫作缘生。行（有意的行为与业）缘无明而生……老死因生而生起。用这种方法观察十二缘起叫作顺观。顺观十二缘起是流转轮回生死。不过十二缘起的观法是从结果开始逐渐消除原因的逆观。如果这样逆观的话,十二缘起就会成为进入涅槃的还灭。蛇福12岁为止"不语亦不起"到拔茅茎后进入涅槃的

---

① （高丽）一然:《三国遗事》卷3,"南白月二圣"条。

故事，可以理解成十二缘起的逆观。

传说中蛇福不说话，这富有特别的意义。一然为这一传说题名为"蛇福不言"，与蛇福嫌弃元晓的祝文啰唆之事也是如此。所谓语言，是告诉我们事物与表现观念的象征，但是诸法之真意超出语言之外，所以通过语言无法传达真正的含义。元晓所说的"绝言之义"① 就是这个意思。而且语言也是一种相，所以就如众生不见月亮只见指月之指，他们也会执著于语言之相，也就是《楞伽经》中所说的"凡夫愚计著，如象溺深泥"。因此，蛇福不言的意思是蛇福不说没用的话。一然"临行一曲没多般"的意思似乎也在于此。元晓所说的"如理而说，故言实语。巧便引导，故曰方便。虽无功用，应机发语，犹如天鼓"，② 用在"临行一曲没多般"的蛇福身上，是很好的例子。传说中，相较于蛇福"不言"，元晓则是主要说话者。这种构成，与《华严经》中主佛毗卢遮那佛保持沉默而让众多菩萨登场代言的情况相似。

蛇福"不起"，意思是生死轮回之根本的无明妄心不起，或者也可以解释为身处于十地中无功用、自然无作的不动地。特别是不动地由于已经失去了一切过失所以也叫童真地，"蛇童"的"童"与"童真地"的"童"的意趣可以看作是相同的。而《华严经》中有普庄严与善财二童子，这说明不回归到少年时没有被遮蔽的心，就很难使真正的菩提心生起。或许"蛇童"的"童"字也隐藏着这样的象征意义？

现在该分析传说结尾部分蛇福背着母亲进入莲华藏世界的象征意义了。前文已经提及，结尾部分的结构与"开示悟入"的方便相似。不过蛇福"开示悟入"的世界是莲华藏世界。莲华藏世界是毗卢遮那佛常住的法界，不仅广大无边而且是用毗卢遮那佛的行愿来庄严的世界。③ 因此它是佛自证的世界，即真理的世界。对莲华藏世界，《旧华严经》卷3与《新华严经》卷8的《华严世界品》中有详细的描写，与本传说中"真珠栏楯"、"宝华楼阁"、"精妙阶道七宝成"等表现相似。

此莲华藏世界与《华严经·入法界品》出现的毗卢遮那庄严藏楼阁

① （新罗）元晓：《金刚三昧经论》卷下。
② （新罗）元晓：《金刚三昧经论》卷上。
③ （新罗）元晓：《晋译华严经序》，《东文选》卷83。

也相通。因为莲华藏世界与楼阁都是毗卢遮那佛庄严的法界。《华严经·入法界品》中善财童子进入毗卢遮那庄严藏楼阁后描述了它的样子:

> 尔时,善财童子恭敬右遶弥勒菩萨摩诃萨已,而白之言:"唯愿大圣开楼阁门,令我得入!"时,弥勒菩萨前诣楼阁,弹指出声,其门即开,命善财入。善财心喜,入已还闭。见其楼阁广博无量同于虚空,阿僧祇宝以为其地……阿僧祇栏楯、阿僧祇道路,皆七宝成……如是等无量阿僧祇诸庄严具,以为庄严。①

《华严经·入法界品》中的楼阁不仅与《华藏世界品》的莲华藏世界有相同的特点,而且也是由与蛇福传说的结尾部分相似的动机构成的。即蛇福拔茅茎后出现了世界,与弥勒菩萨弹指后楼阁门就打开相似。蛇福进入这个世界后地"奄然而合",与善财童子进入楼阁后门关上相似。特别是关于楼阁庄严形象的描写也基本一致。

李通玄说《华严经》的弥勒楼阁的部分,是"观果知因,三世所行",他进一步做了如下解释:

> 慈氏菩萨弹指出声其门即开者,明声是震动启发之义。弹指者,是去尘之义。尘亡执去,法门自开。善财入已其门还闭者,以迷亡智现名之为开。智无内外中间,无出无入,无迷无证名为还闭。见楼阁广博无量同于虚空者,智境界也。于中庄严,皆约智约慈悲心所行,诸行愿报得。②

我们把对弥勒楼阁的这种解释运用到蛇福传说中。蛇福拔茅茎时出现了地下世界,可以理解为除去无明后打开了觉悟的世界。说在地下展开的世界"楼阁庄严,殆非人间世",是对用智慧生起的慈悲心和所行的行愿来庄严的真理世界的说明。莲华藏世界、弥勒楼阁以及蛇福看到的地下世界(即莲华藏世界)都是用悲智来庄严的,也就是"悲智所生"。③ 元晓

---

① 《大正藏》第 10 册,第 434 页 c ~ 435 页 a。
② 金吞虚:《新华严经合论》20,华严学研究所,第 43 ~ 49 页(原书引用的是金吞虚的韩文译文,译者采用了李通玄原文。见《大正藏》第 36 册,第 1006 页 b。——译者注)。
③ 金吞虚:《新华严经合论》20,华严学研究所,第 42 ~ 219 页。

称蛇福之母为"智惠虎"，说"葬智惠虎于智惠林中，不亦宜乎"，依据这个来解释的话，所谓智惠林可以理解为莲华藏世界的另一种表现。"智惠"就是"悲智"，因为莲华藏世界是悲智的产物。

弥勒楼阁再次关闭，意思是"智无内外中间，无出无入，无迷无证"。而传说中蛇福背着亡母一起入地后，大地"奄然而合"，可以看作迷惑与觉悟无二、生死与涅槃无异。一然所吟咏的"苦兮生死元非苦"也一样。

生死与涅槃不是实际存在的对象，而是随着觉与不觉出现的状态。元晓说："空一切生死，不空涅槃"。[1] 而且他还说："由于无明妄心，即使身处莲华藏世界，我们也看不到"，"我及众生，唯寝长梦妄计为实。违顺六尘男女二相，并是我梦，永无实事。何所忧喜，何所贪嗔。数数思惟，如是梦观，渐渐修得如梦三昧。由此三昧得无生忍，从于长梦豁然而觉。即知本来永无流转，但是一心卧一如床。"[2] 义相在《道身章》中说："从古是佛。而发心时方知是佛耳。如梦走驰，自梦即寂。而悟朝方知走即卧耳。"[3] 元晓与义相的话都是对觉与不觉之状态的说明。

蛇福传说反映了华严人生观，它在佛教思想史上的意义，是针对二元的人生观即现世与来世、现实与理想、觉与不觉等相对立的设定，提出了"生死涅槃常共和"[4] 的华严哲学。新罗的华严学者明晶曾吟咏：

> 遍诣十方求成佛，
>
> 不知身心旧成佛。
>
> 往昔精进舍生死，
>
> 不知生死则涅槃。[5]

这种华严思想可以说是蛇福传说形成的基础。而且，传说提示了一种

---

① 李箕永：《元晓思想》，圆音阁，1967，第 172 页。

② （新罗）元晓：《大乘六情忏悔》，《韩国佛教全书》第 1 册，东国大学出版部，1979，第 842 页 c ~ 843 页 a。

③ 《法界图记丛髓录》卷上之一，《大正藏》第 45 册，第 726 页 b ~ c。

④ （新罗）义相：《华严一乘法界图》，《大正藏》第 45 册，第 711 页 a。

⑤ 《海印三昧论》，《韩国佛教全书》第 2 册，东国大学出版部，1979，第 398 页 a ~ b。

即使活在迷惑的现象世界也不会被卷入生死之浊流，不会醉生梦死的觉悟的生活。

第二节　石佛寺与佛国寺中表现出的华严世界观

一　创建及其缘起传说

（一）史料的问题

　　关于石佛寺①与佛国寺的文献记载大体有①《三国遗事》、②《佛国寺事迹》、③《佛国寺古今创记》和④崔致远关于佛国寺的记载。①中的资料是一然参考了亲见的《乡传》与《寺中记》这两个记载后写成的，可以作为参考。②《佛国寺事迹》是一然于庆历六年（1046）撰写的，1708年（肃宗三十四年）怀忍进行校正后刊行。② 此书虽然说是一然写于庆历年间的1046年，但因为这一年约比一然出生（1206～1289）的时间早150年，所以出现了一些问题。这些问题就是，如果此书确实作于1046年，那么说是一然著作则是附会；如果说确实是一然著作，那就不可能写于1046年。到底哪一个是真的，还是这两种说法都不正确？今西龙很早就提出了这些问题并对其进行了考察。结果他认为《佛国寺事迹》既不是写于庆历年间，也不是一然所写，而是一然以后的某人把《三国遗事》中的两则记载加以取舍后写成的。③ 笔者也同意今西龙的看法。介绍今西龙的全部论证未免烦琐，在此笔者仅提出其中的一个确证。《佛国寺事迹》中说金大城在景德王时期成为大匡补国崇禄大夫。但是崇禄大夫是一然殁后的1298年制定的高丽文官散阶，1308年废止，1368年重新

---

　　① 石佛寺现称石窟庵。姜友邦认为石窟庵一名不妥，理由一是此寺不是石窟，二是这一称呼会有降低此寺的评价之忧（《石佛寺本尊之图像小考》，《美术资料》35，1984，第54页）。实际上，将此寺称为石窟庵，确实会有将其看作属于佛国寺的一个庵子的危险。笔者注意到了这一点，所以采用了石佛寺这个名字。

　　② 木村静雄找到此书后刊行了石印本，此本后又被影印收入韩国寺志丛书之一的《佛国寺志》（亚细亚文化社，1983）中。

　　③ 今西龙：《高丽普觉国师一然》，1918，《高丽及李朝史研究》，东京：国书刊行会，1974，再收入。

定为正二品下，① 而朝鲜时代则是东班从一品的官阶。从把一然之后出现的官阶附会到金大城身上这一点来看，它是证明《佛国寺事迹》是一然以后写成的证据之一。

关于③《佛国寺古今创记》②，可以参考姜裕文的《〈佛国寺古今创记〉跋》与闵泳珪的题解、张忠植的题解等。此书原名叫《庆尚道江左大都护府庆州东岭吐含山大华严宗佛国寺古今历代诸贤继创记》，是1740年（英祖十六年）活庵东隐所写。书中出现了《鸡林本纪》、《东国僧传》、《崔侯本传》、《晓师行状》、《三国僧录》、《三国遗事》、《乡传》、《东祖碑文》、《东国僧史碑》、《释苑词林碑》、《大雄殿上梁文记》、《上梁文》和《复藏记》等。不过姜裕文认为，东隐所见的1708年开刊的古迹即《佛国寺事迹》与《上梁文》，也不过是见闻罢了。③ 现在也有必要对此书进行较为仔细的研究，但笔者在此仅指出一两个问题。景德王以前的记载，其资料价值是值得怀疑的。姜裕文已经指出，《佛国寺古今创记》全文年代顺序和年号对照混乱的错误很多，也有故意篡改之前记载的情况。举例来说，书中记载，887年（真圣女王元年）真圣女王到佛国寺，布施谷物并设讲席，请圆测和尚讲《华严经》。这是把此书中收录的《王妃金氏奉为先考及亡兄追福施谷愿文》中布施谷物给佛国寺表训瑜伽圆测三圣讲院的内容，改成了请圆测讲《华严经》。另外，此书还引用了《释苑词林碑》，记载了高丽瑜伽教师海圆12岁时到佛国寺浮雪和尚门下出家。这是把李榖写的《大崇恩福元寺高丽第一代师圆公碑》中的"年甫一纪，投金山寺大师释宏，薙发学其法，日有所进，流辈莫敢望。甲午春，登选佛科，住佛住寺"④ 的内容，改成海圆在佛国寺出家。⑤

尽管如此，此书的大部分记载并不是错误的或虚构的。由于此书比较

---

① 《高丽史》卷77，《百官志》"文散阶"条。

② 依据日本东大寺所藏的写本，姜裕文刊行了此书的活字本，又影印写本后将其收录到《佛国寺志》中。此外，此书还有渡边彰藏本。笔者参考的是《佛国寺志》中的版本。

③ 姜裕文：《〈佛国寺古今创记〉跋》，《佛国寺古今创记》，庆北佛教协会，1937。

④ 《东文选》卷118。

⑤ 文明大认为，《佛国寺古今创记》所记载的，高丽忠宣王时期瑜伽教师圆公大师曾驻锡佛国寺，是支持其认为佛国寺是神印宗寺院的有力证据（《佛国寺金铜如来坐像二躯与其造像赞文（碑铭）研究》，《美术资料》19，1976，第16页）。不过，既然已经证明海圆与佛国寺没有任何关系，所以这也不能成为证明佛国寺是神印宗寺院的根据了。

详细地记载了佛国寺创建以来重建、重修的史实，参考了当时的各种记文，尤其是列举了当时的一些遗迹和遗物，所以它对了解佛国寺具有重要的作用。① 同样，它关于朝鲜时代以后的众多文献和建筑物的记载，也值得关注。

尤其是《佛国寺古今创记》中收录了下面崔致远关于佛国寺的若干记载，因此成为贵重的资料。

    a. 大华严宗佛国寺毗卢遮那文殊普贤像赞

    b. 大华严宗佛国寺阿弥陀佛像赞并序

    c. 王妃金氏为考绣释迦如来像幡赞并序

    d. 上宰国戚大臣等奉为献康大王结华严经社愿文

    e. 王妃金氏奉为先考及亡兄追福施谷愿文

其中，a、b、c 三种也被收录到《佛国寺事迹》中，b 与 d 收入义天的《圆宗文类》中，② 不过略去了 b 的序文。另外，c 还被《东文选》收入。虽然也有观点认为这些文章并非崔致远所作，③ 但如闵泳珪④和文明大⑤所认为的，将它们看作崔致远著作也无妨。另外，收入不同文献中的同一篇文章，也有文字上的差异和文字脱落的情况，所以需要进行对照研究。

如前文所指出的，应该对《佛国寺事迹》和《佛国寺古今创记》等文献进行更加具体、仔细的考证。不过在本书中仅关注这两篇事迹记中新罗景德王以前的记录，尤其是让人难以相信的、声称佛国寺在真兴王时期创建完成的记载。因此，笔者将按照《三国遗事》中景德王时期石佛寺与佛国寺同时由金大城建立的记载展开本文。⑥ 佛国寺为景德王时期始创

---

① 张忠植：《佛国寺志题解》，《佛国寺志外》，亚细亚文化社，1976，第6页。
② 《圆宗文类》卷22，《韩国佛教全书》第4册，东国大学出版部，1979，第646~647页。
③ 高裕燮：《金大城》，《韩国美术文化史论丛》，通文馆，1966，第172页。
④ 闵泳珪：《佛国寺古今历代记题解》，《佛国寺·华严寺事迹》，《美术资料》7，1965，附录，第21~23页。
⑤ 文明大：《佛国寺金铜如来坐像二躯与其造像赞文（碑铭）研究》，《美术资料》19，1976，第5页。
⑥ 黄寿永认为佛国寺为金大城所建。《佛国寺的创建及其沿革》，《佛国寺复原工事报告书》，1976，第27页。

一说，也与此寺的遗存在美术史上的年代相符，因为佛国寺现存的遗物中没有 8 世纪中叶以前的。8 世纪中叶这两个寺院同时建立这一点很重要，因为它为 "在金大城的基本设计中，石佛寺与佛国寺之间维持了有机关系，反映了它们可能包含于其中" 的讨论提供了可能。

（二）缘起传说研究

《三国遗事》 "金大城孝二世父母" 条的内容是由所引的 《乡传》 和 《寺中记》 的内容构成的。《乡传》 的记载成为传说，也可能是历史事实的传说化。现将 《乡传》 中的传说按故事的展开过程整理如下：

①年梁里之贫女庆祖有一个名叫大城的儿子。

②他们在富人福安家帮佣。

③劝化僧渐开至福安家，福安施布五十四。渐开咒愿说："檀越好布施，天神常护持。施一得万倍，安乐寿命长。" 大城闻之，也与母亲一起布施了帮佣所得于法会，以图后报。

④未几，大城亡故。后来托生于宰相家，迎其母到宅邸中奉养。

⑤长大后，大城好游猎。某一天为吐含山所捕之熊建长寿寺，并以此为契机，悲愿增笃。

⑥为现生二亲创佛国寺，为前世爷娘创石佛寺。请神琳表训二圣师各住焉。

⑦雕石佛的时候，石头突然裂成三块。后来夜里天神降临完成了它。

从上面的文脉可以很容易看出，《乡传》 的这一传说是经过相当大的变异后形成的形态，因为收录它的 《三国遗事》 与金大城的生活年代大约相距 500 年。不过需要注意的是，在佛国寺创建 100 余年后的 9 世纪末，出现了与此传说有关的故事。这就是崔致远 《大华严宗佛国寺阿弥陀佛像赞》 中的 "可爱苾蒭所说施，能遵檀越奉心期" 一句。[1] 而且此文的序中也有 "檀越金丞相建刹" 等句子。通过 "比丘所说施" 一语可知，檀越金丞相奉命并承诺遵从命令而建立寺院的故事，直到 9 世纪末还

---

[1]　《圆宗文类》 卷 22，《韩国佛教全书》 第 4 册，东国大学出版部，1979，第 647 页。

在流传，而且这一故事的文脉与《乡传》中的传说相似。可见，虽然此传说在 13 世纪后半期才作为文献固定下来，但是在新罗时代就已经生根发芽了。

传说不是历史，但传说也并非都是虚构。这一传说是历史事实经过虚构、润色后产生的。在托生为宰相金文亮之子的金大城为回报父母的恩惠创建石佛寺和佛国寺的史实上，附加了布施功德、重生、孝行等传说。①下面我们来分析这一传说的结构及其象征意义。

营造石佛寺与佛国寺是非常困难的佛事。无须多言，只有极大的宗教热情、巨大的经济力与众多人的努力，再加上杰出建筑家之手一起配合才能完成。耗费了 25 年的时间寺院都没建成，后来在国家的援助下才完成；而想要用来作龛盖的石头突然裂成三片，让金大城又气又恨，但"夜中天神来降，毕造而还"等都充分反映了这一佛事的艰难。这两座寺院克服万难才得以完成，它们美丽精巧的建筑与雕刻，显然成为当时人们赞叹的对象。对这两座寺院的感叹和惊异，就是在强调创建者金大城的伟大，这是他被传说化、神圣化的直接原因。由此不禁使我产生了这种想法——如此卓越的业绩只有金大城这样的人物才能完成。金大城拥有了营造这两个寺院的必要条件中的政治的、经济的、宗教的条件。托生为宰相金文亮的儿子而自己也任侍中职，从而有了政治的、经济的条件，此外他还拥有皈依佛教后日渐笃实的悲愿与极大的孝心等这些宗教的条件。金大城营造这两座寺院所具备的这些条件都是他今生的果报，并不是某个早晨突然出现的。这一传说诠释了前世所种善因带来善果的因果报应思想。因此传说中出现了金大城的前生谭。作为佛陀前生谭的本生或者菩萨前生谭的本事是十二部经之一。金大城的前生谭虽然也可以说是菩萨本事，但那也是拔高了他的伟大性的结果。② 这种传说借用了说明前生与现世因果关系的本事之形式，是新罗社会常常使用的一种教化手段。

---

① 金铉龙：《韩国古传说论》，新门社，1984，第 113 ~ 116 页；金煐泰《石窟庵创建缘起考》，东国大学新罗文化研究所主办的第四届新罗文化学术讨论会，发表论文概要。

② 佛教本生故事形成于公元前 3 世纪，内容主要是佛陀的修行故事，而这些都是信徒们重新回顾佛陀之伟大性的成果，其中蕴含着业报思想（山田龙城：《大乘佛教成立序说》，平乐寺书店，1959，第 341 ~ 342 页）。金大城的情况与此类似。

金大城修成的前世功德是布施，而布施是六波罗蜜之一。布施是佛教众多经典着重强调的德目之一，无须多言。正如有学者已经指出的，劝化僧渐开所说的"檀越好布施，天神常护持。施一得万倍，安乐寿命长"的祝愿也与很多经典中的内容相似，① 这也是一个原因。金大城把自己的佣田布施给兴轮寺以举行六轮法会，正是这一布施的功德，使死去的金大城托生于宰相金文亮家。传说极力证明，宰相金文亮家的孩子无疑就是贫女庆祖的儿子大城。传说中已经说到了有天唱云"牟梁里大城儿今托汝家"、金大成的死期与宰相夫人怀孕的日期是同一天等，这些都还不够，非得要把写着"大城"的金简放在新出生的孩子手中才安心。

金大城托生为宰相的儿子，即使他后来也能成为宰相，但如果他不皈依佛教、没有笃实的信仰之心，创建石佛寺与佛国寺也是很困难的。对这一点的说明，是传说中⑤的部分。金大城以猎熊为契机皈依了佛教，之后其对佛教的信仰心渐渐坚定到可以完成这两座寺院的建立，这种解释似乎是充分的。另外，传说还强调了孝行。即托生为金文亮之子的大城，不仅将前世之母和今世父母一起奉养，而且还为今生的父母建佛国寺、为前世的父母建石佛寺。因此《乡传》评价他"茂张像设，且酬鞠养之劳。以一身孝二世父母，古亦罕闻"。一然将这一传说的题目定为《大城孝二世父母》，并将其编入"孝善篇"，也是因为注意到了金大城是为报二世父母之恩而建立了石佛寺和佛国寺这一点。传说中说金大城是宰相金文亮的儿子，这是史实。这符合《寺中记》中景德王时期大相大城 751 年始创佛国寺而卒于 774 年（惠恭王十年）的记载。

二　历史背景

要讨论石佛寺和佛国寺的思想背景，先得考察这两座寺院的历史背景。这是因为，知道这两座寺院的创建和之后的营运与什么样的人有关、曾经举行过什么性质的法会，都非常有助于了解它们的思想背景。不论金大城的信仰心有多么笃实、政治经济的背景如何强大，他也有身为檀越的

---

① 金煐泰：《石窟庵创建缘起考》，东国大学新罗文化研究所主办的第四届新罗文化学术讨论会，发表论文概要。

限制。当然金大城并非单纯的施主，他监督指导了设计、建筑和雕刻等很多方面的工作，但也必须注意到他不是出家修行者这一点。因此曾有高僧接受他营造寺院相关咨询并帮助他，研究他们与研究金大成个人同样重要。可以认为，石佛寺与佛国寺完工后首先迎请的僧侣与当时金大城举行的佛事有很深的渊源。但是关于此僧，《三国遗事》所引的《乡传》与《寺中记》的记载相异，一然对此也保留意见，所以就成了问题。因为前者（乡传）说的是"瑜伽大德"。鉴于此，必须要考察金大城、瑜伽、表训、神琳等人以及当时的华严宗等历史背景。

（一）金大城及其周围

如果《乡传》的佛国寺创建缘起传说中的金大城确实是历史人物的话，那就需要对他和他周围的环境进行考察，哪怕是一点点。大城与大正是同一人。对此，李基白已经把《乡传》中的金文亮和大城与《三国史记》中的文良和大正分别比定，证明了他们（金文亮和金大城）是父子关系。① 据《三国史记》记载，文良从圣德王五年（706）开始到去世的圣德王十年（711）为止，一直担任中侍。大正则是从 745 年（景德王四年）五月开始担任中侍一职，4 年 8 个月后的 750 年一月卸任。如前文中提到的，过去的文献中有把良圆写作亮元的例子，因此文亮与文良无疑是同一人。也有金志诚与金志全是同一人、维诚与惟正是同一人的例子，所以把大正与大城看作同一人也不奇怪。另外，《三国遗事》记载，金大城曾任大相，而他父亲金文亮曾是国宰，这与《三国史记》中说他们是中侍的记载相符，而且时代也为证明他们是父子关系提供了很好的条件。李基白的这种看法也确实有说服力。黄寿永也赞成并接受了这种观点，他指出，大正担任中侍一职的那一年与佛国寺创建的 751 年相一致，绝非偶然。② 而且《乡传》中金大城请表训与神琳到其创建的石佛寺与佛国寺的记载，如后将述，也与大正角干曾跟表训学习华严学的史实相符，这是能够更加确定大城与大正是同一人的另一则资料。大城与大正是同一人也通过语言学方面的研究得以证明。已经有学者研究指出，如李俊与李纯、未

① 李基白：《新罗执事部的成立》，《震檀学报》25·26·27 合辑，1964（《新罗政治社会史研究》再收入，第 168～169 页）。
② 黄寿永：《佛国寺的创建及其沿革》，《佛国寺复原工事报告书》，1976，第 29 页。

祖与末召是同一人，现代韩国语音中的"ㅅ"、"ㅈ"在新罗的音韵体系中都发作同一音"ㅅ"。①

金大城是真骨贵族，是王室身边的权贵。他的这种身份与地位是使营造这两座寺院成为可能的政治、经济背景，传说已经提示了这一点。而且石佛寺和佛国寺两寺不是光靠金大城个人的力量建造完成的，还有国家的帮助，如"大城卒。国家乃毕成之"或"主人宗衮亲修置"即创建者与亲戚们一起完成的记载②所说。另外，新罗真骨贵族的宰相家巨大的经济力，已经从"金入宅"、"四节游宅"还有"宰相家俸禄不断有奴僮三千名"等记载中反映出来了。具体的例子有，景德王时期三毛夫人作为施主铸造了皇龙寺钟，③惠恭王时期把叛乱的大恭角干家的宝帛运到王宫④，这些都可以作为当时真骨贵族经济力实况的参考。

不过，也有学者注意到金大城是王室的亲信势力以及寺院的建设是依靠国家的帮助才完成，因此他们认为建立石佛寺和佛国寺甚至寺院的具体设计，都是努力拥护与美化景德王的专制政治的产物。⑤笔者对这种见解存疑，因为把宗教的信仰甚至于艺术的审美都与政治联系起来解释，是没有道理的。金大城的建寺计划是其深厚的信仰之情的表露，特殊的设计则基于他对佛教的广泛理解。应该首先注意的是，他是因自己的悲愿逐渐笃实而计划建立这两座寺院，他还曾学习过华严学等。置这些事实于不顾，却将其与政治目的联系起来进行解释，是不对的。

尽管如此，那种把一切都归于金大城一个人的伟大性的解释也不正确，尤其是这两座寺院的建筑与雕刻完成都有当时著名工匠的贡献。景德王时期，有能够雕凿万佛山的杰出工匠，也有铸造了芬皇寺药师铜像的强古，还有铸造了近五十万斤重的皇龙寺钟的里上宅下典⑥，惠恭王时期还

---

① 朴恩用：《〈三国遗事〉中收录的固有词之异表记研究》，《韩国传统文化研究》4，1988，第93页。

② （新罗）崔致远：《大华严宗佛国寺阿弥陀佛像赞》，《圆宗文类》卷22，《韩国佛教全书》第4册，东国大学出版部，1979，第647页。

③ （高丽）一然：《三国遗事》卷3，"皇龙寺钟·芬皇寺药师·奉德寺钟"条。

④ （高丽）一然：《三国遗事》卷2，"惠恭王"条。

⑤ 李基白：《古代政治思想》，《韩国思想大系Ⅲ》，成均馆大学大东文化研究院，第44～45页。

⑥ （高丽）一然：《三国遗事》卷3，"皇龙寺钟·芬皇寺药师·奉德寺钟"条。

有铸钟名匠朴韩昧等。尤其是万佛山，是在一庹多高的假山上雕刻了一万尊佛像和一千余尊比丘像。唐代宗收到这一礼物后连连赞叹："新罗之巧，天造，非巧也。"① 这就是石佛寺和佛国寺得以建成的美术史背景。

（二）瑜伽大德的问题

《三国遗事》所引《寺中记》有"初请瑜伽大德降魔住此寺"一句，它的翻译引起了相当多的问题。有人认为"降魔"是人名，所以这句的意思是"邀请瑜伽的大德降魔驻锡此寺"。也有人以无名为前提，把这句解释为"邀请瑜伽的大德降魔后驻锡此寺"。《佛国寺古今创记》的注释者属于后者，并把"瑜伽"解释为"瑜伽业"。以这种解释为基础，学界出现了主张佛国寺属于神印宗寺院的观点，② 而佛国寺为华严密教寺院的观点也有抬头③，原因在于他们把"瑜伽"解释为神印宗或华严密教。

不过笔者认为，"瑜伽大德"之"瑜伽"解释为人名比较妥当。这固然也是因为华严佛国寺与瑜伽宗不合，但也有更具体的资料可以证明。崔致远之《王妃金氏奉为先考及亡兄追福施谷愿文》中出现了"今奉为先考夷粲及亡兄追福，共舍稻谷三千苫于京城东山光学寝陵佛国寺表训瑜伽圆测三圣讲院"的句子。④ 此处"佛国寺表训瑜伽圆测三圣讲院"中的"瑜伽"显然是用作人名。因为不仅前后的"表训"与"圆测"是人名，从后面的所谓"三圣"的文脉来看，"瑜伽"显然也是人名。创建百年后，佛国寺僧人把表训、瑜伽与圆测当作三圣来崇拜，是因为他们都与本寺有着某种渊源。如后将述，表训与金大城建佛国寺有很深的渊源，但圆测不仅与佛国寺的创建没有直接关系，而且他以唯识学者著称。不过圆测作为证义参与了《八十华严》的翻译。⑤ 崔致远在其《翻经证义大德圆测和尚讳日文》一文中，也强调了翻译《八十华严》时圆测担任证义一

---

① （高丽）一然：《三国遗事》卷3，"四佛山·掘佛山·万佛山"条。
② 文明大：《石窟庵佛像的样式特征》，东国大学新罗文化研究所主办的第四届新罗文化学术讨论会论文。
③ 洪润植：《新罗华严思想在社会的展开与曼陀罗》，《新罗文化祭学术发表会论文集》5（《〈三国遗事〉与韩国古代文化》再收入，第297页）。
④ 《佛国寺古今创记》，《佛国寺志》，亚细亚文化社，第63~64页。
⑤ （新罗）崔致远：《法藏和尚传》，《韩国佛教全书》第3册，东国大学出版部，1979，第771页b。

事。所以圆测之所以被佛国寺僧人崇拜，是因为他和《八十华严》的翻译有关。从与表训、圆测一起被佛国寺僧侣崇拜来看，瑜伽本人也应该有类似的原因。瑜伽要么是华严宗僧人，要么与佛国寺有某种渊源。如果均如的著作中出现的"伽德云……"① 之"伽德"指的是"瑜伽大德"的话，显然应该把瑜伽看作华严宗僧人。《寺中记》"初请瑜伽大德"的说法虽然令人难以相信，但是他有充分的可能曾于佛国寺建成后的百年间驻锡过佛国寺。

（三）表训、神琳与华严宗

依《乡传》记载，最初佛国寺与石佛寺请神琳与表训分别驻锡。学界对这一记载的资料价值也不无怀疑，但笔者却不这么看。表训曾驻锡于佛国寺，这可以在《三国遗事》的"义湘传教"条中找到，文中说表训很早就住在佛国寺并时常往来于天宫。关于这一问题后文将述。大正曾在皇福寺学习华严学，而 760 年（景德王十九年），表训确实在皇福寺讲华严学。② 另外，表训还与景德王有很深的渊源。因为传说他曾帮助景德王得子。③ 如前面已经指出的，9 世纪末佛国寺的三圣讲院也与表训有关。而金大城建立的吐含山长寿寺中有表训与神琳的浮图，④ 也给予我们很大的启示。如果注意到以上的史实，就可以确定表训与佛国寺有某种渊源。当然，把佛国寺建成于 774 年这一点与表训的活动时间联系起来看，也不是没有问题。不过可以确定的是，760 年表训的确在皇福寺。然而，就算其师义相回国的 702 年时表训 20 岁，佛国寺完工的时候他也超过 90 岁了。即使他确实驻锡过佛国寺，时间也应该非常短。当然也不能排除他没驻锡过佛国寺的可能性。不过表训对金大城建佛国寺的确影响很大，因此在佛国寺追忆他的功德并崇拜他也理所当然。因为表训可以与佛国寺建成前就去世的金大城一起作为创建主来崇拜，表训又是义相的十大弟子之一和兴轮寺金堂安奉的十圣之一，所以，显然他是景德王时期代表性的华严

---

① 《释华严教分记圆通钞》卷 7，《韩国佛教全书》第 4 册，东国大学出版部，1979，第 424 页。
② 《法界图记丛髓录》卷上之一，《大正藏》第 45 册，第 721 页 b。
③ （高丽）一然：《三国遗事》卷 2，"景德王·忠谈师·表训大德"条。
④ 《佛国寺古今创记》，《佛国寺志》，第 50 页。

学者。

神琳曾负责佛国寺的法会，这在均如著作中有明确的记载：

> 古辞：佛国寺会问云：三教九教之教，与十法中教义之教，何别？林德答云：一也。问能所诠别，何云一耶？林德云：只是一种教。而三教九教之时，是能诠。十种普法之时，是所诠。随须处别也。二理事。①

文中的"林德"指的是神琳大德。而且从上面的引文内容来看，他曾在这次法会上讲华严学。这也是证明佛国寺为华严宗寺院的一则重要资料。神琳是义相的徒孙。他活动的时间推测为 8 世纪中叶前后，这也与佛国寺的创建时间相符。神琳在浮石寺举行法会时，有千余名大众云集。而且他的门下有法融、崇业、融秀、质应、顺应等，华严学僧辈出。② 因此，神琳是当时代表性的华严学者。

如以上所考，石佛寺与佛国寺创建后驻锡的人物都属于华严宗。因此这两座寺院显然也属于华严宗。这也与新罗中期佛教界的情况相通，因为当时华严宗的势力与学风都赫赫有名。

新罗的华严教学达到了很高的水准，特别是义相的《华严一乘法界图》为其后继者们持续不断的研究。将《华严经》的世界观图像化的《华严一乘法界图》，是新罗华严学的一个特色，而对其进行持续不断的研究则显示出其对新罗的极大影响。经华严学的人生观润色过的"蛇福传说"在流传着，③ 同时以《华严经·菩萨住处品》为基础产生的五台山、金刚山、天冠山等菩萨住处信仰也得到进一步发展。④ 而新罗的华严信仰如同用华严石经庄严的华严寺觉皇殿的四壁一样坚固。在华严思想和华严信仰在新罗的展开过程中，如同《法界图》、蛇福传说、菩萨住处信仰等所显示出来的，努力用象征的手段来表现华严世界观尤其值得关注，

① （高丽）均如：《释华严旨归记圆通钞》卷下，《韩国佛教全书》第 4 册，东国大学出版部，1979，第 125 页 c。
② 金相铉：《新罗华严学僧的谱系及其活动》，《新罗文化》1，1984，第 15～17 页。
③ 金相铉：《蛇福传说的佛教意义》，《史学志》16，1982。
④ 金相铉：《统一新罗时代的华严信仰》，《新罗文化》2，1985，第 73～78 页。

因为石佛寺与佛国寺的营造也属于其中的一部分。

三　思想背景

以上阐明了石佛寺和佛国寺建立的历史背景与华严宗有很深的关系，其思想背景当然也可以通过华严思想来讨论。而且将其与金大城、表训、神琳等联系起来进行研究，也是常识。因为金大城直接承担了这两座寺院的建立，而表训和神琳则接受了他的咨询。应该注意到，表训和神琳是8世纪中叶前后的新罗代表性华严学匠，他们忠实地继承了义相系的华严学；也应该考虑到金大城对华严思想有着很深的理解。

（一）寺名之华严佛国的含义

佛国寺原名华严佛国寺。这通过崔致远的《华严佛国寺阿弥陀佛画像赞》可以知道。他注意到了"华严佛国"这一寺名，认为其中包含着建立此寺的深意。他吟道：

> 东海东山有佳寺，
> 华严佛国为名号。
> 主人宗衮亲修置，
> 标题四语有深义。
> 华严寓目瞻莲藏，
> 佛国驰心系安养。
> 欲使魔山平毒嶂，
> 终令苦海无惊浪。[①]

后来《佛国寺古今创记》中把华严佛国寺改成大华严宗佛国寺。但是实际上所谓"华严佛国寺"并非单纯地是"属于华严宗的佛国寺"的意思，它的意思是华严的佛国寺。崔致远认为"华严佛国"这一寺名包含着深意，他所说的"华严寓目瞻莲藏，佛国驰心系安养"一语就很好地反映了这一点。

---

① （高丽）义天：《圆宗文类》卷22，《韩国佛教全书》第4册，东国大学出版部，1979，第647页 b。

华严之佛国土①就是十佛的境界，而且它分为国土海与世界海。国土海是十佛所居的不可说之土，也就是如来所证得的果海。不可说的国土海与因分可说土之世界海相连。世界海——十佛摄化的世界，又分为莲华藏世界、十重世界和无量杂类世界三种。莲华藏世界作为佛向外展示之门，是佛修菩萨行时所成就的庄严、清净的世界。十千界外之广大无边的世界就是十重世界。由于众生根机的深浅不同，十重世界也因他们的业而不同：如果众生之心是染污的，十重世界就是秽土；而如果众生之心是清净的，十重世界就是净土。须弥山形、树形、河形、云形、楼阁形等各种各样的世界是无量杂类世界，是见闻生的众生所感知的世界。各类众生都在一个世界里。而世界海中的三类世界都是佛所摄化的世界。如来所证得的果海——国土海是佛内证的世界，而世界海则是佛外化的世界。

表训对华严世界做了如下解释。

> 故表训德言：娑婆以华藏为本，华藏以世界海为本。世界海以国土海为本，国土海以不可说为本。不可说以不可说不可说为本。②

通过表训对华严世界的这种解释，可以知道他对华严佛国土的出现有着正确的理解。而且如果注意到金大城曾向表训学习过华严学的话，可以揣测到金大城将寺名定为华严佛国寺的意图。

（三） 三本定与佛国土的出现

金大城跟表训学的三本定即三种根本三昧，与华严佛国土的出现有密切的关系。因此三本定是理解石佛寺和佛国寺之思想背景的重要基础。现在我们来分析三本定的含义，这也是为了要考察其与佛国土的出现过程是如何联系起来的。均如（923～973）的《十句章圆通记》中记载了大正向表训学习华严学一事。

> 表训大德在皇福寺时，大正角干进于训德房中，白言：请学三本定焉。于是训德教令大众并出房外。余人并出去，而缋纶师出户立窗

---

① 金芿石：《华严学概论》，法轮社，1963，第 255～260 页。
② （高丽）均如：《十句章圆通记》卷下，《韩国佛教全书》第 4 册，东国大学出版部，1979，第 62 页 c。

边而倾耳。时训德言：一时佛者，佛华严定经文也。始成正觉者，海印定经文也。坐师子座者，师子奋迅定经文也。①

前文已指出，大正就是金大城。大正从景德王四年（745）开始到九年（750）担任中侍。他的官位角干也与中侍相符。而且760年表训（景德王十九年）在皇福寺讲其师义相的《华严一乘法界图》一事，也可以通过下面的记载得到确认。

又以四满义科，则证分四句行实满义。真性甚深下证满义，初发心时下法满义。是故行者下人满义。此辞亦是训德之义。上元元年在皇福寺说也。②

说760年表训在皇福寺，并非说他一定在此时见到了大正。表训与景德王相遇也大约在此时，因此可以确定大正是见过表训的。

通过表训与大正二人在皇福寺关于三本定的问答，可知大正对华严思想有很深的理解，而且表训也确曾接受过大正的咨询。这也反映了当时有代表性的思想家与政治家相会的氛围，即大正访问表训并向其请教三本定的时候，表训请众人出去，而缜纶却在窗外偷听他们对话的氛围。究竟这种氛围是意味着迎接宰相级重臣的礼仪，还是反映了二人之间进行了重大的讨论？不得而知，或许可能是后者。笔者如果认为他们之间进行过关于营造佛国寺的讨论的话，是过度臆测吗？

大正跟表训学习的三种三昧与石佛寺和佛国寺基本设计的思想背景不无关系。因为《华严经》的思想可以简要解释为这三种三昧，而佛国寺等就是为表现以这些三昧为基础出现的华严佛国世界而营造的。佛国寺的原名"华严佛国"，就是华严之佛国世界的意思，这一点前面已经说了。

现在要更仔细地对三本定即三种根本三昧进行研究。这里说的三本定，指的是海印定、佛华严定和狮子奋迅定。但是为什么说它们是根本的

---

① （高丽）均如：《十句章圆通记》卷下，《韩国佛教全书》第4册，东国大学出版部，1979，第63页a～b。
② 《法界图记丛髓录》卷上之一，《大正藏》第45册，第721页b。

三昧即本定呢？因为海印定是证之根本，佛华严定是说之根本，而狮子奋迅定是教之根本，所以称为三种根本三昧。那么，三本定分别证、说、教的是哪种法？海印定中证的是国土海法，佛华严定中说的是国土海法，而狮子奋迅定中教的是世界海法。①

智俨的五重海印说，对新罗华严思想影响很大。神琳之弟子法融曾解释过五重海印说。他在《十句章》中对"教义二大有五重"做了如下解释。

一、忘像海印是义，现像海印是教
二、现像海印是义，佛外向是教
三、佛外向是义，普贤入定观是教
四、普贤入定是义，出观在心中是教
五、出定在心中是义，言语中现为教也②

均如又根据三本定对此进行了解释："忘像海印是海印定，现像海印是佛华严定，佛向外是师子奋迅定也。"③ 另外，玉城康四郎用三重海印说来解释佛出现过程的三个阶段，认为"这一自无像到有像、从有像到用语言固定的过程，象征着华严世界观的根本具象"。④

《华严经》开显了如来的正觉，同时也阐明了以普贤行愿为代表的大乘菩萨道。应该想到，神琳曾判此经为"七处八会花严经，全是渐教。顿圆亦尔"。⑤ 表训也用三教来比对八会，将其分为"初会是顿，次五会是渐，后二会是圆"。⑥ 元晓也认为此经虽然是顿教法门，但因为其中也

---

① （高丽）均如：《十句章圆通记》卷下，《韩国佛教全书》第 4 册，东国大学出版部，1979，第 62 页 c。
② （高丽）均如：《十句章圆通记》卷下，《韩国佛教全书》第 4 册，东国大学出版部，1979，第 59 页 c。
③ （高丽）均如：《十句章圆通记》卷下，《韩国佛教全书》第 4 册，东国大学出版部，1979，第 62 页 b。
④ 玉城康四郎：《义湘的华严思想》，大韩传统佛教研究院主办的"第三届国际佛教学术会议"，1980 年 7 月 9 日。
⑤ （高丽）均如：《释华严教分记圆通钞》卷 2，《韩国佛教全书》第 4 册，东国大学出版部，1979，第 277 页 c。
⑥ （高丽）均如：《释华严教分记圆通钞》卷 2，《韩国佛教全书》第 4 册，东国大学出版部，1979，第 277 页 a。

显示了无边的行德，所以也是可以修习的。① 义相之《法界图》是佛内证的境界与"众生随器得利益"的佛外向境界的表象化。经名《大方广佛华严》之"大方广"意思是法界之无限，"佛华严"意思是行德之无限。简要来说，就是此经同时说了佛内证之教和佛外化之教。内证的"大方广"，是体；外化的"佛华严"，是用。海印定中所证的国土海是体，狮子奋迅定中所教的莲华藏世界等世界海是用。当然，普贤菩萨在佛华严定中说的国土海法，是以相来连接体、用的桥梁。我们虽然区分了内证与外化，但实际上它们是一体的。正如义相所说："若约情说，证教二法，常在二边。若约理云，证教二法，旧来中道，一无分别。"②

　　现在我们把上面的讨论重新整理一下。通过海印三昧，出现了佛内证之国土海；通过狮子奋迅三昧则显示出佛外化之世界海。这是对华严三昧与佛国土之出现的解释。如果注意到这一点，在玩味跟表训学习过三种三昧的大正将自己建立的寺院命名为华严佛国寺这一点时，就可以这样认为，大正通过石窟庵象征性地表现了华严佛国土中的国土海，而通过佛国寺则象征性地表现了世界海。笔者的这一观点，也被批评为"使用这种抽象的解释只会模糊了庆州石窟的营造思想与佛国寺的建立精神"。③ 也就是说，佛之内证与外化思想是普遍的、基本的思想，所以"石佛寺为佛内证的世界而佛国寺为佛外化的世界"的观点不能成为正确的答案。但是笔者想问的是，通过海印三昧出现的佛内证的国土海和通过狮子奋迅三昧出现的佛外化的世界海，不是华严教学独有的特征，而是佛教普遍的、基本的思想吗？而且，对于华严之佛国土，义相的《华严一乘法界图》还有《法界图记丛髓录》、《十句章》、《十句章圆通记》等著作都展开了很多的讨论，大大促进了对新罗华严教学的理解。另外，虽然可以说笔者的观点是抽象的，不过因为大正特别关心、学习的三种三昧，是华严佛国土出现的基础，因此对于他把自己建立的寺院命名为华严佛国寺这一点，即使被理解为要营造华严佛国土，也不是没有道理的。因此，华严的

---

　① （新罗）元晓：《晋译华严经序》，《东文选》卷83。
　② （高丽）均如：《十句章圆通记》卷下，《韩国佛教全书》第 4 册，东国大学出版部，1979，第 44 页 b。
　③ 文明大：《石窟庵佛像雕刻研究》，东国大学博士学位论文，1987，第 11 页。

三种三昧与佛国土的出现更够用华严教学联系起来，不仅如此，还得再次强调这没有乖离历史资料。

四 华严世界观的表现

金大城是要通过营造石佛寺与佛国寺来象征性地、具体地表现出华严的佛国世界即华严世界观，这一点也应该可以通过这两座寺院的具体设计来说明。当然，要说明这两座寺院的建筑和雕刻是象征性地表现了哪种思想，是很难的。因此，笔者所要关注的仅仅是金大城构想的基本设计。

（一）石佛寺与佛国寺有机的关系

前面已经考察了石佛寺与佛国寺均为金大城所建。这是能够思考这两座寺院的遗迹之间关系的基础。金大城为前世父母建了石佛寺，而为现世父母建了佛国寺。这充分说明，这两座寺院的建立是基于金大城的同一种心情，二者是有机地联系在一起的。柳宗悦早就指出："毫无疑问，石佛寺和佛国寺是金大城统一设计完成的。"① 高裕燮也注意到，佛国寺的主路超过了吐含山以东，鉴于此，他指出："佛国寺和石佛寺之间的有机关系，有着具体的含义。"② 这种认为石佛寺与佛国寺之间有着有机关系的观点，显然来自金大城所构想的基本设计。这一点不仅与简化为内证与外化的《华严经》内容一致，也符合以国土海与世界海来区分和解释的华严世界观。因为如果是要通过营造来具体表现华严世界观的话，单有石佛寺或佛国寺是不完整的。

高裕燮曾指出："石佛寺是以凝集的结构体来表现的，而佛国寺是以开放的世界来表现的。"③ 这是恰当的观察，有理的设计。如果说石佛寺象征性地表现了国土海的话，那么佛国寺可以说是表现出了世界海。石佛寺相当于海印三昧中显现的佛内证世界之体，佛国寺则相当于狮子奋迅三昧中出现的佛外化世界之用。而且石佛寺在吐含山山顶附近，而佛国寺则

---

① 柳宗悦：《石佛寺的雕刻》，《艺术》1919 年 6 月号（柳宗悦著、宋建镐译《韩民族及其艺术》，探求堂，第 156 页）
② 高裕燮：《金大城》，《韩国美术文化史论丛》，通文馆，1966，第 173 页。
③ 高裕燮：《金大城》，《韩国美术文化史论丛》，通文馆，1966，第 175 页。

位于山脚。去石佛寺得上山，而到佛国寺则要下山。换句话说，石佛寺可以解释为向上来，而佛国寺是向下去。摆脱生死、趋向涅槃是向上来；而放弃涅槃、趋向生死教化众生是向下去。① 也就是说，菩萨以修行之因趋向具足万德之佛果是向上来；而从海印三昧移向狮子奋迅三昧，为教化众生而舍弃涅槃趋向生死世界是向下去。由此可知，这样的史实和这两座寺院的有机关系都包含在金大城的基本设计中。

（二）佛内证的国土海与石佛寺

石佛寺位于吐含山山顶，造型为石窟状，入口向东。石窟中围绕本尊佛有很多浮雕。下面我们来大致研究一下石佛寺的地理位置和结构以及如何将其中的这些造像与华严世界观联系起来进行解释。

如表训所言，《华严经》的初会是顿教。此经中所谓的顿义是"如日初出先照高山"。② 这可以把佛最初成道后二七日在菩提树下与"如日初出先照高山"的比喻③联系起来解释。说不定石佛寺位于吐含山山顶也是这个意思。石佛寺被设计成坐西向东。有观点认为此窟的方位不过是依据地势而建的结果，也有观点认为它朝着东海文武王海中陵墓的方向，有重要的含义。还有学者认为它是朝着最易为阳光照射的东南30°的方向设计的。笔者相信，石佛寺的方向是为了使阳光通过入口可以照射到窟中而设计的。阳光照射到本尊佛眉间的白毫后可以反射到整个窟中。正像如来的出现就意味着智慧光明一样，始成正觉的如来从白毫发出光芒照耀佛国，全身发出的光围绕着他并照耀着诸菩萨。这也是佛自内证的象征。

石佛寺是以洞窟的形式建立的。此窟具有不同于印度或中国石窟寺的特征，因为石佛寺是人工开凿的。而石佛寺设计成洞窟的形状，难道不是为了使佛内证之世界的形象化？所谓狮子奋迅定，意思是佛生起大悲之心就像是狮子王"出窟奋迅"。④ 因此，佛在内证的海印三昧中就像是在石

---

① （高丽）均如：《一乘法界图圆通记》卷下，《韩国佛教全书》第 4 册，东国大学出版部，1979，第 26 页 c。

② （唐）澄观：《大方广佛华严经疏》卷，《大正藏》第 35 册，第 508 页 c。

③ （高丽）均如：《一乘法界图圆通记》卷下，《韩国佛教全书》第 4 册，东国大学出版部，1979，第 10 页 b。

④ （高丽）均如：《十句章圆通记》卷下，《韩国佛教全书》第 4 册，东国大学出版部，1979，第 62 页 b。

窟中一样。转轮圣王有如意，但它并未从藏内流出众宝。只有转轮圣王拿出如意放在幢上时，应贫穷人所请，才会出现他们想要之物。对这一比喻，新罗的法融这样解释："在藏内时喻佛内证，出置幢上雨宝之时喻佛外化也。"① 此比喻中的"藏内"就是"窟内"，是佛内证。这样用洞窟来表现佛内证的世界即国土海，也与《法界图》中将"佛"字放在五十四角的图印中央的含义相符。我们将石佛寺与义相的《法界图》对比来看一下。石佛寺可以说是实宝殿，是法性宝宅，是本际，是宝际中道床。因为实宝殿就是国土海，② 本际是佛内证的海印。③

石佛寺中没有哪一躯造像不重要，但尤其受关注的是为首的本尊佛，其次是观音菩萨还有分别在前排左右的文殊、普贤二菩萨。将大慈大悲的观音菩萨配置在本尊佛的正后方，不知道是不是因为"诸佛菩萨以大悲为本愿力"。本尊佛与文殊、普贤二菩萨可以看作华严三圣。普贤菩萨表现的是大悲，文殊菩萨表现的是大智，而舍那佛是悲智不二。舍那佛是二圣的总体，二圣是舍那佛的别德，二圣是因，舍那佛是果。此总别、因果不二，叫作三圣圆融。④

《华严经》的主佛是毗卢遮那佛。不过此经说释迦如来就是毗卢遮那佛。换句话说，"毗卢遮那就是释迦"。⑤ 尤其是在相当于《华严经》序品的《世间净眼品》中，始成正觉的释迦出现于寂灭道场。就是说此经中的教主毗卢遮那佛与释迦合为一体。实际上，《华严经》是"释迦以自己成道的菩提树下的寂灭道场为中心一直在讲的"经典。⑥ 石佛寺的本尊佛释迦牟尼，就是始成正觉后放射出光芒、克服了众魔的诱惑与妨碍的胜利者之令人感动的雄壮的形象。触地降魔印也以象征性的方式反映了这一点。对笔者认为石佛寺的本尊是释迦牟尼佛的观点，重视图像的美术史学界提出了质疑。⑦ 提出如果石窟庵的思想背景是华严思想的话，为什么本

---

① 《法界图记丛髓录》卷上之一，《大正藏》第 45 册，第 727 页 c。
② 《法界图记丛髓录》卷上之一，《大正藏》第 45 册，第 727 页 c。
③ "本际则内证海印也"。《法界图记丛髓录》卷上之一，《大正藏》第 45 册，第 727 页 c。
④ 金芿石：《华严学概论》，法轮社，1963，第 143 页。
⑤ （唐）澄观：《大方广佛华严经疏》卷，《大正藏》第 35 册，第 505 页 c。
⑥ 金芿石：《华严学概论》，法轮社，1963，第 252 页。
⑦ 文明大：《石窟庵佛像雕刻研究》，东国大学博士学位论文，1987，第 12 页。

尊佛不是《华严经》的主佛毗卢遮那佛而是释迦牟尼佛？对此，笔者引用了智俨"诸方现佛，若名若义，皆依释迦海印定现，无别佛也"① 的说法，作为回答。

金理那的研究显示，② 在佛陀成道的圣地佛陀伽耶之菩提树下，安奉了如来触地降魔印的坐像，成为巡礼者的崇拜对象。不仅如此，此像还被摹写后传入中国，成为 7 世纪后触地降魔印佛坐像出现的契机。而且，在确认了石佛寺本尊的原型与印度摩诃菩提寺的成道像的身体各部分尺寸、手印以及安坐的方向一致后，姜友邦认为，石佛寺的本尊是为了再现释迦牟尼成为觉者的那一瞬间而建立的，③ 这种观点应该受到应有的关注。美术史学家的研究成果与笔者从思想层面进行研究的成果相同，绝非偶然。

石佛寺还有十大弟子像、龛室中的诸菩萨像、大梵天像与帝释天像、金刚力士像、四天王像与八部神众像等。对这些造像笔者不会一一说明，大体认为是与《华严经》寂灭道场会上众多菩萨们与天神出现、赞叹如来的内容相似。尤其是对龛中的诸菩萨像，目前为止学界还无法解释，最近印度的洛克什·钱德拉（Lokesh Chandra）提出了值得关注的观点。他认为，龛中的菩萨像是《入法界品》中聚集在重阁讲堂会上并用偈颂赞叹佛陀的明净愿光菩萨等诸大菩萨。④ 此说需要进行更仔细的研究，但它显然是值得关注的。

（二）佛外化的世界海与佛国寺

前文已经指出，通过佛国寺原名华严佛国可知，它营造的是华严佛国世界。佛国寺是为了象征性地表现华严佛国世界中佛外化世界的世界海。如来入狮子奋迅定，以大悲法界之身打开大悲之权门，应机教化。这就是世界海之显现。新罗华严学者质应所说的"华藏世界，现佛外向之门"⑤ 就是这个意思。如果说佛国寺是佛外向的世界海的具体显现的话，从其伽

---

① 《华严五十要问答》卷上，《大正藏》第 45 册，第 520a。
② 金理那：《印度佛像传入中国考》，《韩佑劤博士停年纪念史学论丛》，1981。
③ 姜友邦：《石佛寺本尊的图像小考》，《美术资料》35，1984，第 56 页。
④ 洛克什·钱德拉（Lokesh Chandra）：《〈华严经·入法界品〉与韩国石窟庵》（*Gandavyuha and The Korean cave of Sokkur - am*），《庆州史学》4，1985，第 103~117 页。
⑤ 均如：《十句章圆通记》卷下，《韩国佛教全书》第 4 册，东国大学出版部，1979，第 48 页 c。

蓝的配置上应该也能够说明。

经过重建，佛国寺的样子与创建当时的基本设计相比，无疑已经有了很大的变化。写于18世纪的《佛国寺古今创记》，虽然非常详细地记录了当时的伽蓝配置，可以作为参考资料，但也很难认为它原封不动地保留了创建当时的基本设计。不过如果以石阶和础石为中心来研究的话，应该可以大略推测出初创时的设计。

佛国寺的全部建筑都建立在高高的石坛上。石坛下面是娑婆世界，上面是佛国净土。而且此岸的娑婆世界与彼岸的佛国世界是用莲池连接起来的。通往紫霞门的白云、青云二桥与通往安养门的七宝、莲花二桥，可以达到彼岸的佛国世界，依次登上石台就可以进入佛国世界。石坛上的佛国世界划为三大部分，即分别以毗卢殿、无说殿和大雄殿为中心的区域。① 因此，在佛国寺中，同时表现出了莲华藏世界、释迦的灵山佛国和阿弥陀佛的极乐世界。佛外向的世界海是三乘的共学处，② 而佛外向教化是随顺众生的不同根机施设善巧方便，由此来看，在华严佛国寺中同时表现净土信仰并不奇怪。佛国寺与净土信仰的问题，可以参考智俨关于阿弥陀佛国的解释。

> 谓阿弥陀佛国，一乘三乘不同。若依一乘，阿弥陀土属世界海摄。何以故？为近引初机成信教境，真实佛国圆融不可说故。若依三乘，西方净土是实报处。③

就是说，如果依一乘的话，阿弥陀佛国土属于世界海。从佛国寺表现的是世界海来看，寺中出现净土信仰也没什么奇怪的。而且，释迦塔表现的是报身佛释迦牟尼佛代替法身佛说法，而多宝塔则可以说是证明释迦牟尼说法之真实的多宝如来的变相。

世界海之一的杂类世界的形象中有须弥山形、河形、楼阁形、云形等。如果笔者说立于一个石础上的须弥梵钟楼象征着须弥山形，左右经楼

---

① 韩国佛教研究院：《佛国志》，一志社，1974，第29页。
② 《法界图记丛髓录》卷上之一，《大正藏》第45册，第730页a。
③ 《孔目章》卷4，《大正藏》第45册，第576页c。

象征楼阁形，白云桥、青云桥与紫霞门等云霞象征云形，桥下的莲池象征着河形等，不算是过度臆测吧？

在佛国寺想要表现作为佛外向世界的莲华藏世界等世界海的结构中，笔者特别注意到了石阶。因为石阶被看作菩萨修行阶位的象征。将始终对机说法的菩萨修行阶位进行开放设计，就是佛之外化。这也与《佛国寺事迹》中"设青云、白云二桥，作诸佛菩萨游履阶位"的解释有相同的含义。

第六章

新罗后期华严宗之理解

　　新罗后期出现了古代社会所具有的各种矛盾,陷入政治和社会的混乱中。此时的佛教界也有一大变化,这是由新的佛教思想即禅思想的传入引起的。通过批判既有教宗华严宗的局限,禅宗扩大了自己的势力。而华严宗虽因禅宗的冲击不无萎缩,但其基础并未受到动摇。因此,在新罗后期的佛教中,禅宗与华严宗之间既有矛盾也互相影响,二者是共存的。

　　过去关于新罗后期佛教史的研究,多以禅宗为中心,对禅思想的传来过程或禅僧与地方豪族的关系多有议论,① 也尝试弄清禅门的特征。② 不过,以禅宗为主来理解这一时期佛教有所局限,所以为了补充完善这一点,最近学界开始对这一时期华严宗有所关注。③ 但是为了对新罗后期佛教史有一个综合理解,应该对当时的华严宗和禅宗同时进行研究。而且,

① 崔柄宪:《新罗后期禅宗九山派的成立》,《韩国史研究》7,1972。崔柄宪:《罗末丽初禅宗的社会性质》,《史学研究》25,1975。崔柄宪:《新罗末金海地区的豪族势力与禅宗》,首尔大学《韩国史论》4,1978。金杜珍:《朗慧及其禅思想》,《历史学报》57,1973。金杜珍:《统一新罗的历史与思想》,《传统与思想》Ⅱ,1986。

② 崔柄宪:《道诜的生涯与罗末丽初的风水地理说》,《韩国史研究》11,1975。金杜珍:《新罗后期堀山门的形成及其思想》,《省谷论丛》17,1986。金杜珍:《罗末丽初桐里山门的成立及其思想》,《东方学志》57,1988。秋万镐:《罗末丽初的桐里山派》,《先觉国师道诜之新研究》,灵岩郡,1988。

③ 李杏九:《罗末丽初的过渡期之华严思想》,《印度学佛教学研究》29(1),1980(原书所标期号有误,核实后修正。——译者注)。崔源植:《新罗后期的海印寺与华严宗》,《韩国史研究》49,1985年。金福顺:《新罗后期华严之一例》,《史丛》33,1988年。金福顺:《崔致远的佛教相关著作研究》,《韩国史研究》43,1983年。曹庚时:《新罗后期华严宗的结构与倾向》,《釜大史学》13,1989年。金福顺:《新罗后期华严宗研究》,高丽大学博士学位论文,1988。

笔者在回顾过去的研究时，发现多数研究是将佛教界的问题与政治、社会的变化联系起来进行的，而思想层面的研究则显得不足，特别是基本没有从佛教本身问题入手的研究。虽然也需要这种把佛教思想与政治社会状况联系起来研究的方法，但笔者认为首要问题还是阐明佛教本身的思想或信仰。

本章将要研究新罗后期禅思想的传入所引起的佛教界之重组，也就是华严宗与禅宗的矛盾与共存的情况。因此笔者将具体分析禅思想传入的佛教背景、禅宗对教宗的批判内容、华严宗受到的冲击及其对应，还有新罗禅思想的展开过程中受到的华严宗的影响等问题。另外，笔者将在第二节中，考察后三国时期华严教团内部的南岳和北岳之分裂与对立。

第一节　华严宗与禅宗的矛盾与共存

一　禅宗的扩大与禅、教的矛盾

（一）禅门势力的扩大及其佛教背景

新罗后期主流思想的禅思想，是 9 世纪前半期传入新罗的。821 年（宪德王十三年），传智藏之心印的道义回国，这是禅传入新罗的重要时间点。面对教宗的严厉批判，道义隐居在雪岳山。而于 5 年后的 826 年回国的洪陟，在智异山建立了实相寺（827），在兴德王的支持下，禅风得以振兴。此后禅思想在新罗社会急速传播，到 9 世纪末至 10 世纪前半期，禅宗势力急剧膨胀，甚至凌驾于华严宗之上。崔致远在《智证大师碑》中对当时禅宗的隆盛做了如下描述。

> 东归则前所叙北山义、南岳陟。而降大安彻国师，慧目育，智力闻，双溪照，新兴彦，涌岩体，珍丘休，双峰云，孤山日，两朝国师圣住染。菩提宗德之厚，为父众生道之尊为师王者。古所谓逃名，名我随；避声，声我追者故。皆被恒沙迹传丰石。有令兄弟，宜尔子孙俾，定林标秀于鸡林，慧水安流于鲽水者矣。①

---

① 《凤岩寺智证大师寂照塔碑》，《韩国金石全文》（古代），第 248 页。

这则资料被评价为禅宗史的综合资料,① 从中可以看出,在崔致远撰写此碑文的时候,新罗社会积极地接受了禅宗,由此打下了禅宗坚实的基础。而且崔致远还说:"况复国重佛书,家藏僧史,法碣相望,禅碑最多。"② 所谓的禅碑,指的是禅宗寺院的事迹碑或禅僧的行迹碑。新罗禅宗寺院的事迹碑有 890 年以前立的金立之撰写的圣住寺碑和宪康王撰写的深妙寺碑,现均已失传。重视人脉的禅门,为禅僧立碑是很普遍的事情。调查发现,韩国现存新罗末到高丽前期的 33 名禅僧的行迹碑。③ 现存的禅僧事迹碑中到新罗末年为止的有以下 11 座。

建立年代	撰写者	碑　　额
813	金献贞	断俗寺神行禅师碑
844	未　详	兴法寺廉巨和尚碑
872	崔　贺	大安寺寂忍禅师照轮清净塔碑
884	金　颖	宝林寺普照禅师彰圣塔碑
886	金　薳	沙林寺弘觉禅师碑
887	崔致远	双溪寺真鉴禅师大空塔碑
890	崔致远	圣住寺朗慧和尚白月葆光塔碑
890	金　颖	月光寺圆朗禅师大宝禅光塔碑
893	未　详	深源寺秀彻和尚楞伽宝月塔碑
924	崔致远	凤岩寺智证大师寂照塔碑
924	崔仁滚	凤林寺真镜大师宝月凌空塔碑

此外,雪岳山陈田寺还曾为道义立过塔碑即元寂禅师碑,④ 也曾有过梵日的塔碑。⑤ 新罗后期有不少禅师的行迹碑。这也反映了当时禅宗势力的规模。

---

① 许兴植:《高丽佛教史研究》,一潮阁,1986,第 233 页。
② 《智证大师碑》,崔英成注解《四山碑铭》,亚细亚文化社,1987,第 277 页。
③ 许兴植:《高丽佛教史研究》,一潮阁,1986,第 230 页。
④ 《祖堂集》卷 29。
⑤ 《祖堂集》卷 17。

9 世纪中期以后，被册封为国师的僧人均为禅宗僧侣。有宪安王与景文王的两朝国师秀彻、孝恭王十年（906）被册封为国师的行寂以及景明王二年（918）的开清等。① 尽管当时的国师没有实际的功能，但是国家对禅僧给予关照已经深深扎根于新罗社会。②

无染在新罗社会上名声显著，如果哪个士人不知道无染大师之禅门的话，将会是一生的羞耻，③ 可见当时禅思想波及整个社会，影响不小。而且新罗后期的各个禅门大多数都有很多的门徒。迦智山的体澄率有英惠等 800 人，而他的弟子真空率有行熙等 400 人。宝相寺的洪陟率领秀彻等 1000 余人。凤林山的审希率领景质等 500 人，而其门人璨幽率有 500 人左右。圣住山的无染也曾领有 2000 余名门人。④ 从这一禅宗高僧门下有很多僧侣聚集的情况可以看到，当时禅宗的势力是何等的兴盛。

禅宗在新罗后期如此盛行，其势力得以扩张的原因是什么？对此，我们可以从佛教内部的背景与佛教外的情况分别进行研究。关于佛教外部的原因，有研究认为是地方豪族的支持，⑤ 也有研究认为不仅有地方豪族的支持还有王室的力量。⑥ 关于佛教内部的原因，可以说是中国佛教的影响和新罗华严宗本身的问题等。会昌年间（841～816）发生废佛事件后，中国的很多宗派都受到了很大的打击，但是禅宗没有受到大的打击。因此需要注意会昌以后入唐的新罗僧们为禅宗所倾倒的情况。⑦ 此外，武宗灭佛也成为新罗留学僧回国的契机，⑧ 不能忽视当时归国僧人持续不断地出现⑨这一点。关于新罗佛教界内部的问题，有观点认为，到了新罗后期，教宗仅仅注重理论，具有观念化倾向，而试图通过寻找佛教之真面目而自

---

① 许兴植：《新罗佛教界的组织与行政制度》，《新罗文化祭发表会论文集》8，1987，第 151 页。
② 许兴植：《高丽佛教史研究》，一潮阁，1986，第 227 页。
③ 《圣住寺朗慧和尚白月葆光塔碑》，崔英成注解《四山碑铭》，亚细亚文化社，1987，第 228 页。
④ 金杜珍：《罗末丽初桐里山派的成立及其思想》，《东方学志》57，1988，第 10 页。
⑤ 崔柄宪：《新罗后期禅宗九山派的成立》，《韩国史研究》7，1972。
⑥ 高翊晋：《新罗后期禅的传入》，《韩国禅思想研究》，东国大学出版部，1984，第 76～82 页。
⑦ 严耕望：《新罗留唐学生与僧徒》，《中韩文化论集》1，第 78～91 页。
⑧ 无染依唐帝的命令于会昌五年（845）回国是其中的一个例子。
⑨ 许兴植：《高丽佛教史研究》，一潮阁，1986，第 232 页。

觉的禅宗有所抬头等。这种说法是恰当的。不过，还需要具体地考察当时华严宗注重学问的倾向和禅宗重视实践的特点。

义相的华严思想以实践性的信仰为特征，这种倾向大体上一直保持到其嫡传弟子为止。但是新罗华严学也逐渐朝向学问的、理论的方向发展，而新罗华严学的发展也有中国的影响。因为中国华严学相关典籍中的大部分都已传入，而且也有不少留学到中国学习华严学的僧侣回国。另外，新罗唯识学的兴盛与唯识学对华严学的批判，① 也促使新罗华严学走向了理论化、学问化的方向。高丽初，与均如（923～973）有过交往的先公抄写了关于华严教学的义记，有以下三十余种。

> 三教所为同体，空有，尽不尽，权实，华藏说，成土海，明难，叹不叹，三生摄体，受职，六相，就实本实，断章，微少，兜率天子，五种成佛，解行，佛分相，流目，回心，六地，八会，百六城净土，菩提树，性起，五果四句，广修供养，主伴章。②

《先公钞三十余义记》中的这些文字既烦琐又简略，但以多种主题为讨论对象，反映了新罗后期华严学的理论化、玄学化倾向。从众多对义相《法界图》之注释书的出现或对智俨简单的"十句"的数次注释等来看，很容易就可以看出新罗后期华严学玄学化的倾向。对《法界图》的注释书，有《法融记》、《大记》、《真秀记》等，也有汇集这些注释而成的书即《法界图记丛髓录》。对此，雪岑从禅宗的立场进行了如下批判。

> 东土义相法师，始制此图，表三世间十法界庄严无尽之义，以牖冥蒙。专门旧学，重演流布。辨记录钞，遍满世间。诞生王子，已为庶人矣……罗代义相法师，制作此图其来尚矣。全家宿德，各以教网臆解，支离蔓莚，遂成卷衮。余一览，执卷叹曰：清净法界，岂有如此其多言乎？若固如是，相师岂向微尘偈品中，撮其枢要，简出二百

---

① 有观点认为，见登的《起信论同异略集》与《华严一乘成佛妙义》是针对瑜伽系对华严的批判阐明本宗立场的著作（高翊晋《新罗中期华严思想的展开及其影响（Ⅱ）》，《佛教学报》25，1988，第168页）。

② 《均如传》，崔南善编《新增三国遗事》附录，瑞文文化社，1983，第58页。

一十字，庄严一乘法界图乎？①

雪岑的批判尽管只是针对《法界图记丛髓录》，但这也是对新罗华严教学之玄学化倾向之痛苦的指责。对新罗后期教宗观念上的局限，金颖在其写于884年的《普照禅师碑》中进行了揭露。

> 末法之世，像教纷纭，互持偏见。如擘水求月，若搓绳系风。徒有劳于六情，岂可得其至理。②

也有学习华严教学的僧侣感觉到了这种局限，从而转向了修行禅门。例如，无染读了《楞伽经》后觉得这不是祖宗之法，将其舍弃后"入唐传心"；③ 而在鬼神寺学习华严教学的道允认为"圆顿之旨岂如心印之法"，也于825年入唐；④ 丽严在无量寿寺读《华严经》的时候，意识到教宗并非真实之教而倾心于玄境，⑤ 等等。

如以上所考，新罗后期的华严学无论如何都可以说是偏向于玄学的、理论的方面。要克服教宗的这种局限，就需要相对实际的实践性的信仰。这就是禅宗。我们来看一下无染的情况。他的修行就是从现实、实际出发，朝向实践的信仰而展开的。无染的弟子这样说道：

> 心虽是身主，身要作心师。患不尔思，道岂远而。设是田舍儿，能摆脱尘羁……彼所啜不济我渴，彼所嚼不救我馁。盖怒力自饮且食。⑥

"身要作心师"，是在强调实践；而要"自饮自食"，则是说要重视实际的修行而非理论。强调实践修行的重要，是要以其为先，甚至到了劈柴

---

① 《大华严一乘法界图注》，《韩国佛教全书》第7册，东国大学出版部，1979，第301页下～312页上。
② 《朝鲜金石总览》卷上，第61页。
③ 《禅门宝藏录》卷上，《韩国佛教全书》第6册，东国大学出版部，1979，第474页。
④ 《祖堂集》卷17及《禅门宝藏录》卷上，《韩国佛教全书》第6册，东国大学出版部，1979，第474页。
⑤ 《菩提寺大镜大师玄机塔碑》，《朝鲜金石总览》卷上，第131页。
⑥ 《圣住寺朗慧和尚白月葆光塔碑》，崔英成注解《四山碑铭》，亚细亚文化社，1987，第235页。

担水都是修行的程度。在宪安王、宪康王等向无染求言时，他强调"能官人"，并说实践王道就是符合佛心。由此可见，无染是多么重视实际修行。无染的这种倾向在慧昭那里也可以找到。每次国王的使者骑马来请教修行佛法的功德力，慧昭就会说："凡居王土而戴佛日者，孰不倾心护念为君贮福！亦何必远污纶言于枯木朽株传乘之！饥不得齕，渴不得饮吁？可念也。"① 尽管这似乎偏离了王之所问，但还是在强调实践的意义。因为它殷殷地表现出"使臣和马所及之处，饥者得食、渴者得饮，就是王之修法功德"的意思。

虽然以上只是考察了无染和慧昭的情况，但是由此认为大部分禅僧都致力于实际的、实践的信仰，也没有太大问题。禅宗的这种倾向正是对教宗学问的、理论的倾向的反省，揭示了一种新的信仰运动，并因此能够得到当时社会的支持。

（二）禅宗对教宗的批判

821 年（宪德王十三年），道义接受西堂智藏的心印后回国。回国后他先说"玄契"，这被熟识传统教学的僧侣们批为魔语。道义与智远僧统之间的问答反映了道义对教宗的强烈批判。

> 祖师心禅中，文殊普贤之相，尚不可见，五十五知识行布法门，正如水中泡耳……所以现佛形像者，为对难解祖师正理之机，借现方便身耳。纵多年传读佛经，以此欲证心印法，终劫难得耳。②

这是道义对智远僧统说的话，其中包含了对教宗尤其是对华严宗的强烈批判。因为他不仅说《华严经》中的五十五位善知识的行布法门如水中泡影，而且还说即使读经到劫末也不会证得心印法。虽然智远僧统对道义心悦诚服，但还是有很多僧侣纷纷将非难之箭射向道义，结果道义不得不隐居雪岳山。然而禅门势力得以扩大的 9 世纪中期后，禅教之间展开了更加激烈的论争。国王曾向禅师询问禅教之高下及异同。如，文圣王

---

① 《双溪寺真鉴禅师大空塔碑》，崔英成注解《四山碑铭》，亚细亚文化社，1987，第 276 页。

② 《禅门宝藏录》卷上，《韩国佛教全书》第 6 册，东国大学出版部，1979，第 478～479 页。

（839～857）曾向无染问过禅教之高下，而景文王（861～875）曾向秀彻问过禅教之同异，真圣王（887～897）也曾问过梵日禅教的意义。从国王询问禅教之高下、异同来看，当时新罗社会中关于禅教之异同、高下等问题有很多的争论与非难，而这些争论与非难无疑皆源于禅宗对教宗的批判。

在文圣王请求分别禅教之高下时，无染回答："百僚阿衡，各能其职。帝王拱默庙堂之上，万姓以安。"王听后大悦。① 以百官喻教，而把禅看作帝王，强调了禅的优越性。另外，无染还曾撰写《无舌土论》来比较禅与教，强调禅之优越性。文中说，佛土的有舌土是应机门，而禅的无舌土是正传门。也就是说，有舌土的华严是方便法门，而无舌土之禅则是真实法门。在《无舌土论》中，对"无舌土中不见能化所化者，与教门如来证心中亦不见能化所化，云何别耶？"的问题，无染做了如下回答：

> 教门之至极，如来证心，名曰海印定。三种世间法，印现而永无解。是则有三种世间迹也。今祖代法者，等闲道人心里永不生净秽两草故，不荒三种世间草，亦无出入迹。所以不同也。净则真如解脱等法，秽则生死烦恼等法也。所以古人云：行者心源如深水，净秽两草永不生。又佛土者，前服定惠之衣入燃灯火内，今放却定惠之衣立玄地。故有踪迹。祖土者，本来无脱不脱，不着一条线。故与佛土大别也。②

在华严教学中，佛内证世界之海印三昧被看作是终极的，因而受到重视。但无染认为它还是有迹可循的，所以比禅宗祖师之寸丝不挂的无舌土矮一截。

在对禅教之高下的讨论中，梵日的真归祖师说，在众多强调禅之优越性的说法中与众不同。休静在《禅教释》中引用了《梵日国师集》中的真归祖师说。

① 《禅教释》，《韩国佛教全书》第 7 册，东国大学出版部，1979，第 656 页。
② 《禅门宝藏录》卷上，《韩国佛教全书》第 6 册，东国大学出版部，1979，第 473～474 页。

世尊在雪山六年，因星悟道，知是法之未臻极。游行数十月，岁在壬午，特寻访于真归祖师，始传得玄极之旨。是乃教外别传之源也。①

梵日在真圣女王问禅教之含义时，也做了同样的回答。②《达磨密录》被认为是由达磨向慧可所说的"真归祖师说"而成的，③ 但此书现已不传，有学者指出它有可能是在新罗撰写的伪书。④ 因此，"真归祖师说"被认为是梵日一系创作的伪说，⑤ 也有学者断定它是海东沩仰宗的创作。⑥ 笔者对此说是不是新罗伪说的判断保留意见，但也认为有必要关注它，因为它为禅门强调禅之优越提供了重要的证据。连释迦都是遇到真归祖师后才得到了玄极之妙旨的说法，是在强调禅的优越性，所以它是反映新罗后期禅门对教门批判之深刻的资料。

华严宗僧人也不是对禅全无关心或从不修行。这是受澄观的华严思想的影响，因为它的华严思想具有宣扬禅教一致论的特色。9 世纪初在雪岳山五色石寺生活时曾指导过青年无染的法性禅师，早年曾经入唐并熟悉楞伽禅，⑦ 而且无染在入唐之前也常读《楞伽经》。⑧ 但是华严宗中的禅是如来禅，这一点可以从无染的行迹中反映出来。无染在读《楞伽经》后，认为它非祖宗之法，所以弃之不读，后入唐求法并获得禅宗心印。可见，当时禅门对教门的批判是站在祖师禅的立场上进行的，所以，华严教学内所包含的禅之要素也不能不成为批判的对象。受到禅宗批判的华严宗想必也不仅仅是单方面接受攻击，不过几乎没有具体的资料可以证明。恐怕当时禅、教间的矛盾相当严重。

---

① 《禅教释》，《韩国佛教全书》第 7 册，东国大学出版部，1979，第 654 页。
② 《禅门宝藏录》卷上，《韩国佛教全书》第 6 册，东国大学出版部，1979，第 474 页 a。
③ 《禅门宝藏录》卷上，《韩国佛教全书》第 6 册，东国大学出版部，1979，第 470 页 b。
④ 高翊晋：《新罗后期禅的传入》，《韩国禅思想研究》，东国大学出版部，1984，第 67 页。
⑤ 蔡尚植：《一然的思想倾向》，《韩国文化研究》1，1988，第 53 页。
⑥ 柳田圣山：《〈祖堂集〉题解》，《晓城赵明基博士追慕 佛教史学论文集》，东国大学出版部，1988，第 120 页。
⑦ 《圣住寺朗慧和尚白月葆光塔碑》，崔英成注解《四山碑铭》，亚细亚文化社，1987，第 224 页。
⑧ 《禅门宝藏录》卷上，《韩国佛教全书》第 6 册，东国大学出版部，1979，第 474 页 a。

二　华严宗的冲击与对应

（一）华严宗的冲击

禅宗的传入及其势力的扩张，还有对教宗的批判等，给予华严宗较大的冲击。虽然这些冲击形态各异，但的确直接造成了华严宗势力的萎缩与社会影响力的减弱。

因禅宗传入与兴盛而对华严宗的打击中，最值得关注的就是许多华严宗僧侣转向禅宗。过去学习华严学但后来却成为禅师的，有无染、慧彻、道允、道宪、道诜、利观、折中、行寂、开清、丽严、秀彻等，例子不少。

无染（800～888）13岁时在雪岳山五色石寺出家，在法性禅师门下学习，后转投浮石寺释澄大德门下，学华严学。821年入唐后，他在至相寺学习的也是华严学。但无染意识到华严学的局限后，转投到佛光寺如满禅师门下，获得心印后回国，后来成为禅宗圣住山派的开山祖师。① 桐里山派的开山祖师慧彻（785～861），15岁出家，在浮石寺学习华严学8年。814年慧彻入唐，839年他在接受西堂智藏的心印后回国。后来，慧彻驻锡于泰安寺，为桐里山派的建立打下了基础。他是一位在华严学上有很深的造诣，足可以"编文织意"的禅僧。② 师子山门的开山祖师道允（798～868），18岁时曾在鬼神寺学华严学。他认识到圆顿之旨不如心印的妙用，所以于825年入唐。847年，道允接受了南泉的法印后回国，开始传授心印。③ 道宪（824～882）9岁到浮石寺学习，由梵体大德启蒙。840年，道宪17岁从琼仪律师处受具足戒。后来，他在曦阳山建凤岩寺，广传禅法。④ 道诜（827～989）15岁时到月游山华严寺学习《华严经》，不到一年就通达大义。但是846年，20岁的他转投桐里山慧彻门下，皈依了禅门。⑤ 利观（816～885?）出家前学习儒家经典，17岁出家后在海

---

① 《圣住寺朗慧和尚白月葆光塔碑》，崔英成注解《四山碑铭》，亚细亚文化社，1987。
② 《大安寺寂忍禅师照轮清净塔碑》，《韩国金石全文》（古代），第187~191页。
③ 《祖堂集》卷17。
④ 《凤岩寺智证大师寂照塔碑铭》。
⑤ 《先觉国师碑铭》，《东文选》卷117。

印寺学习华严学。此后，他游历禅林。870 年，玄昱回国后在慧目山建立寺院，利观成为他的高足。① 折中（825～900），由五冠山珍传法师剃发出家，15 岁到浮石寺学华严学，但是 19 岁时他受具足戒后，转到道允门下，入了禅门。② 行寂（832～916）也曾在伽耶山海印寺学了几年华严学，探求华严学的妙义。855 年，他在福泉寺官坛受具足戒，其后投入梵日门下。③ 阇堀山派二祖开清（854～930），刚出家时到华严寺正行法师门下学华严学，后来也转投梵日门下接受心印，并继承了阇堀山派。④ 丽严（862～930）曾跟无量寿寺的住宗法师学《华严经》，但是后来也渐渐转向了禅宗。这是他 880 年受具足戒以后的事情。⑤ 秀彻（816～892）在缘虚律师处剃发，跟福泉寺的润法大德受具足戒，后来却继承了实相寺洪陟的禅法。他也曾学习过《华严经》。⑥

以上是先学华严后转向禅宗的僧侣们的例子。此外，还有僧人在华严宗寺院受具足戒，后来却以禅师的身份来活动的情况。迦智山派的体澄（804～880）于 827 年在普愿寺、⑦ 庆甫（868～948）于 886 年在华严寺、⑧ 迦智山派的迥微（864～917）882 年在华严寺、⑨ 玄晖（879～941）898 年在海印寺⑩分别受具足戒。在华严宗寺院受具足戒或学习华严学的很多僧人转向禅宗并相当活跃，致使华严宗在人员上损失不小。

由于禅宗的兴盛，华严宗受到的另一个冲击，就是曾经属于华严宗的寺院变成禅宗的寺院。当然大部分禅宗寺院都是由禅僧建立的，但也不是没有之前教宗的寺院转而归属禅宗的情况。教宗与禅宗并立的罗末丽初，禅、教间也不无因寺院问题导致的矛盾。这种情况通过《十训要》第一条的记载中也可以发现。

---

① 许兴植：《韩国中世社会史资料集》，亚细亚文化社，1976，第 70～71 页。
② 《兴宁寺澄晓大师宝印塔碑》，《韩国金石全文》（中世上），第 338 页。
③ 《太子寺朗空大师白月栖云之塔碑》，《韩国金石全文》（中世上），第 358 页。
④ 《地藏禅院朗圆大师悟真塔碑》，《韩国金石全文》（中世上），第 292 页。
⑤ 《菩提寺大镜大师玄机塔碑》，《朝鲜金石总览》卷上，第 131 页。
⑥ 《深源寺秀彻和尚楞伽宝月塔碑》，《韩国金石全文》（古代），第 230 页。
⑦ 《宝林寺普照禅师彰圣塔碑》，《韩国金石全文》（古代），第 199 页。
⑧ 《玉龙寺洞真大师宝云塔碑》，《朝鲜金石总览》卷上，第 190 页。
⑨ 《无为寺先觉大师遍光塔碑》，《朝鲜金石总览》卷上，第 171 页。
⑩ 《净土寺法镜大师慈灯塔碑》，《韩国金石全文》（中世上），第 321 页。

我国家大业，必资诸佛护卫之力。故创禅教寺院，差遣住持焚
修，使各治其业。后世奸臣执政，徇僧请谒，各业寺社，争相换夺，
切宜禁之。①

当然，《十训要》是警戒后世的教训。但是太祖的这种嘱咐，可以看
作基于太祖本人在后三国时代目睹与经历的事情。我们来找几个原本是教
宗的寺院后来归属于禅宗的例子。月岳山月光寺原为法相宗僧人道证建立
的寺院，后来大通居住于此，因此景文王（861～875）将此寺定为禅师
的永住处。② 这是法相宗寺院归于禅宗的情况。桐里山派的根据地大安寺
实际上不是慧彻建的，是很早以前就有的古寺。自慧彻驻锡此处后，大安
寺就以禅宗山门著称。③ 光阳白豁山玉龙寺的情况也是如此，经道诜重建
后红火起来。④ 真圣女王为折中禅师下令，阴竹县的元香寺永远属于禅那
别院。⑤ 当然，没有证据显示大安寺、玉龙寺、元香寺在归属禅宗前都属
于华严宗。10 世纪初的新罗末期，庆州的既有寺院中，有的寺院有禅师
居住。神德王四年（915），行寂率领禅众去庆州，神德王命他们一行住
南山的实际寺。当时此寺虽然也有禅僧，但实际为国王所居之处，不过自
那以后被行寂用作禅寺。⑥ 建于三国时代的实际寺，在禅宗传入以前无疑
是教宗寺院。景哀王（924～927）曾请禅僧惠居住持芬皇寺，而敬顺王
也曾在 929 年请惠居住持灵妙寺。⑦ 芬皇寺与灵妙寺均为善德女王时期建
立的古寺，尤其是芬皇寺以元晓曾经驻锡于此并撰写《华严经疏》而闻
名，因此需要注意。

原为华严宗僧侣创建后归属禅宗的寺院中，迦智山宝林寺具有代表
性。859 年（宪安王三年），体澄曾在武州黄壑寺进行教化。宪安王风闻
体澄的名声，从而思慕其道。他梦想发展禅宗，并为此请体澄到首都来，

---

① 《高丽史》卷 2，"太祖二十六年"条。
② 《月光寺圆朗禅师大宝禅光塔碑》，《韩国金石全文》（中世上），第 225 页。
③ 金杜珍：《罗末丽初桐里山派的成立及其思想》，《东方学志》57，1988，第 3 页。
④ 《玉龙寺先觉国师证圣慧灯塔碑》，《朝鲜金石总览》卷上，第 561 页。
⑤ 《兴宁寺澄晓大师宝印塔碑》，《朝鲜金石总览》卷上，第 159 页。
⑥ 《太子寺朗空大师白月栖云塔碑》，《韩国金石全文》（中世上），第 361 页。
⑦ 许兴植：《惠居国师的生涯与行迹》，《韩国史研究》52，第 39 页。

但是体澄谢绝了。宪安王又请体澄移居到迦智山宝林寺,所以 859 年十月左右,体澄开始驻锡宝林寺。① 861 年,此寺大规模扩建,道义之禅风大扬,因此形成了迦智山派。但是宝林寺并不是体澄选址建立的,此寺是元表 759 年(景德王十八年)回国后,在国家的帮助下建立的。当时特别下旨立的长生标柱,到体澄驻锡时还存在。体澄圆寂后,门人义车于 883 年请朝廷为体澄立碑。国王命令有司赐体澄谥号普照、塔号彰圣并题寺院的匾额为宝林,以示对禅宗的表彰。写于朝鲜世祖时的《宝林寺事迹》,强调此寺为元表所建,并解释之所以"寺额宝林",是因为这个由元表大德禅师所命之名,反映了当时创建此寺的缘由。《宝林寺事迹》中说,"前元表大师、次道义大师、后体澄大师,三人均为禅门之大觉祖师",强调元表创建宝林寺之功德,还把他看作禅门祖师。但是元表是彻底的华严信仰者。他曾在天宝年间(742~755)入唐求法,也曾到西域圣地巡礼。值得注意的是,元表在中国时,曾背着 80 卷《华严经》寻访霍童山,礼拜天冠菩萨。② 而且据测,新罗长兴郡支提山天冠菩萨住处信仰的传播也与元表有关。③ 因此元表明显是彻底的华严信仰者。华严宗僧侣建立的宝林寺变为九山禅门之一的迦智山派的中心寺院,是值得注意的。不过笔者怀疑,它是否可以说成"新罗后期禅宗与华严宗融合之典型"④。宪安王邀请体澄到首都,与其梦想发展禅门不无关系。所以宝林寺变成了禅宗寺院,并非建立者元表本人的意愿,而是依靠国家的权力实现的。

以上考察了华严宗由于禅宗势力的扩张而受到冲击,曾经学习华严学的僧侣转向禅宗与华严宗的寺院转归禅宗的一些例子。此外还有禅僧们对华严教理的批判、禅宗的势力与王室和地方豪族相勾结等,这些都在一定程度上削弱了华严宗的社会影响力。

(二) 华严宗的对应

华严宗僧侣中,也有人意识到了禅僧们对华严教学的批判,要求自我反省。公元 900 年前后活动的海印寺贤俊,可以说是其中的代表。当时足

---

① 《宝林寺普照禅师彰圣塔碑》,《韩国金石全文》(古代),第 200 页。
② (宋)赞宁:《宋高僧传》卷 30,《高丽国元表传》。
③ 金相铉:《统一新罗时代的华严信仰》,《新罗文化》2,1985,第 77 页。
④ 崔源植:《新罗后期的海印寺与华严宗》,《韩国史研究》49,1985,第 23 页。

以代表华严宗的高僧贤俊，在崔致远写《法藏和尚传》时说了下面的一番话。

> 古贤以取其言而弃其身，心为盗也。今学则禀其训而昧其迹，颜实腼焉。况有小鸣之徒，或陈大嚼之说，玷污前哲，眩惑后生。虽复阎朝隐有碑，释光严有传，惰于披阅，勇在矫诬矣。至有讥史学为魔宗，黜僧谱为废物，及谈疏主缘起，或作化人笑端。是谓燕朋不无忝祖，可掩耳而走。①

"陈大嚼之说，玷污前哲，眩惑后生"的"小鸣之徒"指的是谁呢？如果注意到话语中提到了排斥史学和僧谱等事，他所指的可能是标榜不立文字的禅僧，也可能是即使接受祖师教化也是行迹蒙昧的华严宗僧人。②这反映了直面禅宗强烈批判的华严宗内部整顿自身信仰的努力。对华严祖师的崇拜、开展充满活力的结社运动，都是这种努力的一部分。

9 世纪末，华严结社运动盛行。结社的首要动机源于对禅宗之批判的危机意识。华严宗内部开展的新的信仰运动，通过《华严社会愿文》可以一窥究竟。因为华严结社时的发愿文中说："噫！时当像末，俗尚浇浮，众病难际，但仰净名居士。""净名居士"就是维摩居士。信仰强调沉默的维摩居士，这指的就是强调不立文字的禅僧们。而且通过下面的说法，可以推知，当时华严宗内部号召僧侣们的团结和强调实践正确的信仰。

> 方广真筌，世雄至鉴。包大空而阔视，从上界以遐宣。苟能叶于志斯宗，必也追踪于襄会。然则同声相应，固当适我愿分。诸善奉行，孰曰非吾徒也。既究一乘之妙义，尽明三世之宿因。故我业中先达龙象，共缔香社，特营法筵。如有先示灭者，众集皇福寺，讲经一

---

① 《韩国佛教全书》第 3 册，东国大学出版部，1979，第 776 页 b～c。
② 赵仁成认为"小鸣之徒"指的是禅僧（《崔致远的历史叙述》，《历史学报》94·95 合辑，第 71 页），但是笔者曾认为是非法藏系的华严宗僧侣（《新罗华严学僧的谱系及其活动》，《新罗文化》1，1984，第 78 页）。笔者之前认为是非法藏系华严僧侣的看法是没有道理的。

日，追冥福也。①

文中强调《华严经》为世雄之至鉴，所以要符合斯宗之真实义。从"我业"中的高僧们一起结社来看，可以看出他们是在强调当时华严教团内部的团结。尤其是从"同声相应，固当适我愿兮。诸善奉行，孰曰非吾徒也"一语来看，华严宗僧人是已经意识到了当时禅宗对华严宗的批判，强调团结和"众善奉行"。

当时，人们对海东华严初祖义相的恩惠有了新的认识。因为崔致远写了《浮石尊者传》，还有作者未详的《浮石尊者礼赞文》②流传。崔致远在《浮石尊者传》中，说义相的三十句法性偈"括三观之奥旨，举十玄之余美"，③还具体叙述了与义相之行化有关的神异之事。④9世纪末，华严宗僧侣性起等还曾组织结社以报答义相的法恩。崔致远的《海东华严初祖忌晨愿文》中表现了对义相的追慕之情。

> 高山仰止，何日忘之。是以弟子性起等，悲切藏舟，感深入室。同成社会，用报法恩。每值忌晨，仰谈遗教。⑤

性起等人组织集会并每年在义相忌日的早晨讨论遗教，被定为常规。文中说不忘义相传播华严教理之恩惠并像高山一样敬仰他，具有他们要深入学习华严教理并使其发扬光大的含义。另外，愿海东华严初祖"香火无尽"，也可以理解为是要使华严教绵延不绝。

884年（宪康王十年），华严宗大德决言和贤俊等人组织了终南山俨和尚报恩社会。它是为了追慕将华严大教传给义相的唐智俨、翻译经典与演述偈颂的天竺尊宿、编撰章疏的中国法师们——即对华严教学流布他方有恩的祖师们——而组织的集会。⑥决言曾在861年应景文王之请在鹄寺

---

① 《圆宗文类》卷22，《韩国佛教全书》第4册，东国大学出版部，1979，第646页。
② 《新编诸宗教藏总录》卷1，《韩国佛教全书》第4册，东国大学出版部，1979，第682页。
③ 《一乘法界图圆通记》卷上，《韩国佛教全书》第4册，东国大学出版部，1979，第1页。
④ 《海东高僧传》卷2，《大正藏》第50册，第1021页。
⑤ 《圆宗文类》卷22，《韩国佛教全书》第4册，东国大学出版部，1979，第646页a。
⑥ 《圆宗文类》卷22，《韩国佛教全书》第4册，东国大学出版部，1979，第644页。

讲《华严经》5 日；① 而在 886 年定康王为先王宪康王祈祷冥福而举行的法会上，贤俊应邀讲《华严经》。② 决言和贤俊都是当时代表性的华严宗学者。他们曾对大众们说了这样的话：

> 祖祖流传，师师授记。阅遗文而究玄理，窥囊诲而悟幽宗。一言见心，千载如面。然则至于愐贫攉贱尚感厚恩，况乃发瞽披聋，难量慈化。每推诚于念祖，宜尽礼于尊师。岂可为我国先师，则己兴良会。为他方法祖，久则不致妙筵。纵欲观空，宁宜弃本。③

为报答将华严大教传入新罗的法恩，他们强调不仅要爱戴韩国的先师还应该尊敬印度和中国等他国的祖师们。愿文中列举了龙树、智俨和法藏等人。为了报答历代华严祖师之法恩，决言和贤俊发誓要于每年的八月十日一起设讲席、讨论圣教。9 世纪末期，当时代表性的华严学者集会讨论历代华严祖师的遗文、开设讲席等，都是为了重新强化华严教学。对历代祖师之法恩的再认识，是以禅宗的批判引起的危机意识为背景的，也表露出作为传业弟子的新的使命感。

崔致远撰写了《浮石尊者传》、《释顺应传》、《释利贞传》和《法藏和尚传》等华严祖师的传记。写于 904 年的《法藏和尚传》，虽然其首要目的是要彰显法藏的行迹，但也反映了当时要整顿华严教团的现实要求。崔致远通过《法藏和尚传》强调，法藏的很多著作都已传入新罗，这使华严教学得以在韩国广泛流传：

> 且海表觉母，想为始祖。然初至止若东家丘，及法信迻传，得群迷遍晓，斯实阇烛龙之眼顿放光明，织火鼠之毛益彰寄特。诱令一国，学遍十山。④

到此为止，我们考察了 9 世纪末华严宗内部盛行的结社运动和撰写僧传等行为。以当时代表性的华严高僧决言、贤俊和性起等人为主导的结社

---

① 《大崇福寺碑铭》，崔英成注解《四山碑铭》，亚细亚文化社，1987，第 256 页。
② 《圆宗文类》卷 22，《韩国佛教全书》第 4 册，东国大学出版部，1979，第 647 页。
③ 《圆宗文类》卷 22，《韩国佛教全书》第 4 册，东国大学出版部，1979，第 645 页 a～b。
④ 《韩国佛教全书》第 3 册，东国大学出版部，1979，第 775 页 c。

运动，是为了找出华严教团的团结与华严信仰之新的出路。而主要由崔致远撰写的历代华严祖师传记，目的则是鼓吹历史意识。

三 华严与禅的共存及其影响

（一） 华严宗与禅宗的共存

如何理解新罗后期佛教界的状况才好呢？较早前李能和将这一时期的佛教定为禅宗蔚兴时代，他这样说道：

> 新罗宪德王以后至高丽初期，大约二百年间，为禅宗蔚兴时代。盖当时之求法高僧皆学禅宗。缘支那佛教宗势亦尔故也。此等禅师得法归国，皆为国王之师表，又为佛门之领袖。法道既高，势力亦有。当时佛教，禅为独权。教下诸宗，尽为所掩。讲经之僧，寥寥无闻，如秦世仪焉。佛教自入东土之后，以此为变迁状态之一大转机也。①

禅宗作为主流被新罗社会接受，而随着其势力的扩大，教宗受到了较大的冲击从而有一定程度的萎缩，但是这很难看成是完全动摇了教宗存在的基础。因此新罗后期，尽管教宗的确落寞，但是禅宗极盛的说法也让人难以接受。关于这一时期佛教状况，有的学者认为教宗还是维持了自己的势力，② 也有的学者认为禅宗并没有完全凌驾于传统的华严教学之上，因而此时禅、教是并立的，③ 还有的学者认为华严宗的势力跟以前一样强盛。④ 这一时期禅宗与教宗在势力上稍有高下之分，二者之间也有矛盾，但是认为二者是共存的关系较为妥当。

高翊晋认为禅没有完全超越华严教学的理由是，禅与华严在教理上互相排斥所以反而不得不相通，而且禅的抽象、现实的世界观具有局限性。⑤ 禅宗的确是站在自己的立场上批判了原有教宗的局限，但它并没有

---

① 李能和：《朝鲜佛教通史》卷下，第 5~6 页。
② 韩基汶：《高丽太祖的佛教政策》，《大丘史学》22，1983，第 79 页。
③ 高翊晋：《新罗后期禅的传入》，《韩国禅思想研究》，东国大学出版部，1984，第 82 页。
④ 金福顺：《新罗后期华严宗研究》，高丽大学大学院博士学位论文，1988，第 129 页。
⑤ 高翊晋：《新罗后期禅的传入》，《韩国禅思想研究》，东国大学出版部，1984，第 82 页。

否定教宗的根本而使得二者对立。因为禅师中的大部分都坚持禅教并立的教判观，而唐代的佛教也是全然沉浸于禅教并立的氛围。① 另外，对这一时期禅宗与华严宗的共存，不仅需要站在禅宗的立场上，而且还要站在华严宗的立场上来理解。

王室把禅师奉为国师的情况不少，但与华严宗的原有关系也没有因此变得疏远。相反，历代国王都持续地努力去融合教宗与禅宗。② 这种观点值得聆听。景文王把无染敬为老师。不过他也重建了华严宗的崇福寺，还重修了皇龙寺的九层塔。定康王元年（886）为先王宪康王追福而组织了华严结社，上宰、国戚、大臣、国统和僧禄等都参加了，华严宗的贤俊在法会上讲了《华严经》。不仅如此，会众们还在法会上写了 10 篋《六十华严》和《四十华严》，规定每年集会两次。③ 不过定康王也钦崇禅教。④ 而把梵日当国师来礼遇的定康王、册封秀徹为国师的真圣王也都与海印寺有很深的渊源。也有学者认为，弓裔初期的势力是以世达寺为中心形成的。⑤ 而"浮石嫡孙"神琳曾驻锡过的世达寺是当时重要的华严宗寺院。甄萱则既与禅僧庆甫有关系，⑥ 也与华严宗的观惠有很深的关系。王建在统一后三国的过程中则同时得到了禅宗与教宗的帮助。

如以上所考，历代国王都对禅宗和华严宗同时释放出善意，想要得到他们的协助。这一点也是禅宗与华严宗能够共存的外在条件。

前文中，笔者曾考察了华严宗僧侣转向禅宗、华严宗寺院归属禅宗的情况，认为这在一定程度上冲击了华严宗，但也难以认为它动摇了华严宗的基础。因为大部分华严宗寺院得以保存下来，很多僧侣还是像以前一样进行活动。梵体、释澄、贤亮、正行、洪震、决言、贤俊、希朗和观惠等，都是新罗后期代表性的华严宗僧侣。均如在襁褓中时就善读《华严经》的偈颂，在家中背诵华严六地义（约五百问答）时，其姐偷听后立

---

① 秋万镐：《罗末禅师们的教宗观》，《第 29 届全国历史学大会发表论文摘要》，1986，第 70 ~ 77 页。

② 韩基汶：《高丽太祖的佛教政策》，《大丘史学》22，1983，第 44 页。

③ 《华严经社会愿文》，《韩国佛教全书》第 4 册，东国大学出版部，1979，第 647 页。

④ 《兴宁寺澄晓大师宝印塔碑》，《朝鲜金石总览》卷上，第 159 页。

⑤ 申虎澈：《弓裔之政治的特征》，《韩国学报》29，1982，第 37 页。

⑥ 金杜珍：《罗末丽初桐里山派的成立及其思想》，《东方学志》57，1988，第 22 页。

刻觉悟，① 等等，可见新罗末期，华严信仰被广泛接受。下面这则关于英俊（932～1014）的出生传说也与浮石寺有关。

> 母吕氏，尝一夕魂交。忽见异人，仪形俨尔。与一着紫沙门，来入寝室内，言曰：此僧是浮石寺太大德，今欲入汝腹中。宜于饮食之间，切忌荤腥之味。既而感梦，寻以有娠。②

浮石寺太大德是英俊之前身的胎梦，意味着以浮石寺为中心的华严教学在民间的影响也很大。③

新罗末期，也有禅僧与教宗僧人一起参加庆赞会和百高座会的情况。908年（孝恭王十二年），泰然大德、灵达禅大德、景寂禅大德、持念缘善大德、兴轮寺融善咒师等，与座主桐华寺弘顺大德一起，参加了寿昌郡护国城八角灯楼的落成庆赞会。④ 如果把"禅大德"理解为禅宗高僧的话，这就是说禅宗僧侣与教宗僧侣一起参加了这一庆赞会。景哀王于即位的924年，在皇龙寺开设了百高座会。会上讲经，也供养禅僧300余名。这是在百高座会上通说禅、教的开始。⑤ 在百高座会上通说禅、教，可以说是禅宗扩大势力的又一措施，但也反映了新罗末期教宗仍然维持着自己的势力。到了高丽统一后三国时的清泰（934～935）初年，华严教学获得了重兴的契机。下面的记载值得我们关注。

> 太祖方欲纠合龙邦钦崇象教，清泰初闻西伯山神朗太大德，纂觉贤之余烈，演方广之秘宗。今年迫桑榆貌衰蒲柳，遂请大师迨朗公，具麈玉柄演金言闻心法者，大师遂往。西伯听杂华三本，则何异善逝密传于迦叶，净名默对于文殊者哉！朗公应对有惭色曰：昔儒童菩萨所谓起予者商故，乃花严大教于斯为盛矣。⑥

---

① 《均如传》，见崔南善编《增补三国遗事·附录》，瑞文文化社，1983，第57页。
② 《灵岩寺寂然国师慈光塔碑》，《韩国金石全文》（中世上），第456～457页。
③ 许兴植：《高丽佛教史研究》，一潮阁，1986，第615页。
④ 《崔文昌侯全集》，成均馆大学大东文化研究院，第87页。
⑤ （高丽）一然：《三国遗事》卷2，"景哀王"条。
⑥ 《普愿寺法印国师宝乘塔碑》，《朝鲜金石总览》卷上，第226页。

华严宗的坦文与神朗一起为禅僧们讲"《华严》三本"，成为华严教学兴盛的契机。实际上，高丽初期华严宗的势力确实重新振兴起来。这是因为新罗后期华严宗的基础没有完全崩塌，一定程度上还维持着之前的传统。

（二）华严对禅门的影响

新罗后期禅师们虽然批判了教宗特别是华严教学玄学化、观念化的缺陷，但兼修华严的禅僧也不少。这不仅因为不少禅僧在皈依禅门之前就熟悉华严学，也是因为华严教义与禅有相通之处。① 相较于禅宗传入初期，新罗末期兼修华严的禅僧更多，这似乎也对当时禅宗与华严宗并立的社会状况影响不小。我们来考察一下禅僧中兼学华严的具体事例。

桐里山派慧彻的禅思想具有禅教融合的特点。799 年（昭圣王元年），15 岁的慧彻在浮石寺出家学习华严学，从此到 814 年他入唐为止的 16 年间，他努力学习华严学，"编文织意"。当然他后来意识到了华严学的缺陷，因此入唐求法，接受了西堂智藏的心印。不过智藏圆寂后，慧彻曾移居浮沙寺，览大藏经 3 年。他的碑文中刻画了慧彻当时在浮沙寺的样子。

> 到西州浮沙寺，披寻大藏经。日夕专精，晷刻无废，不枕不席，至于三年。文无奥而未穷，理无隐而不达。或默思章句，历历在心焉。②

回国后，慧彻主要以大安寺为中心进行教化。总结慧彻的求道历程，"在新罗的 16 年修炼是从华严学归向禅宗，而在中国 26 年的修行则经历了从禅的印证走向大藏经的过程"。③ 笔者认为，这种看法是妥当的。由此可见慧彻的禅思想可以说具有禅教融合的特征。慧彻的这种禅思想也是桐里山派的一个传统。

兢让是受到新罗的景哀王，高丽的太祖、惠宗、定宗和光宗等国王尊敬的禅僧，主要活动于高丽初期。935 年，他在道宪的寺院旧址上重建曦

---

① 金芿石：《华严学概论》，法轮社，1963，第 31 页。
② 《大安寺寂然国师照轮清净塔碑》，《韩国金石全文》（古代），第 188～189 页。
③ 秋万镐：《罗末丽初的桐里山派》，《先觉国师道诜之新研究》，灵岩郡，1988，第 273 页。

阳山凤岩寺。兢让不仅是弘扬禅风的禅僧，也对经教有着浓厚的兴趣。某日高丽太祖跟他商量：

> 自玄奘法师，往游西域，复归咸京。译出金言，秘在宝藏。降及贞元已来，新本经论浸多故。近岁遣使闽瓯，赎大藏真本，常令转读弘宣。今幸兵火已熸，释风可振。欲令更写一本，分置两都，于意如何？①

对此，兢让回答："此实有为功德，不妨无上菩提……福利无边。"身为禅师的兢让，欣然同意太祖王建抄写大藏经并使其流通的提议。而海龙王寺的开山祖师普辉禅师曾两次从吴越带回大藏经。② 这是由禅僧传入大藏经的例子，从这一点上来说，它需要我们关注。定宗曾把 8 箧新写的义熙本《华严经》送给兢让。这是在禅教融合的思潮中出现的，不过也有观点认为这反映了王室意图把华严思想强推给禅宗僧侣。③ 这种解释也是有可能的，但是在笔者看来，定宗送《华严经》给兢让的首要原因是因为兢让本人平时就接触经典。因为兢让曾说，"色空无异，语默犹同"，而且"每龇金言，常披玉轴"。

惠居（899～944）在被推测为禅宗寺院的牛头山开禅寺出家，在法相宗的寺院金山寺受具足戒。后应景哀王之请驻锡庆州芬皇寺，敬顺王时则又驻锡灵妙寺。但惠居是一位禅僧，因为他晚年弘扬的是曹溪宗风。虽然是禅僧，但惠居也曾讲《大云经》、《圆觉经》等，还曾主持过各种佛教仪式。有学者注意到了惠居这种折中禅教的倾向，由此认为他并没有受到法眼宗或默照禅的影响，是一位反映了后三国时代的佛教思想的自学成才的禅僧。④ 这种说法值得参考。

调和禅思想与华严思想的最具有代表性的禅僧，得说是顺之。858 年（宪安王二年），顺之入唐，从仰山慧寂处受法。景文王时期（861～875）

---

① 《凤岩寺静真大师圆悟塔碑》。
② （高丽）一然：《三国遗事》卷 3，"前后所将舍利"条。
③ 金杜珍：《玄晖与坦文的佛教思想》，《历史与人的对应》，宇宙出版集团（Hanul Publishing Group）。
④ 许兴植：《惠居国师的生涯与行迹》，《韩国史研究》52，1986，第 45 页。

回国后，顺之受到了景文王与宪康王的礼遇。874 年左右，他受到松岳地区豪族、王建的祖母龙女和父亲龙建的支持，驻锡五冠山瑞云寺，弘扬禅风。他的思想具有禅教一致的特征，他的碑文①中"大开禅教"的说法也反映出这一点。他的《三遍成佛论》很好地体现了其禅教一致的思想倾向。所谓"三遍"，就是证理成佛、行满成佛和示显成佛。对此，顺之自己做了如下解释：

> 言证理成佛者，知识言下，回光返照，自己心原，本无一物，便是成佛。不从万行渐渐而证，故云证理成佛……言行满成佛者，虽已穷其真理，而顺普贤行愿。历位广修菩萨之道，所行周备，悲智圆满。故云行满成佛也……言示显成佛者，如前证理行满，自行成佛已毕，今为众生，示显成佛，八相成道矣……伏请欲磨佛位者，略看荃蹄，却自思惟。前佛后佛，皆同此路。如人行路，新旧同辙。②

如引文中强调的，遵循善知识的话或考察荃蹄，或依普贤行愿修菩萨道，或为教化众生而显示成佛之相等，顺之认为这都是立足于华严思想的表现，也是不错的。有研究者指出，三遍成佛论与传统的华严思想毫无不同之处，③ 可以说顺之的禅思想中并没有显示出与华严思想有很多的相悖之处。

如以上所考，新罗后期的禅宗僧侣中，兼修教学尤其是华严教学的例子不少。注意到这一事实，所以有"传入新罗的九山禅门以楞伽禅为主的北宗禅系而不是南宗禅系"的观点抬头。④ 但是对于这一观点，学界立刻出现了反论，⑤ 以九山禅学为代表的新罗禅宗是南宗禅已经成为学界通论。显然，受南宗禅系影响而传入的新罗禅门中有兼学华严的倾向，也是其显著的特征。禅思想是在新罗把《华严经》当作修行原理来消化的基础上传入的，所以华严与禅有着不可分离的关系，这一观点值得关注。但

---

① 《高丽了悟和尚碑》，黄寿永编著《韩国金石遗文》，第 93 页。
② 《祖堂集》卷 20。
③ 高翊晋：《新罗后期禅的传入》，《韩国禅思想研究》，东国大学出版部，1984，第 72 页。
④ 闵泳珪：《一然的禅佛教》，《震檀学报》36，第 155 页。
⑤ 宋白云：《九山禅门是南宗禅》，《佛教思想》2，1973。

是也不能忽视，在禅宗传入后，华严宗也是通过与禅并立的方式产生影响的。

第二节　南岳、北岳对立的问题

一　希朗与观惠的对立

后三国时代即 10 世纪前半期，华严宗分裂为南岳与北岳。自此到高丽光宗时期由均如完成统一为止，南岳、北岳之间一直相互对立、冲突。关于华严教团内部分裂成南北岳的原因与二者对立的严重情况，《均如传》中有记载如下：

> 师北岳法孙也。昔新罗之季，伽耶山海印寺有二华严司宗，一曰观惠公，百济渠魁甄萱之福田。二曰希朗公，我太祖大王之福田也。二公受信心，请结香火愿。愿既别矣，心何一焉？降及门徒，浸成水火。况于法味，各禀酸咸。此弊难除，由来已久。时世之辈，号惠公法门为南岳，号朗公法门为北岳。师每叹南北宗趣，矛楯未分，庶塞多歧，指归一辙。①

由此可知，海印寺的希朗与观惠的对立是出于政治上的原因。希朗支持高丽王建，而观惠支持后百济甄萱，所以导致了两人的对立。到他们的弟子时，这种对立更加严重，以至于出现了理论上的差别。后三国时代，各政治势力都想得到有实力寺院的支持，而僧侣们也想得到政治势力的支持。说观惠是后百济甄萱的福田，没有更多的资料可以证明。不过关于希朗与王建的关系，以传说的形式被《伽耶山海印寺古迹》记载。

> 新罗末僧统希朗，住持此寺，得华严神众三昧。时我太祖与百济王子月光战。月光保美崇山，食足兵强。其敌如神，太祖力不能制。入于海印寺，师事朗公。师遣勇敌大军助之。月光见金甲满空，知其神兵，惧而降。太祖由是敬重奉事，纳田五百结，重新其旧。山形绝

---

① 《均如传》，见崔南善编《增补三国遗事·附录》，瑞文化社，1983，第 58 页。

于天下，地德双于海东。真可谓精修之地，副福利之场，不可得而称。比国家最要文书入安镇兵，春秋行四天王法，席无别祈恩，年终还愿。进呈斋料出处，晋州陕川兴安府领，任领内收合。供养间阁，修营如前。各州文书堂直，伽祚县其人二名，冶炉县其人二名。佛油出处，冶炉县司一年三斗式，长年不绝引灯立。有件等事，永永不坠。故以天福八年癸卯十月，依板成籍。①

所谓百济王子月光也许是通过附会大伽耶国月光太子②而成的。希朗派遣神兵帮助王建，是以传说的形式来强调希朗是具有能够移动华严神众的华严宗匠。新罗的华严思想信仰中也有华严神众信仰，而前文中也已经考察过义相或洪震等华严大德受到华严神众拥护的传说。穿过位于海印寺入口的月光寺，就是美崇山。而且如果考虑到 10 世纪 20 年代，在王建的南进政策与甄萱的东进政策相冲突的尚州、安东、星州、陕川和晋州等地经常发生激战，③ 所以不能断定这一传说就是虚构的，从而将其弃之不用。更何况国家的年中佛事固定在海印寺举行，而其征收所需斋料的权力，在 943 年（太祖二十六年）以成文的方式得以确认，这具体地说明了海印寺与王建的关系。对此，李弘植认为，"太祖在陕川、伽倻地区与后百济军队交战时，曾受海印寺之恩，因此海印寺受到王建的庇护"。④ 除海印寺外，在太祖统一后三国的战争中提供帮助的地方寺院，还有醴泉的龙门寺、金泉的直指寺和密阳的奉圣寺等。有人指出，这些被王建争取过来的地方寺院的僧侣们，确保了统一战争的理念、民心与佛教界的支持。⑤ 直指寺的能如大师在仁同之战时，用神力帮助太祖并预告了能够取胜的时机。以此为因缘，直指寺在太祖、惠宗、定宗直到光宗朝都一直受到朝廷极大的尊崇。⑥ 如果我们注意到这一点，也就很容易理解海印寺希朗与高丽王室之间有着很深的渊源。在他即位元年的五月，光宗赐希朗

---

① 《伽耶山海印寺古迹》，《朝鲜寺刹史料》卷上，第 495～496 页。
② 《新增东国舆地胜览》卷 29，"高灵县建置沿革"条。
③ 朴汉卨：《高丽太祖统一后三国的政策》，《史学志》14，第 59 页。
④ 李弘植：《罗末的战乱与僧兵》，《韩国古代史研究》，第 556 页。
⑤ 韩基汶：《高丽太祖的佛教政策》，《大丘史学》22，1983，第 54 页。
⑥ 《直指寺事迹碑》，《朝鲜金石总览》卷下，第 960 页。

"海印尊师圆融无碍不动常寂缘起相由照扬始祖大智尊者"的谥号，① 反映出希朗与高丽王室有特殊的关系。通过以上考察可以确定，希朗的确是与王建合作的。虽然没有关于观惠与甄萱关系的资料，但是考虑到海印寺位于高丽与后百济的作战地区以及观惠与华严寺有某种联系，观惠是甄萱福田之说应该属实。因此可以确定，造成海印寺内部之希朗与观惠的对立与矛盾的直接原因，就是二人分别支持相互对立的王建与甄萱。新罗哀庄王二年，海印寺在王室的资助下建立后，一直与新罗王室保持着密切的关系直到真圣女王时期（887～896）。而且到新罗末年，海印寺成为华严教团的代表性寺院。② 留意这一点，可知海印寺内出现了支持高丽与后百济的两种对立的势力，反映出华严宗代表性的高僧也已经不再信赖与支持新罗王室。

二　南北岳的矛盾与华严教学的问题

尽管说南北岳分裂的直接原因是希朗和观惠政治立场上的差异，但到了弟子这一代，两派之间甚至在宗旨上都出现了矛盾，因此这一原因无法使人释然。观惠与希朗虽然同在海印寺，但从其法门分别被称作南岳与北岳来看，是因为希朗以北岳（太白山）浮石寺为背景，而观惠以南岳（智异山）华严寺为背景。因此，学界中试图将南北岳分裂的原因追溯到希朗与观惠之前的观点有所抬头。这种观点是将南北岳的对立解释为义相系与缘起系、义相系与法藏系的对立。华严寺与浮石寺本来就立场不同，到后三国时代形成了不同的政治立场，因此二者之间的对立浮出水面。这被看作义相系与缘起系的对立。华严寺与浮石寺之对立的根据，在于创建海印寺的缘起是《华严经》与《起信论》学者，也与真骨出身的义相有身份上的差异。③ 但对此也出现了反对的声音。④ 事实上，即使缘起重视《起信论》，也难以断定这与义相系的华严学不同。因为从义相系的质应

---

① 这可以通过俞拓基（1691～1762）的《游加耶记》（《知守斋集》卷15）来了解。这一资料是崔源植最先介绍的（《新罗后期的海印寺与华严宗》，《韩国史研究》49，1985，第16页）。
② 崔源植：《新罗后期的海印寺与华严宗》，《韩国史研究》49，1985，第24页。
③ 崔柄宪：《高丽时代华严学的变迁》，《韩国史研究》30，1980，第66页。
④ 许兴植：《高丽佛教史研究》，一潮阁，1986，第186，注15。

也曾在世达寺讲《起信论》、浮石寺的梵体不知道《起信论》中的八重释义从而反复回味质应"《起信论》文义难知"之言①来看，义相系的华严学者也曾学习《起信论》。

几年前笔者曾提出，南北岳的对立起源于义相系与法藏系之间的矛盾。② 因为笔者注意到了 884 年组织的终南山俨和尚报恩社会强调中国的智俨与法藏的法恩和崔致远在 904 年写《法藏和尚传》等事，认为这反映了当时华严宗内部崇拜法藏的势力与批判法藏的势力之间的矛盾。笔者之所以这么认为，是因为笔者将排斥史学与僧谱、被贤俊指责为"小鸣之徒"的势力理解为与法藏系立场不同的义相系。因此，笔者将新罗的华严学分为义相系与法藏系两个对立的派别，以图表的形式表示北岳是义相系而南岳是法藏系。但是这种看法遇到了问题，新罗的华严学真的可以划分为义相系与法藏系吗？ 当然，也有观点认为新罗义相的华严教学与中国法藏的华严学之间有所不同，义相较重视实践而法藏偏向于学问。而北岳派继承了贤首，相反南岳则继承了义相，从而出现了南北岳派之间的论争。③ 这种把南北岳的分裂看作义相系与法藏系的对立之观点虽然与笔者相同，但内容上却是相反的。尽管是后来的事情，但义天显然以法藏义学的后继者自居，并赋予了由唐法藏延续到宋代净源的华严教学以正统性，将希朗、均如等人延续的高丽初华严宗高僧们的法脉排除在外。④ 另外，作者未详的日本著作《华严宗所立五教十宗大意略抄》，在末尾排列了华严宗祖师的谱系，依次为杜顺、智俨、法藏、元晓、太贤、表员和见登。有学者推测，这有可能是用新罗华严的一个谱系来融合元晓与法藏的教学的一种形态。⑤ 如以上所考，也不能说设定新罗的华严学谱系中存在着法藏系是毫无意义的。但是笔者之前"新罗后期南北岳的分裂是义相系与法藏系矛盾的表面化"的这一判断中，存在着不合理之处。因为，虽然 9 世纪末期，决言与贤俊以及崔致远等都强调中国的华严宗祖师杜顺、智俨

---

① 《法界图记丛髓录》卷下之二，《大正藏》第 45 册，第 767 页。
② 金相铉：《新罗华严学僧的谱系及其活动》，《新罗文化》1，1984，第 77～83 页。
③ 金劤石：《华严学概论》，法轮社，1963，第 34 页。
④ 许兴植：《高丽佛教史研究》，一潮阁，1986，第 132～133 页。
⑤ 吉津宜英：《新罗华严教学一瞥》，《韩国佛教学 SEMINAR》2，1986，第 47 页。

和法藏等人的法恩，但不能就此认为他们持有与义相等新罗华严宗祖师不同的立场，① 更何况很难具体地证明南岳海印寺继承了法藏的华严学。

如以上分析，难以具体地证明义相系与缘起或者说义相系与法藏系的矛盾。不仅如此，将南北岳对立的原因追溯到后三国时代以前，也没什么道理；也没有资料能证明在希朗与观惠之前，浮石寺系与华严寺系之间就存在矛盾。从 9 世纪末贤俊大德、南岳师定玄和崔致远曾在海印寺探讨经论②一事来看，浮石寺系和华严寺系的僧侣之间也有交流。

依据前面引用的《均如传》，南北岳之间的矛盾始于希朗与观惠之间的对立，到他们的弟子这一代更加深化。③ 这种看法是合理的。而且南北岳的分裂还向外扩大到义相系内部的分化，向内延伸到海印寺内部的分派。这种理解也比较恰当。但不能认为南北岳的对立，是因为海印寺物质上的丰富与外部势力的渗透，是枝节问题。④ 因为二者的对立深化后，难以祛除宗旨上的矛盾与弊端。从均如常常慨叹南北岳宗旨之间的矛盾，并试图从千头万绪中理出个头绪来看，罗末丽初，南北岳在教学上似乎存在着相当多的争论，但是几乎没有任何资料能够说清二者间的具体差异。不过，也有学者比较了均如订正的《先公钞三十余义记》和《法界图记丛髓录》中所引的《南岳观公记》中的数钱法，试图由此弄清南北岳之间的差异。⑤ 这种见解是建立在一个推测的基础上的，这就是，《先公钞三十余义记》中的内容与北岳的华严教学有关，而数钱法则是南岳的华严教学所强调的部分。没有证据可以证明《先公钞三十余义记》与北岳有特殊的关系，反而应该注意到均如曾说过，《先公钞三十余义记》的真正目的是要解决南北岳在宗旨上的矛盾。尽管《法界图记丛髓录》在解释数钱法的时候，引用了南岳观惠的思想，但很难就此认为南岳的华严教学

---

① 继承义相华严学的贤俊也很仰慕法藏，而《法藏和尚传》的作者崔致远也曾撰写《浮石尊者传》。

② 《太平通载》卷 68 中，崔致远引用了《新罗殊异传》中的记载："最终隐于伽耶山海印寺，与兄大德贤俊、南岳师定玄，探赜经论，游心冲漠，以终老焉。"

③ 许兴植：《高丽佛教史研究》，一潮阁，1986，第 186 页。

④ 金福顺：《新罗后期华严宗研究》，高丽大学大学院博士学位论文，1988，第 158 页。

⑤ 金杜珍：《均如华严思想研究》，一潮阁，1983，第 53 ~ 55 页，第 335 ~ 336 页。《均如华严思想的历史意义》，《韩国华严思想研究》，东国大学出版部，1982，第 169 ~ 170 页。

特别强调数钱法。《法界图记丛髓录》中并非仅仅引用了《南岳观公记》的数钱法，实际上，它是在引用了《大记》、《法融记》和《古记》中所注释的广泛流传于新罗华严学中的数钱法说之后，以注的形式介绍了《南岳观公记》中的说法。因此，并不是唯有南岳的华严教学强调数钱法。也应该注意到，《法界图记丛髓录》中还引用了《南岳观公记》中介绍的十玄缘起说。

第七章
新罗华严思想之政治、社会意义

　　华严思想对新罗的政治、社会和文化思想影响不小。相较于法相宗注重学问的倾向，初期的华严宗强调信仰，因此有利于其势力向全国扩散。华严思想不单受到作为统治阶级的贵族社会的欢迎。因为华严信仰的范围甚至涵盖了一般的大众，具有相当大的影响。考察与华严信仰有关的各种形态的传说，可以了解华严思想对新罗社会的影响。有观点认为华严思想得到了新罗中期专制王权的支持。不过这一看法很难说是在通过对华严思想及其历史的发展过程进行详细研究的基础上产生的。因此，必须对华严思想与专制王权的关联说进行批判性分析。只有通过研究究竟是华严思想支持了专制王权，还是义相等华严僧侣们与国家权力相勾结等问题，才能够说明这种观点是否妥当。

第一节　华严思想的社会意义

一　华严思想与身份阶层问题

　　华严思想乃至华严信仰为新罗社会广泛接受并产生了影响吗？抑或随着身份阶层的不同华严思想被接受的形态也不同？要回答这些问题，无疑需要社会史的研究方法。当然，要研究这些问题，首先需要仔细考察新罗华严思想的特征及其历史发展过程。不过，有一种观点认为，统一新罗时代，华严思想得到了统治阶级贵族社会的欢迎，因为义相的华严思想是以统治阶级为中心的统和思想，其依据是义相是真骨出身，容易与贵族们相联系。但是这一观点并非建立于对新罗的华严思想、华严信仰的历史发展过程充分理解的基础上，所以是有问题的。

义相出身于王族的真骨贵族，① "提示了华严思想与当时的专制主义可以相连的一种可能性"。② 但即使义相出身于真骨，也不能就认为这是华严思想与当时的专制主义连接起来的契机。因为义相本人主张身份平等而不是拥护贵族阶层。义相在浮石寺为众多弟子讲《华严经》时，国王非常恭敬，还舍了田庄和奴仆。义相谢绝了这些，并对国王说了下面的话：

> 我法平等，高下共均，贵贱同揆。涅槃经八不净财，何庄田之有？何奴仆之为？贫道以法界为家，以盂耕待稔，法身慧命藉此而生矣。③

义相此番话强调了佛教的平等思想，当然也说明了"延续法身慧命"的根本含义。对此，也有学者认为，"在回答国王的咨询时，他说了'平等'，而统一也是由'万民平等'演变的"，"义相此言揭示了骨品制矛盾的理论根据"。④ 不过几乎没有任何资料能够说明，佛教的平等思想究竟在多大程度上影响了当时的骨品制社会。但应该注意到，至少当时在佛教教团内部保障了人人平等，因为有奴婢或下层阶层出身的人物，在出家修行后成为高僧或往生的传说。别的不用说，义相的十大弟子中就有年少时是伊亮公下人的智通、年轻时很穷的真定等，这些事实值得与华严教团内部的平等联系起来予以关注。义相坚持佛教的平等思想，拒绝了国王布施的田地与奴隶，自信"法界为家，以盂耕待稔"的修行生活可以延续法身慧命。而且他还强调凡夫之"五尺吾身"就是法身佛。对这样的义相

① 义相的姓氏，《三国遗事》中为"金"，而《宋高僧传》中作"朴"。对此，古田绍钦在《义相的行迹与教学》（《宗教研究》新14－2，第140页）中做出了贸然的推断，认为朴氏说的产生与鸡林传说有关，所以义相的姓氏应该是"金"，李基白也采用了这一观点。但是撰写《浮石尊者传》的崔致远在《海东华严初祖忌晨愿文》中说义相的出身是"华胄"。所谓"华胄"意思是贵族的后裔。因此义相是真骨贵族出身。

② 李基白：《韩国史讲座》古代篇，一潮阁，1982，第376页。崔柄宪也说，义相有很强的体制性，也与他出身于真骨贵族不无关系（《韩国佛教的展开》，《韩国思想的深层研究》，宇石出版社，1982，第84页）。

③ （宋）赞宁：《宋高僧传》，《义湘传》。

④ 刘明钟：《韩国思想史》，以文社，1981，第70页。

来说，出家前的身份不会成为问题。因此，我们没有理由接受之前的观点，即义相出身于真骨贵族，所以他有很强的体制化特点，或者华严思想与当时的专制主义相勾结。

李基白认为："义相的华严思想是以统治者为中心的统和思想。"① 对此，他并没有拿出具体证据，但是从其文义上来看，可以理解为"'宇宙的多种现象结果是一'的《华严一乘法界图》之精神，适合支持以专制王权为中心的中央集权的统治体制"。不过我们没有理由赞同他的这种观点或理解。我们也无法在义相的行迹或思想中找到拥护特殊身份阶层的痕迹，因为即使生活在当时的骨品制社会，他也在宣扬人的平等。如前文所述，义相是一位更关注实践修行而非理论的华严行者，因为他的这种立场在提倡践行普贤行的大乘菩萨道思想的《华严经》固有思想中非常明晰。包含义相之宗教行愿的《华严一乘法界图》、《白花道场发愿文》、《一乘发愿文》和《投师礼》等文的偈颂得以保存下来，也是由于这一原因。尤其是，义相显示出对佛教中具有很强实践信仰特质的净土信仰和观音信仰有很大兴趣。他建立的浮石寺金堂叫作无量寿殿，其中安奉的是阿弥陀佛而非毗卢遮那佛，表明了他对净土信仰的关注。而且他还写了《白花道场发愿文》，在洛山祈祷 14 天得见观音真身，从而建了洛山寺并在金堂安奉了观音塑像，这些都反映了他的观音信仰。

有学者注意到了义相这么强调净土信仰、观音信仰，由此认为它"符合为构筑新罗中期王室的集权体制而将一般大众统治在一定的信仰体系中的目的"。这是蔡尚植的观点。② 基于他本人认为"义相开创的新罗华严宗充当了新罗中期王室理念的角色"的观点，蔡尚植接受了洪承基所认为的"统一新罗时代，王室观音信仰的态度一般是肯定的、同情的和善意的，因为他们相信，一般百姓对现实的不满可以通过观音信仰得到一定程度的消除，并进一步促进了民众追求安泰的生活"③ 的观点，从而做出了这样的解释。不过有人已经批判了洪承基"统一新罗时代的观音

---

① 李基白：《韩国史讲座》古代篇，一潮阁，1982，第 376 页。
② 蔡尚植：《体元的著作与华严思想》，《韩国华严思想研究》，东国大学出版部，1982，第 257 页。
③ 洪承基：《观音信仰与新罗社会》，《湖南文化研究》8，1976，第 64 页。

信仰，随着身份阶层的不同有不同的特点"的说法。这个人就是郑炳三。他认为，不管是谁的现实问题，观音信仰都能够予以解决，因此，新罗中期的观音信仰并不局限于特定的身份阶层，而被社会广泛接受。① 事实上，对洪承基"就像烟筒将屋内的烟喷出屋外一样，王室中也善意地容纳了观音信仰的社会机能"的观点，不能原封不动地接受。因为不能把"救济娑婆世界承受痛苦烦恼的一切众生"的观音信仰理解为安全装置。如十一面观音菩萨之左三面瞋面象征着武，② 所谓观音的救济，是调伏恶，是祛除痛苦的根源等积极的行为；而不是那种消除向外界发泄对现实的不满式的消极的、便捷的手段。

另外，义相的净土信仰重视救济一切众生无余的阿弥陀佛本愿，而他的观音信仰也是誓愿与一切众生一起进入圆通三昧性海。义相的净土信仰与观音信仰，仅仅是救济众生的、纯粹宗教性的，其中找不到任何政治上的目的。义相对文武王说要以正道行政治并强调人的平等，也是在这种宗教思想基础上产生的社会意识。因此，认为义相和王权相勾结、出于构建中央集权体制的政治目的试图通过净土信仰与观音信仰来统治一般大众的说法，不得不说基本上没什么说服力。

如以上所考，过去有学者认为的——义相的华严思想以统治阶级为中心，而由于其出身于真骨贵族，所以统一新罗的华严思想受到了当时贵族社会的欢迎——的观点，令人难以接受。要想详细研究华严思想与身份阶层的关系，必须要对义相及其后的华严宗僧侣的思想倾向与活动以及为新罗社会所接受的华严思想与信仰进行广泛的研究。不过，目前为止学界还没有这样的尝试。当然也不是没有学者认为，"尽管华严十刹位于地方，但它们并非与地方社会相连的、以当地人为主体的场所。它们仅与庆州的中央贵族社会直接联系，游离于地方社会之外"。③ 按照这种观点，新罗的华严宗似乎只和贵族社会有联系。不过想要毫无怀疑地接受这一观点，还需要对其进行进一步的具体论证。义相在太白山教化的消息在新罗社会广泛流传，由此国王对其愈加恭敬。他的名声甚至传到了一般百姓耳朵

---

① 郑炳三：《统一新罗的观音信仰》，《韩国史论》8，1982，第51页。
② 《十一面神咒心经义疏》，《大正藏》第39册，第1005页。
③ 崔柄宪：《罗末丽初禅宗的社会性质》，《史学研究》25，1975，第1页。

里，所以真定这样的贫穷少年、智通那样的贱民也都聚集到义相的门下。义相在太白山锥洞讲《华严经》时，也有众多弟子云集。而元晓则以具体赞扬普贤行愿的《华严经·十回向品》为契机，开始了教化大众的实践。作为元晓教化大众之方便的无碍歌与无碍舞，这一"无碍"就取自《华严经·明难品》中的"一切无碍人，一道出生死"①一句。8世纪中叶，"浮石嫡孙"神琳在浮石寺为千余大众讲华严学，其时缘起在智异山建华严寺并为三千余名义学讲《起信论》与《华严经》，弘扬华严宗风。很难认为在华严宗寺院进行的这些教化活动，都游离于寺院所在的地方社会之外，而仅直接与中央的贵族社会有联系。8世纪中叶，在缘起发起的华严写经活动中，承担大部分工作的"纸作人"和"经笔师"都出身于华严寺所在的全罗道地区，② 这是能够说明地方的华严宗并未游离于当地社会之外的实例之一。当然这也不是说地方的华严宗寺院就脱离了中央的贵族社会。新罗后期的海印寺和佛国寺等寺院都与贵族社会有很深的关系。应该注意，新罗中期与王室、贵族有关的寺院，有兴轮寺、永兴寺、皇龙寺、内帝师宫、灵妙（庙）寺、四天王寺、感恩寺、奉圣寺、奉德寺和奉恩寺等。③

　　新罗的华严思想并不局限于学问的世界或者贵族社会。在华严思想或信仰影响下产生的传说广泛流传于新罗社会，这是因为华严思想已经为大众所接受。"知识树传说"、"元晓分百身"、"朗智乘云"、"蛇福传说"、洛山寺观音住处信仰与关于正趣菩萨的传说、"胜诠髑髅"、真定母升天、努肹夫得与怛怛朴朴的传说、义相撰写《法界图》的传说及浮石寺创建传说、法海传说等，都与华严信仰有关。最能反映华严思想在新罗社会广泛流传的，就是菩萨住处信仰。文殊菩萨在五台山、法起菩萨在金刚山、天冠菩萨在天冠山常住说法的菩萨住处信仰，都是《华严经·菩萨住处品》思想在新罗传播的结果。此外，均如在襁褓中就善读《华严经》的偈颂，他在家中诵读《华严六地义》时，姐姐秀明听到后顿悟，《普贤十愿歌》像张贴在大街上一样脍炙人口等资料，虽然都是罗末丽初的，但

① 《华严经》卷5，《大正藏》第9册，第429页。
② 李基白：《新罗景德王代写〈华严经〉相关人员考》，《历史学报》83，1979，第132页。
③ 李泳镐：《新罗中期王室寺院的官寺功能》，《韩国史研究》43，1983，第113页。

也都反映了华严信仰在新罗社会的广泛流传。当然，华严思想与华严信仰也对贵族社会产生了很大的影响。可见，华严思想与信仰广泛流传并发生影响，与身份阶层无关。

二　华严思想的社会影响

由于华严教学在新罗社会的兴盛，它对新罗社会产生了很大的影响。这很容易就可以推测出。特别是，华严教学使新罗社会摆脱了原始宗教这一单纯的信仰形态，对人生与世界的看法具有了哲学的深度。这都是因为新罗华严学者们的研究很活跃。不过这也仅限于僧侣和贵族等少数人，因为对于当时的一般大众来说，深奥的华严哲学不太容易理解。而且即使是《华严经》的受持、诵读、写经等较低阶段的信仰形态，对一般大众来说也不是很容易完成的事情。不过随着华严信仰的传播而出现的多数传说，则给予一般大众很大的影响，因为传说具有大众化的特点。这也是我们现在要分析建立在那些与华严信仰有关传说基础上的华严信仰对新罗社会的影响的原因。

通过华严信仰被社会广泛接受，《华严经·入法界品》中善财童子四处求道的行为似乎被着重强调，因为新罗社会上流传着一些与善财童子所遇的善知识们有关的传说。慈藏在元宁寺讲《华严经》时，感应到五十二名女子现身与大众一起听讲。为了彰显这一神异现象，所以慈藏命弟子们植树五十二棵，称为知识树。[1] 传说中这五十二名女子或这五十二棵树似乎象征了善财童子遇到的五十二位善知识。[2] 当然，善财童子所遇的善知识，因计算方法不同，或作五十三位或者五十五位。这五十二名女子为听《华严经》而现身，且树名知识树是源自"善知识"一词，所以这五十二看作《华严经》中的五十三之误也无妨。还有，在海印寺附近的塔中发现的《百城山寺前台吉祥塔中纳法䏌记》[3] 中出现了"善财所携五十五善友列名"，反映了对善财童子所遇善知识的重视。在白月山修道的努肹夫得与怛怛朴朴，在观音化现的娘子帮助下，于709年（圣德王

---

[1]　（高丽）一然：《三国遗事》卷4，"慈藏定律"条。
[2]　金荪石：《华严学概论》，法轮社，1963，第18页。
[3]　黄寿永编《韩国金石遗文》，第172页。

八年）成道，分别成为弥勒佛和无量寿佛。① 这一传说也与观音信仰、弥陀信仰和弥勒信仰有关。不过，一然注意到传说中娘子分娩的内容，认为这一传说是以善财童子所遇的善知识之一摩耶夫人的话为背景形成的。因为摩耶夫人说自己"已成就菩萨之大愿智幻解脱门，常为一切菩萨母"。②

神文王时期，国老憬兴住在三郎寺，被病痛折磨月余。其时观音化作女尼来问安，并"以华严经中善友原病之说"对憬兴说："今师之疾，忧劳所致，喜笑可治。"还以十一种不同面貌，跳"俳谐之舞"，使憬兴之病得以痊愈。③ "华严经中善友原病之说"具体指的是什么不得而知，不过应该注意到《华严经·入法界品》中有善知识"如良医，能治烦恼诸病故"④ 的句子。"善友"与善知识同义。因此这一传说可以解释为，善知识观音应极化现，为憬兴治病。前文中已经说到，洛山寺观音住处信仰的背景在于《华严经·入法界品》，但是在9世纪中叶，洛山寺内却安奉着正趣菩萨像。858年（宪安王二年），崛堀山的开山祖师梵日在洛山下村南桥下的水流中发现了这一石像并安奉在洛山寺。⑤ 正趣菩萨是善财童子亲见的第二十九位善知识。经中记载，善财童子亲见观音菩萨时，恰逢正趣菩萨到观音所在的补怛洛伽。经观音菩萨介绍，善财童子亲眼见到了正趣菩萨，并听到了正趣菩萨所成就的菩萨普门速行法门。⑥ 因此，洛山寺正趣菩萨的传说也是以《入法界品》为背景的。

如以上所考，新罗社会上流传着与善财童子亲见的善知识有关的传说。这些传说为引起人们对善财童子求道行为的宗教感动提供了契机。

凭借华严思想，三昧的重要性得以被强调。《华严经》中强调了三昧尤其是海印三昧的重要性，因为它是《华严经》基本的世界观。大正角干曾向华严学匠表训请教、学习过三种根本三昧。当然，他们之间的问答是在华严思想的立场上进行的。9世纪初建立的海印寺之"海印"就源于"海印三昧"，因此如果有人寻访海印寺的话，就会回味一次海印三昧的

---

① （高丽）一然：《三国遗事》卷3，"南白月二圣"条。
② 《华严经·入法界品》，《大正藏》第10册，第415~471页。
③ （高丽）一然：《三国遗事》卷5，"憬兴遇圣"条。
④ 《华严经·入法界品》，《大正藏》第10册，第421页b29。
⑤ （高丽）一然：《三国遗事》卷3，"洛山二大圣"条。
⑥ 《华严经·入法界品》，《大正藏》第10册，第367页。

含义。关于海印三昧的含义，法藏做了如下解释：

> 言海印者，真如本觉也。妄尽心澄，万象齐现。犹如大海因风起浪，若风止息，海水澄清，无象不现。①

归根到底，所谓海印三昧，就是使愚妄之风和烦恼之波止息，体悟到清澈、澄净的心之境界。义相嘱咐弟子们"当善用心耳"的用意也与此相似。而在对一般大众进行解释的时候，他们的理解程度也就是"三昧就是心的净化，就是极其精诚的意思"。"在洛山寺观音窟前至诚礼拜的话，青鸟就会现身"的传说所包含的意思就是至诚。曾在中国五台山感应到文殊菩萨并把五台山文殊住处信仰传入新罗的慈藏，晚年时因"我相"没认出文殊化现的老居士的传说②所隐藏的含义，也是在强调三昧之心。下面有关华严道场天冠山九精庵的传说，也指出了心之清净的重要性。

> 若住庵之人，心不净者，神必怖之，不得住。若其心真净，必感星月入襟怀，或闻金钟响岩谷。凡修定习慧者，其果必愿。是以南岳法亮师尝来止住，初闻钟声，此见星光。至三七日，得陀罗尼。时称慧解第一。③

法亮是活跃于 9 世纪中叶的高僧。④ 真鉴禅师慧昭的弟子中也有叫作法亮的人，⑤ 二者是否同一人，不得而知。

在华严信仰的基础上，新罗社会出现了旨在说明"无碍"的传说。景德王命令工匠制作了假山万佛山，在一庹多高的假山上雕刻了一万尊佛像和一千余尊比丘像，所以接受这一礼物的唐代宗赞叹不已："新罗之巧，天造，非巧也。"⑥ 有人认为，万佛山是华严之"毛孔容刹"的象

---

① （唐）法藏：《妄尽还源观》，《大正藏》第 45 册，第 637 页。
② （高丽）一然：《三国遗事》卷 4，"慈藏定律"条。
③ （高丽）天因：《天冠山记》，《东文选》卷 68。
④ 《栖凤寺事迹记》中也有关于法亮的记载。根据这一记载，法亮生活在比 1726 年早 870 年左右的时期。这样算来，法亮的活动时间约为 9 世纪中叶。
⑤ 《双溪寺真鉴大师大空塔碑》，《朝鲜金石总览》卷上，第 70 页。
⑥ （高丽）一然：《三国遗事》卷 3，"四佛山·掘佛山·万佛山"条。

征。① 也有传说记载，景德王在 754 年曾邀请华严宗的法海在皇龙寺讲
《华严经》，当时他以倾东海之水来炫耀自己的法力。一然将此解释为
"事事无碍"，还赞叹："法海波澜法界宽，四海盈缩未为难。莫言百亿须
弥大，都在吾师一指端。"② 还有，元晓 "尝因讼分躯于百松"，所以都
说他位于初地。③ 另外，朗智有乘云往来于新罗和唐朝之间的神通。一然
认为，元晓和朗智的这种传说均与《华严经·十地品》中的法云地有
关。④ 经中说如果菩萨住于法云地，就能够以无数化身教化众生。一然是
将这些传说与法云地的这种意义联系起来考虑的。把无碍的意义完整地传
达给大众的人是元晓。他偶然得到了伶人舞弄的大瓢，把它当作道具，称
之 "无碍"。元晓还曾作《无碍歌》流传于世，还曾跳无碍舞，到 "千村
万落" 教化众生。"无碍" 一词，取自《华严经·明难品》中 "一切无
碍人，一道出生死" 的句子。⑤ 经过元晓的教化后，即使是穷苦、无知之
人也都知道了 "佛陀之号"。

　　前文中我们曾概观了新罗的菩萨住处信仰，将其与新罗佛国土思想
联系起来看时，意义更加鲜明。新罗重要的山脉都被当作菩萨住处这一
神圣之处来信仰，这也庄严了新罗的国土。菩萨以无数功德庄严佛国土
的努力，比朴素的山岳崇拜有相当大的进步。另外，将华严的佛国世界
实体化的石窟庵和佛国寺的建立，也具体地表现了以华严信仰为基础的
佛国土思想。象征生死即涅槃这一华严人生观的传说也在新罗出现了，
这就是 "蛇福传说"。传说中，蛇福背着亡母摆脱生死轮回，进入了莲
华藏世界。前文中已经说过，这一传说的背景在于华严思想。该传说的
主题是摆脱生死轮回、达到涅槃的莲华藏世界，是佛教人生观之最重要
的命题。这一华严哲学的重要命题以传说的形式在民间流传，可见新罗
华严信仰的深度。

---

① 金芿石：《华严学概论》，法轮社，1963，第 31 页。
② （高丽）一然：《三国遗事》卷 4，"贤瑜伽·海华严" 条。
③ （高丽）一然：《三国遗事》卷 4，"元晓不羁" 条。
④ （高丽）一然：《三国遗事》卷 5，"朗智乘云" 条。
⑤ 《华严经》卷 5，《大正藏》第 9 册，第 429 页。

第二节　华严宗与王权关联说研究

一　华严思想的情况

义相留有著作《华严一乘法界图》。以三十句七言诗合成五十四角的图印组成的《法界图》，被评价为"括尽一乘枢要"，① 它将华严思想的本质压缩后收入其中。义相参考了其师智俨的七十三印，做了一个根本印来表现《华严经》的核心内容。义相秉持着"要通过一乘普法之真意，使彷徨的人们进入一乘之门"的目的撰写了《法界图》。

但是，李基白把《法界图》中"一中一切多中一，一即一切多即一。一微尘中含十方，一切尘中亦如是"的句子理解为"以一心来统摄宇宙万象"，认为"'宇宙的多种现象结果是一'的《华严一乘法界图》之精神，支持以专制王权为中心的中央集权的专制体制"，"统一新罗时代华严思想受统治阶级欢迎的原因可以在这里找到"。② 不过，如何理解"一"的含义，决定了义相的华严思想是否与专制王权有关。如果理解为"宇宙的多种现象结果是一"，这一理论结构，就是以组成国家下层结构的所有要素最终都归向于终极的专制王权的"一"的形式来支持专制王权，同时，"华严思想是受统治阶级欢迎的"之解释也有了可能。但是这种理解是出于对华严思想中"一"的错误理解，所以毫无道理可言。《华严经》中的"一"被解释为"四法界"说。由于因缘而生灭的差别现象界的事法界与远离差别相的理法界，不是相互独立、孤立的，而是相即的，正如现象之波涛与本体的水相互分离后无法存在。这就是理事无碍法界。如理法界与事法界无碍一样，事法界与事法界也无碍。在空间上，一与多相容；在时间上，一年与无量劫相即、融通无碍，重重无尽、事事无碍缘起。进入到这种事事无碍法界缘起时，才进入到法界中。这一境界才是真正的"一"。这一意义在义相的《法界图》中表现为"一中一切多中一，一即一切多即一。一微尘中含十方，一切尘中亦如是。无量远劫即一

---

① （高丽）一然：《三国遗事》卷4，"义湘传教"条。
② 李基白：《韩国史讲座》（古代篇），一潮阁，1982，第375页。

念，一念即是无量劫"。因此，义相《法界图》中的"一"的性格，是一与多之相即相入关系中的"一"，不是某种绝对个体的个体性，它指的是所有构成人员、构成成分之间不可分离的有机关系。因此，在宇宙万象被统合成"一"的同时，"一"也被宇宙万象所容纳。但是只摘取义相华严思想中用一来统合万象的过程，将其形式逻辑原封不动地套用在国家的所有要素（多）归向专制王权（一）之上，认为华严思想本身是拥护专制王权的理论体系的解释方式是有问题的。

《法界图》中的"一中一切多中一，一即一切多即一"的句子，义相自己解释为"显缘起分"，① 它是华严的法界无碍缘起思想的核心。义相的弟子们也把这一部分解释为"重现缘起体之随缘成义，令明了也"、"欲现大缘起中因果道理及德用自在之义"。② 这句话在"不守自性随缘自成"之后还有"凡缘起法二无别自性，互相以他而为自性，方能随缘无侧而起。故不守自性之次明一中一切等义也"一句。③ 缘起的道理不是"宇宙的多种现象是一"的意思，而是说不存在固定不变的个体，一切都是依靠有机的关系生起的。义相说："一切缘生法，无有作者，无有成者，无有知者，寂用一相，高下一味。"④ 也就是"相即相融，显平等义"。⑤ 表员继承了憬法师把法界缘起看作绝对平等世界之产生的观点。不能认为，义相把高低视为平等的这一思想只受到统治阶层欢迎。缘起法虽然是通达一切的真理，但如果将其与政治思想联系在一起来解释的话，就会成为强调调和与平等的理论，而不会成为拥护专制王权的理论。因为缘起法说的不是"一外之多"或"多外之一"。⑥

尽管华严思想有这样本质的特点，但是中国华严宗与专制王权勾结的痕迹还是可以找到的。例如法藏拥护武周的专制王权，⑦ 澄观把华严之一

---

① 《华严一乘法界图》，《大正藏》第 45 册，第 712 页 b。
② 《法界图记丛髓录》卷上之一，《大正藏》卷 45，第 723 页。
③ 《法界图记丛髓录》卷上之一，《大正藏》卷 45，第 723 页。
④ 《华严一乘法界图》，《大正藏》第 45 册，第 715 页 b。
⑤ 《华严经文义要诀问答》卷 2，《韩国佛教全书》第 2 册，东国大学出版部，1979，第 360 页 c。
⑥ 《法界图记丛髓录》卷上之二，《大正藏》卷 45，第 734 页 c。
⑦ 镰田茂雄：《中国华严思想史研究》，东京大学东洋文化研究所，1965，第 127 页。

心与古代国家的帝王并称①等。鎌田茂雄强调了中国华严思想的这种特征。但是鎌田茂雄的"作为产生'一即多多即一'的圆融思想的社会基础，需要强有力的古代中央集权国家"，或"法藏的华严哲学肯定古代专制国家的统治体制"，以及"澄观的帝王观，就是将华严之一心与古代国家之帝王并称。他认为，帝王统御四海，就像一心统摄诸法一样"等说法，很早就被认为也适用于新罗专制王权与华严思想的关系。持这种观点的有金文经②、崔柄宪③、金杜珍④等。但是对鎌田茂雄的这一观点不加批判地接受、利用，在理解具有自己特色的新罗华严思想史的发展时会产生问题。如前文中指出的，中国华严宗的情况，有法藏、澄观等华严宗僧侣与专制王权相勾结或者能够找到利用华严学理论的痕迹，这些可以作为限制在一定范围内讨论华严宗与专制王权关系的根据。然而，即便如此，也应该在这一理论与当时的政治、社会、文化、宗教等其他一切变数的关系内，再重新对其进行恰当的研究。在历史上，难以找到义相随意利用华严学理论来支持专制王权的中央集权化的痕迹。元晓、明晶、表员以及义相的很多弟子都讨论了一与多的关系，但他们也没有把华严思想解释为现实的、政治的问题。义相的华严思想与法藏的华严思想有相当大的差异，因为义相忠实于实现宗教的本质理念。

　　如以上所考，过去认为"义相的华严思想是拥护专制王权的思想背景"的观点是没有说服力的。如果不慎重地处理华严思想这种高深的宗教理念与中央集权的专制政治这一极其世俗理念的关系问题，稍不留神就会堕落成牵强附会的概念游戏。对这一问题的处理，一开始就包含了试图从华严思想的本质结构中寻找专制王权之理论依据的问题。佛教思想中作为大乘佛教之极致的华严思想，强调超越时间与空间的、不变的普遍性，批判世俗人间理念本质的局限，并试图将其升华为佛教的本质。将这样的华严思想看作一种认为世俗理念——尤其是认为"力"的理论比宗教的

---

① （唐）澄观：《华严经疏演义钞》卷67："心者，统摄诸法一切最胜故。王者，统御四海为最胜故"（《大正藏》第36册，第599页b）。

② 金文经：《通过仪式进行的佛教大众化运动》，《史学志》4，1970，第106页。

③ 崔柄宪：《新罗后期禅宗九山派的成立》，《韩国史研究》7，1972，第83页。

④ 金杜珍：《均如华严思想研究》，韩国研究院，1981，第32、51、101、145页。

真实更有效的特定之政治理念——意识形态的观点令人难以接受。因此，如果想要使关于华严思想与专制王权是否有关的讨论有效，应该研究特定佛教集团内部乃至佛教徒与专制王权事实上有什么样的交涉、导致什么样的结果等问题。因为，不顾宗教之真实、随意利用宗教的形式逻辑和名分的情况不少。对这一问题我们以后再讨论。

二　义相与国家权力

尽管义相的华严思想不是支持新罗中期的专制王权的，但是他本人却可以与当时的国家权力非常密切。实际上一直以来学界就有观点认为义相与王权相勾结的观点。具体的例子有，他回国的契机是知道了唐朝攻打新罗的计划，还有他接受王命建立浮石寺，再有就是义相阻止了文武王建新的都城，等等。现在考察义相的若干问题，看看义相是否与王权勾结。

关于义相回国的问题，《三国遗事》中的记载如下：

> 既而，本国丞相金钦纯（一作仁问）良图等，往囚于唐。高宗将大举东征。钦纯等密遣湘诱而先知。以咸亨元年庚午还国，闻事于朝。①

据这一记载，义相为把唐朝进攻的计划告知本国而于670年（文武王十年）回国。和义相这一回国动机联系起来，有学者认为这说明"义相具有强烈的国家意识，承担了政治咨询的作用"。② 依据《三国遗事》，金钦纯和良图是669年（文武王九年）派到唐朝的谢罪使，次年正月金钦纯获准回国，而良图则死在狱中。③《三国史记》中说金钦纯670年正月就可以回国，那他为什么要怂恿义相回国呢？《三国遗事》卷2的"文武王法敏"条中说，把唐朝要进攻新罗的消息告诉义相的人是金仁问，暂时先解决了这一疑问。接下来是义相回国的时间。前面所引的《三国遗事》说义相回国的时间是670年，而经无极添加过的《浮石本碑》④ 中

---

① （高丽）一然：《三国遗事》卷4，"义湘传教"条。
② 崔柄宪：《韩国佛教的展开》，《韩国思想的深层研究》，宇石出版社，1982，第84页。
③ （高丽）金富轼：《三国史记》卷6，"文武王九年五月"条与"十年正月"条。
④ （高丽）一然：《三国遗事》卷4，"前后所将舍利"条。

却说是 671 年。虽然我们难以断定究竟哪一个说法是正确的，但因为《三国遗事》"义湘传教"条中的年代混乱，所以比较、分析几种文献后，笔者认为《浮石本碑》的年代相对准确，① 这一点应该引起注意。如果义相回国的时间是 671 年，那么他回国的动机问题就会随之出现。《宋高僧传》中说义相回国是为了"传法"。② 当然要考虑这是中国方面的记载。不管怎么说，问题是义相回国的动机，究竟是不是单纯的要回国告知唐朝的进攻计划。668 年七月义相写了《华严一乘法界图》，当年十月二十九日其师智俨圆寂。可以推测他当时有回国的计划。即使可以说他是为了将唐朝的进攻消息传回国内而提前回国，但是不能把他回国的动机看作仅仅为了传回这一消息。而即使他就只是为了将唐朝进攻新罗的消息传回本国，也不能将这仅仅解释为他具有强烈的国家意识和体制性。为消除国家的危机而努力是正当的，就像在明朗等人的事迹中看到的，这样的例子还有。

据《三国史记》和《三国遗事》，676 年（文武王十六年）义相接受国王的命令建浮石寺。对义相创建浮石寺，学界有若干种解释。第一，有学者注意到义相与王室的关系，认为这是"新罗中期王室从现实的角度接受义相的圆融思想的例子"。第二，与浮石寺的建立年代有关，认为"值得注意的是文武王十六年实际上已经完成了统一"。第三，与浮石寺的位置有关，认为"太白山与高句丽接壤，具有重要性"。第四，注意到了浮石寺与弥陀信仰的关系，推测"这包含了王室的目的，就是要通过把元晓系中慈悲之化身的阿弥陀佛信仰，容纳到圆满的华严世界观中，弱化阿弥陀佛固有机能的同时，中和元晓系的过激性"。这些观点表明，研究者们注意到义相是接受了国王的命令后创建浮石寺的这一事实，从而关心义相与王室关系。然而关于浮石寺的建立，《宋高僧传》的记载与《三国史记》和《三国遗事》全然不同。因此思考浮石寺的建立问题时，不能只强调浮石寺与王室的关系。

文武王在位的第二十一年（681），曾向义相咨询建立新京一事。这

---

① 韩国佛教研究院《浮石寺》，一志社，1976，第 25 页。
② （宋）赞宁：《宋高僧传》卷 4，《义湘传》。

在《三国史记》中有记载：

> 王欲新京城，问浮屠义相。对曰：虽在草野茅屋，行正道则福业
> 长。苟为不然，虽劳人作城，亦无所益。王乃止役。①

不过，也有人指出，这是"新罗中期王室从现实的角度接受义相的
圆融思想的例子"，而且还进一步说明"义相具有强烈的国家意识"。当
然，文武王向义相咨询并接受他的意见，也为这一解释提供了可能性。不
过《三国遗事》中却说义相听到了建筑都城的消息后，向文武王上书。
这一记载值得关注。

> 又欲筑京师城郭，既令真吏。时义相法师闻之，致书报云：王之
> 政教明，则虽草丘画地而为城，民不敢逾，澳灾进福。政教苟不明，
> 则虽有长城，灾害未消，王于是□罢其役。②

文武王三年下令建富山城，十五年在安北河建铁关城。十九年又建南
山城。十六年七月又建壤宫，十九年二月建"壮丽之宫阙"，八月建东
宫，后始定宫阙内外诸门之额号。而《三国史记》中文武王仅在二十一
年向义相咨询"京城一新"的工事的记载，不管怎么说都很奇怪。反而
是《三国遗事》关于义相担心文武王如此热衷于各种工事而上书谏言中
止建立新京的记载更加自然。义相信中所说的"政教苟不明，则虽有长
城，灾害未消"也是如此。当然，不管是文武王向义相咨询还是义相自
己给文武王谏言，结果是一样的，就是文武王接受了义相的意见。这反映
了义相的政治、社会意识对王室有影响力。而义相的信则表明了义相
"王之政教应行正道"的政治观与心念一般民众劳苦的社会意识。③ 因此，
很难认为"与元晓的社会意识有很大的不同，义相的国家意识比体制意
识更强烈"或者义相"为新罗王室的中央集权体制的构建提供理念"。

当然，对于以上讨论的诸问题，之前的观点绝非全无意义。义相的确

---

① （高丽）金富轼：《三国史记》卷7，"文武王二十一年"条。
② （高丽）一然：《三国遗事》卷2，"文武王法敏"条。
③ 金芿石解释为"期望政教公明，民生安适"（金芿石《华严学概论》，法轮社，1963，
第22页）。

是以某种形态与当时的王室有联系，但不能理解为这一关系具有体制的性质或者就只是拥护专制王权。

三　中期王室与华严宗

把新罗中期的国家权力与华严宗是否相勾结当作问题时，不仅应考察义相，也应该考察义相以后华严僧侣的动向。另外，也不应该仅以华严宗僧侣为对象，还需要和华严宗以外僧侣的情况进行比较。进一步来讲，如果不考察新罗后期华严宗僧侣的活动的话，也会出现问题。也就是说，只有在广泛理解统一新罗时代的佛教与国家权力的关系基础上，才能更清楚地发现华严宗与新罗中期专制王权的关系是否密切。此外，还需要讨论新罗中期的专制王权的构建过程和具体表现如何，以及它是如何与华严思想或华严宗势力联系在一起的，因为如果仅关注华严宗势力与专制王权相勾结的若干实事，而忽视甚至抛弃了相反的资料，那不能说是正确的研究方法。

有人认为，义相之后的华严宗与国家权力逐渐密切并得到了很大的发展。① 孝昭王在华严教团势力的帮助下得以即位、景德王时期华严宗的法海应邀在皇龙寺讲《华严经》向国王炫耀法力、表训为景德王祈祷求子、华严宗寺院主要建在五岳，等等，都是华严宗与王室有关的重要事件。如果注意到这些事情，它也可以被解释为华严宗与国家权力密切从而得到了发展。不过，要毫不怀疑地接受这一结论，还需要更加仔细地研究这些史料。当然，也有必要与前面提到的若干问题进行比较。

关于新罗王子宝川与孝明的记载稍有混乱，所以成为问题。一然认为他们是神文王的两个儿子，孝明即位后是孝昭王。② 但是闵渍认为，孝明是因孝昭王无子而被国人推举登上王位的圣德王，也就是神文王的次子金志诚。③ 虽难以轻下结论，不过笔者之前采纳了闵渍之说。④ 即

---

① 崔柄宪：《韩国佛教的展开》，《韩国思想的深层研究》，宇石出版社，1982，第 84 页。
② （高丽）一然：《三国遗事》卷 3，"台山五万真身"条和"溟州五台山宝叱徒太子传记"条。
③ 《五台山月精寺事迹》中的《五台山圣迹并新罗净信太子孝明太子传记》。
④ 金相铉：《圣地五台山之开山》，《月精寺》，一志社，1977，第 33 页。

使撇开这一问题不谈，也可以确定五台山的华严僧侣们与新罗中期王室有密切的关系，因为圣德王建立了五台山真如院（今为上院寺），而这里也曾为祈祷国家与王室的平安而组织结社。另外，法海也确实与景德王有渊源。

表训帮助景德王祈祷求子，依据的是《三国遗事》中下面这一传说。

> 王一日诏表训大德曰：朕无佑不获其嗣，愿大德请于上帝而有之。训上告于天帝，还来奏云：帝有言，求女即可，男即不宜。王曰：愿转女成男。训再上天请之。帝曰：可则可矣。然为男则国殆矣。训欲下时，帝又召曰：天与人不可乱。今师往来如邻里，漏泄天机。今后宜更不通。训来以天语谕之。王曰：国虽殆，得男而为嗣足矣。于是满月王后生太子，王喜甚。至八岁王崩，太子即位，是为惠恭大王。幼冲故太后临朝。政条不理，盗贼蜂起，不遑备御。训师之说验矣。小帝既女为男故，自期晬至于登位，常为妇女之戏，好佩锦囊，与道流为戏，故国有大乱。修为宣德与金良相所弑。①

文中强烈地表现出要得到继承王位的子嗣的努力，是新罗中期专制王权的一个典型形象。② 传说表现出要把王位传给自己嫡系的景德王之专制主义的性格。③ 因此，把表训为景德王求子而请天帝的行为，解释为结果有助于景德王的专制王权，是可能的。不过从这一传说的整体结构来看，对坚持要得到儿子来继承王位的景德王，尽管表训借助天帝的权威晓谕他"国殆矣"，但是国王拒不接受，从而使国家大乱，这个意义更强。由于景德王固执于专制主义，使柔弱的惠恭王即位，导致新罗中期政权的崩溃。不知道是不是后代的这一评价被附会在表训身上，成为传说。

李基白认为"华严十刹是以新罗的五岳为中心建立的"，这一观点影响很大。新罗五岳除东岳吐含山外都建立了华严宗寺院，李基白很重视这一史实，认为"承担了从精神上支持专制王权责任的华严宗，也与象征

---

① （高丽）一然：《三国遗事》卷2，"景德王·忠谈师·表训大德"条。
② 李基白：《韩国史讲座》（古代篇），一潮阁，1982，第312页。
③ 李基白：《景德王与断俗寺·怨歌》，《韩国思想》5（《新罗政治社会史研究》，第217页）。

专制王权的五岳有很深的关系，所以华严十刹是以五岳为中心建立的"。①
但是他只是看重五岳中有四岳建立了华严宗寺院这一史实，却忽略了十山
中有伽耶山、金井山、毗瑟山、母山、负儿山等六座山与五岳毫无关系。
如果说华严十刹是以五岳为中心建立的话，应该如何看待那些与五岳无关
的六座山上建立的华严宗寺院呢？华严十刹中有四座寺院建在五岳中，也
不过是华严宗寺院在全国各个名山建立的过程中的偶然，没有特别的意义。
实际上，崔致远也只是强调了拥有华严大学的十山，而没有提到五岳。认
为华严宗寺院以五岳为中心建立，也与言及华严十山的崔致远的用意无关。

依李基白来看，"五岳是在新罗统一后，大致是文武王末年、最晚不
超过神文王时期成立的"。但华严十刹是在新罗后期哀庄王以后建成的。
考虑到五岳成立于新罗统一后而华严十刹成立于新罗后期，认为华严十刹
是以五岳为中心建立的，而五岳与支持专制王权的华严宗有很深的渊源，
这又被作为与以专制王权为中心的集权的政治体制有密切关系的根据提出
来，只能说这种理论的说服力太弱。

如以上所考，能够证明华严宗与中期国家权力关系密切的例子并不多。
当然，这不是说新罗中期的华严宗与国家权力毫无关系。即使有华严宗与
国家权力关系密切的例子，但将其仅仅解释为华严思想为专制王权提供理
念支持，也成问题。新罗中期，经过义相与其十圣弟子还有"浮石嫡孙"
神琳等人的不断努力，华严宗的势力得到发展。这与其说是因为他们与国
家权力密切，还不如说是因为他们致力于宗教原本的修行实践。8世纪中
叶，神琳在浮石寺讲华严学时，千余名大众云集，这也是可以料想的。

我们来考察一下新罗后期华严宗僧侣与国家权力有关的例子。皇龙寺
的智海曾受元圣王（785~799年在位）之请，在宫内讲《华严经》50余
日。② 802年（哀庄王三年），顺应和利贞在国家的帮助下建立海印寺。
861年，华严宗大德决言应景文王之邀在鹄寺讲经5日。这一法会是景文
王为元圣大王祈祷冥福而计划重建鹄寺（后改称大崇福寺）后举行的。③

① 李基白：《新罗五岳的成立及其意义》，《震檀学报》40（《新罗政治社会史研究》，第215页）。
② （高丽）一然：《三国遗事》卷2，"元圣大王"条。
③ （新罗）崔致远：《新罗国初月山大崇福寺碑铭》。

886 年，定康王举行法会，为先王宪康王祈求冥福。华严宗的贤俊应王之请参加法会并讲《华严经》。当时他建议为先王宪康王祈求冥福而组织华严结社。上宰、国戚、大臣和国统等也都参加了结社。在法会上抄写《华严经》10 帙后，决定参加结社者一年两次聚在佛国寺的光学藏，转读《华严经》100 遍。① 887 年，在佛国寺光学藏讲室的左壁上安奉宪康王像，成为宪康王妃权氏的"追奉尊灵玄福之所"。② 大约在后三国时期，浮石寺也还安奉着新罗王像。③ 9 世纪前半期，华严宗僧侣洪震在长兴的天冠山与莞岛的张保皋和金祐征相勾结。④ 还有，众所周知，后三国时代，华严宗因希朗与王建相勾结和惠观是甄萱的福田而分裂为南岳、北岳。

如以上所考，华严宗僧侣与新罗后期的国家权力有关的例子反而比新罗中期多。后期的王室中都向华严宗与禅宗释放出善意，并试图协调二者的关系。站在因禅宗的批判而感觉到危机意识的华严宗立场上，的确需要王室的帮助。

现在该轮到考察华严宗以外的僧侣与新罗中期的国家权力之间有多大程度的联系。之所以这样做，是希望能够更清楚地说明，把与中期专制王权有关华严宗僧侣们的一两个例子赋予特别的意义是否恰当。

671 年回国后，义相历经文武王、神文王和孝昭王三朝，约 30 年间的活动大部分都是为了传播华严思想。义相除回国后曾短期居留皇福寺以外，主要活动地区是在太白山。我们来看一下那时与王室有关的僧侣们。神印宗的明朗，听说唐朝进攻新罗的消息后，建了四天王寺，然后召集了十二名瑜伽僧，施展"文豆娄秘法"击退了唐军。⑤ 另外，文武王身边还有智义，⑥ 两人平时可以对话。文武王临终时，曾嘱咐神文王要以法相学僧憬兴为国师，后来憬兴被奉为国老，驻锡于庆州三朗寺，出入宫阙。憬

---

① （新罗）崔致远：《华严经社会愿文》，《韩国佛教全书》第 4 册，东国大学出版部，1979，第 646~647 页。
② （新罗）崔致远：《大华严宗佛国寺毗卢遮那文殊普贤像赞并序》。
③ （高丽）金富轼：《三国史记》卷 50，《列传》10，《弓裔传》。
④ （高丽）天因：《天冠山记》，《东文选》卷 68。
⑤ （高丽）一然：《三国遗事》卷 2 "文武王法敏"条和卷 5 "明朗神印"条。
⑥ （高丽）一然：《三国遗事》卷 2 "文武王法敏"条。

兴穿着华服策马奔驰，威风凛凛，使行人纷纷避让。① 憬兴与只有衣服、净瓶和钵的义相不同。神印宗的惠通曾背诵咒文治好了神文王的背疮。② 神文王即位第五年到第八年间，曾屡次请扬名中国的法相学僧圆测回国，③ 圆测回国与否尚不明确。孝昭王元年（692）圆测弟子道证回国，献天文图。④ 孝昭王曾尊安详为大统，⑤ 尊治愈王女的神印宗惠通为国师。这样看来，在义相以太白山为中心传播华严教学时，与王室有很深关系的僧侣们不是华严宗僧人而多是神印宗或法相宗僧人。这一点也与当时华严宗义相系的特质或势力有关。那时非义相系的五台山的华严僧与王室关系密切。

那么再来看一下与华严宗的表训和法海有渊源的景德王在位时的情况如何。景德王十二年，请法相宗的太贤到内殿讲《金光明经》祈雨。⑥ 太贤是当时足以代表法相宗的高僧。景德王还曾邀请真表入宫为自己、王妃和外戚们授戒，并布施很多。⑦ 真表也是重视修行的法相宗僧侣。景德王在其即位第十九年，请四天王寺的月明到朝元殿，希望他能消除二日并存的怪事。月明作《兜率歌》后，怪像消失。⑧ 兜率歌以弥勒下生信仰为思想背景。景德王赐茶、念珠和明珠等物以表恭敬。景德王二十四年，忠谈师应景德王之请作《理安民歌》。景德王封其为王师，而忠谈师"坚辞不受"。忠谈师也与弥勒信仰有关。⑨ 因此有人推测月明和忠谈师都是法相宗僧人。⑩ 与景德王关系密切的僧侣，大部分是法相宗僧人。此外，信忠、迎如等也与景德王有联系。信忠在景德王二十二年弃官出家，在智异山建断俗寺，安奉景德王之真影为其祈福。⑪ 实际寺的迎如曾接受景德王

① （高丽）一然：《三国遗事》卷5 "憬兴遇圣"条。
② （高丽）一然：《三国遗事》卷2，"惠通降龙"条。
③ （新罗）崔致远：《翻经证义大德圆测和尚讳日文》，《国译孤云先生文集》下，第325页。
④ （高丽）金富轼：《三国史记》卷8，"孝昭王元年"条。
⑤ （高丽）一然：《三国遗事》卷3，"栢栗寺"条。
⑥ （高丽）一然：《三国遗事》卷4，"贤瑜伽·海华严"条。
⑦ （高丽）一然：《三国遗事》卷4，"真表传简"条。
⑧ （高丽）一然：《三国遗事》卷5，"月明师兜率歌"条。
⑨ （高丽）一然：《三国遗事》卷2，"景德王·忠谈师·表训大德"条。
⑩ 金南允：《新罗中期法相宗的成立与信仰》，《韩国史论》11，1984，首尔大学，第120页。
⑪ （高丽）一然：《三国遗事》卷5，"信忠挂冠"条。

的邀请接受供养，回到寺院后销声匿迹。景德王追封他为国师。①

如以上所考，在新罗中期，与国家权力有关的华严宗以外的僧侣们，尤其是法相宗僧侣的例子远比华严宗僧侣多，这一史实需要关注。也有学者推测，新罗中期的唯识学僧更致力于学问而不是教化活动，因而得到了贵族的支持。② 尽管如此，也不能说从思想上支持新罗中期专制王权的不是华严思想而是唯识思想。笔者只是想借此指出，那些只强调华严宗僧侣与国家权力有关的一两个例子，并将其当作华严思想支持专制王权的重要根据的看法，是只见树木不见森林。

最后，我们来讨论新罗中期专制王权的建立过程及其具体是如何与华严思想或华严宗势力相连接的。新罗中期以武烈王登基为起点，到神文王时期确立了专制王权，经过被讴歌为专制王权下的极盛期的圣德王时代，就到了中期的最后一位专制君主景德王的执政时期。李基东认为，专制王权得以建立的主要原因有：①通过太宗武烈王与文武王父子的执著与努力，完成了统一大业，武烈王系的权威得以提高；②三国统一的前后时期，除去了部分抵制强化王权的有实力的中央贵族；③在统一战争中，与刚刚结盟的地方势力的关系进一步强化，扩大了支持专制王权的基础；④改编以执事部为中心的政治体制，与此同时通过导入、强化儒教的政治理念，发展了官僚制。③ 如果说得更具体一些，就是革去上大等和兵部令，整顿中央官府与地方统治制度，确立五庙制与设置国学，消灭葛文王制度，设立执事部等。李基白则举了几个例子作为专制政治的现象：①实行金氏王族的族内婚；②依靠长子相续的原则继承王位；③开始使用中国的庙号。④

以上简要介绍了迄今为止的研究成果，但是这些研究成果并没有充分理解新罗中期王权得以建立的主要原因，以及专制政治是如何与华严思想或华严宗势力联系起来的。当然，如果认为华严思想宣扬"宇宙的多种

---

① （高丽）一然：《三国遗事》卷5，"迎如师"条。
② 金南允：《新罗中期法相宗的成立与信仰》，《韩国史论》11，1984，首尔大学，第143页。
③ 李基东：《韩国古代的国家权力与宗教》，《第27届全国历史学大会发表论文摘要》，第47页。
④ 李基白：《韩国史讲座》（古代篇），一潮阁，1982，第310~313页。

现象最终是一"的理论，这样的理论结构就会和构成国家基础的所有要素最终归结到专制王权的一的形式相似。然而华严思想不能这样来理解，这在前面已经讨论过了。

　　与专制王权有关的具体政治现象，和儒教的政治理念有密切的关系。直接参与统一战争的金庾信、金春秋、金钦纯、良图和强首等人的言行中，出现了大量儒教的要素。金春秋渡唐后，参观了国学，表现出对儒教的兴趣。笔者虽曾讨论过，确立专制王权的神文王标榜儒教的政治理念，[①] 但设立国学、薛聪提议把儒教的道德规范作为王者的诫鉴、重视万波息笛传说所强调的礼乐思想等令人关注，但也不能忽略，圣德王十年写了百官箴给君臣阅读，[②] 而圣德王十六年身为遣唐大监的新罗王子守中从唐朝带回文宣王、十哲、七十二弟子等人的像，安奉于太学等史实。[③] 景德王的汉化政策是受儒教而非佛教的影响。此外，五庙制的确立、法典的整顿、认为自然灾害是中侍交替的原因之一[④]等，都与儒教的政治理念有关。如以上所考，新罗中期的专制王权的具体表现，也极少与华严宗或华严思想有关，反而与儒教的政治理念有很深的关系。

① 金相铉：《万波息笛传说的形成与意义》，《韩国史研究》34，1981。
② （高丽）金富轼：《三国史记》卷8，"圣德王十年十一月"条。
③ （高丽）金富轼：《三国史记》卷8，"圣德王十六年九月"条。
④ 李熙德：《〈三国史记〉中自然灾害记录的性质》，《东方学志》23·24，1980，第96页。

第八章

结　论

　　华严思想在韩国佛教思想史中占有较大比重。华严学尤其对新罗佛教有相当大的影响。因为华严宗在统一新罗时代佛教中占有主导位置，所以，对新罗华严思想史的研究不仅限于单纯地阐明佛教思想，它也对理解新罗史有不小的帮助。考虑到这种必要性，所以笔者考察了华严思想在新罗的展开。现在简要概括一下本书讨论的一些内容，以此代替结论。

　　①考察了均如的华严全书和作者未详的《法界图记丛髓录》。这是为了更好地使用这些著作中所引用的与新罗华严学有关的资料。均如的著作和《法界图记丛髓录》中引用了20余名新罗华严学者的学说，有不少人名未见于其他著作，这对确定义相系华严学的传承多有助益。过去被认为是义相门人的义寂，确认为法相宗僧人，而建立石窟庵的金大城曾向表训学习过华严学的资料也对弄清石窟庵的思想背景帮助很大。均如的著作中引用《道身章》40余处、《锥洞记》10余处，《法界图记丛髓录》中也多有引用。《道身章》与《锥洞记》都是由义相的讲义整理而成的，是传达义相华严教学的宝贵资料。新罗华严学者对智俨之十句的注释书《十句章》全文，在均如的《十句章圆通记》中被引用。关于《十句章》的作者，众说纷纭，而笔者认为，《十句章》是梵体整理了老师法融的讲稿后，他的弟子又署上梵体的名字刊行的。义相的后继者们积极地钻研他的《华严一乘法界图》，新罗后期的《法融记》、《真秀记》和《大记》等都是代表性的注释书。汇集了这些注释书的《法界图记丛髓录》也被刊行，此书虽然是高丽时代刊行的，但其编者和刊行时间均不详。笔者提出，此书有可能是13世纪前半期由天其编纂的。

②为理解新罗华严宗的发展，笔者考察了华严宗僧侣和寺院。成果之一，是在一定程度上发现了义相系僧侣的师承关系。义相弟子智通、真定、表训、道身、良圆和相元等人名声在外。约 8 世纪中叶，师事相元的神琳大扬浮石寺的华严学风，所以被认为是"浮石嫡孙"。神琳门下也是高僧辈出，有法融、崇业、融秀以及质应等。法融撰写了《法融记》与《十句章》，他的门下有梵体、融眣、融质等。802 年顺应建海印寺，后为利贞所继承。公元 900 年左右，贤俊、定玄、希朗、崔致远等人在海印寺活动。此外，缘起在 8 世纪中叶建华严寺，元表于 759 年建宝林寺。在五台山，慈藏以来的华严信仰被宝川、孝明等人继承下来，而通灵和洪震则在天冠寺活动。还有浮石寺、梵鱼寺、华严寺、海印寺等华严十刹，这也意味着华严宗寺院向全国扩散。华严宗寺院分布于太白山、金刚山、伽耶山、智异山、天冠寺、月岳山、金井山等全国各地，包括庆州，这也意味着华严宗势力已经扩张到全国。

③由于华严宗的发展及其影响力的扩大，华严信仰也被广为接受。义相更重视实践的信仰而不是学问。正如他的法号义持，义相通过实践修行体现了华严教的真意。义相更愿意写一些短的偈颂而不是长篇大作。他的《白花道场发愿文》、《一乘发愿文》、《投师礼》和《西方歌》等传世。《西方歌》以净土信仰为基础，而《白花道场发愿文》则以观音信仰为基础。另外，《一乘发愿文》中强调普贤行愿，《投师礼》则表现出皈依三宝的至信心。义相的信仰中皈依对象较多，但终极的还是回归自身。因为他强调自体佛，认为平凡的"五尺吾身"就是法身佛。新罗华严信仰的类型有《华严经》信仰、华严神众信仰、菩萨住处信仰及华严祖师崇拜等。华严寺的华严石经和 755 年完成的华严写经是《华严经》信仰的典型。文殊菩萨在五台山、法起菩萨在金刚山、天冠菩萨在天冠山常住说法的菩萨住处信仰，是以《华严经·菩萨住处品》为依据的信仰的新罗式的接受。华严宗高僧受到华严神众的保护或者能够借助华严神众的威力等传说在新罗社会流传，这体现了华严神众信仰。

④华严思想也有以新罗特有的形态表现的情况。试图象征性表现华严佛国世界的是石佛寺和佛国寺，而"蛇福传说"则蕴含了华严的人生观。"蛇福传说"的主要内容，是蛇福的母亲摆脱了生死轮回往生到莲华藏世

界。传说的主题则是摆脱现实的痛苦、到达涅槃之理想世界。传说中强调的莲华藏世界就是华严的佛国世界。蛇福拔起一根茅草的时候，莲华藏世界被打开。这是以象征的方式反映了"生死即涅槃"这一华严学重要命题。石佛寺和佛国寺是 8 世纪中叶金大城建立的。这两座寺院的历史背景也与华严宗有关。因为金大城曾经学过华严学，而华严宗僧侣表训、神琳最先住持这两座寺院，寺院的名字被叫作"华严佛国"。寺名"华严佛国"，意味着这是华严的佛国世界。佛国世界自三昧出现，而对华严的三种三昧带有疑问的金大城曾向表训请教。这是他特别关心华严的三种三昧的证据。金大城所学的华严三昧与他所建寺院叫作华严佛国有很深的关系。华严佛国分为国土海与世界海，而华严三昧是海印三昧、佛华严三昧和狮子奋迅三昧。佛国土从三昧中出现，即国土海通过海印三昧、世界海通过狮子奋迅三昧出现。石佛寺和佛国寺的有机关系包含在金大城的基本设计中，因此，石佛寺象征了出自海印三昧的国土海，而佛国寺则象征了出自狮子奋迅三昧的世界海。结果，金大城建立石佛寺和佛国寺的目的，可以理解为象征性地表现华严的佛国世界。

⑤新罗后期，由于全盘接受了新的佛教思想——禅思想，新罗的佛教界也发生了很大的变化。禅宗的传入及其势力的扩大以及它对教宗的批判，对华严宗造成了不小的冲击。修学华严的僧人转向禅宗的情况较多，华严宗寺院转归禅宗的例子也不是没有。面对禅宗的批判，华严宗的应对是努力整顿华严学和华严信仰。9 世纪末盛行的华严结社就是其努力之一，当时华严宗的代表性僧人决言、贤俊、性起等人主导了结社，崔致远也施以援手。禅宗传入及其势力的扩大虽然使华严宗受到了冲击，但其基础并未动摇。所以新罗后期，华严宗与禅宗之间虽互相冲突但还能共存。后三国时代即 10 世纪前半期，华严宗分裂为南岳和北岳，这是由于政治上的原因，即希朗支持高丽王建，而观惠支持后百济甄萱。

⑥华严思想对新罗佛教、政治、社会、文化等诸方面影响不小。初期的华严宗信仰上的特点较强。相较于注重学问的法相宗而言，华严宗强调信仰，这有利于它的影响力向全国扩散。华严思想不仅受到作为统治阶级的贵族社会的欢迎，华严信仰还深入到一般大众中。虽然有观点认为华严思想是新罗中期专制王权的政治理念，但是它也带来了很多的疑问。

参考文献

一 资料

（高丽） 金富轼：《三国史记》，民族文化推进会影印，1973。

（高丽） 一然：《三国遗事》，民族文化推进会影印，1973。

（朝鲜） 郑麟趾：《高丽史》，延世大学东方学研究所影印，1974。

朝鲜总督府编《朝鲜金石总览》，1919。

黄寿永编《韩国金石遗文》，一志社，1976。

许兴植编《韩国金石全文》，亚细亚文化社，1984。

朝鲜总督府编《朝鲜寺刹史料》，1912。

权相老：《韩国寺刹全书》，东国大学出版部，1979。

《佛国寺志》，亚细亚文化社影印，1983。

《榆岾寺本末寺志》，亚细亚文化社影印，1977。

《梵鱼寺事迹记》，亚细亚文化社影印，1989。

《迦智山宝林寺事迹》，《考古美术》81 号。

（宋） 赞宁：《宋高僧传》，《大正藏》第 50 册。

（宋） 道原：《景德传灯录》，《大正藏》第 51 册。

《祖堂集》，《赵明基博士花甲纪念 佛教史学论丛》。

（平安） 永超：《东域传灯目录》，《大正藏》第 55 册。

《东文选》，庆熙出版社影印，1966。

（新罗） 崔致远：《崔文昌侯全集》，成均馆大学大东文化研究院，1972。

（高丽） 李奎报：《东国李相国集》，《高丽明贤集》卷 1。

（高丽） 义天：《大觉国师文集》，建国大学出版社影印，1974。

《湖山录》,《韩国佛教全书》第6册,东国大学出版部,1979。

(高丽)天颐:《禅门宝藏录》,《韩国佛教全书》第6册,东国大学出版部,1979。

(高丽)李穑:《稼亭集》,《高丽明贤集》卷1。

《清虚堂集》,《韩国佛教全书》第7册,东国大学出版部,1979。

二 佛籍

《杂阿含经》,《大正藏》第2册。

《妙法莲华经》,《大正藏》第9册。

《大方广佛华严经》,《大正藏》第9册。

《大宝积经》,《大正藏》第11册。

《佛说三十五佛名礼忏文》,《大正藏》第12册。

《佛说阿弥陀经》,《大正藏》第12册。

(唐)澄观:《大方广佛华严经疏》,《大正藏》第35册。

(唐)慧沼:《十一面神咒心经义疏》,《大正藏》第39册。

(新罗)圆测:《佛说般若波罗蜜多心经赞》,《韩国佛教全书》第1册,东国大学出版部,1979。

(新罗)元晓:《大乘六情忏悔》,《韩国佛教全书》第1册,东国大学出版部,1979。

(新罗)元晓:《发心修行章》,《韩国佛教全书》第1册,东国大学出版部,1979。

(新罗)元晓:《金刚三昧经论》,《韩国佛教全书》第1册,东国大学出版部,1979。

(新罗)元晓:《菩萨戒本持犯要记》,《韩国佛教全书》第1册,东国大学出版部,1979。

(新罗)义相:《华严一乘法界图》,《大正藏》第45册。

(新罗)明晶:《海印三昧论》,《韩国佛教全书》第2册,东国大学出版部,1979。

(新罗)表员:《华严经文义要诀问答》卷2,《韩国佛教全书》第2册,东国大学出版部,1979。

（高丽）均如：《一乘法界图圆通记》，《韩国佛教全书》第 4 册，东国大学出版部，1979。

（高丽）均如：《释华严教分记圆通钞》，《韩国佛教全书》第 4 册，东国大学出版部，1979。

（高丽）均如：《十句章圆通记》，《韩国佛教全书》第 4 册，东国大学出版部，1979。

（高丽）均如：《释华严旨归章圆通钞》，《韩国佛教全书》第 4 册，东国大学出版部，1979。

（高丽）体元：《白花道场发愿文略解》，宝莲阁 影印，1979。

（高丽）义天：《新编诸宗教藏总录》，《韩国佛教全书》第 4 册，东国大学出版部，1979。

（高丽）义天：《圆宗文类》，《韩国佛教全书》第 4 册，东国大学出版部，1979。

《法界图记丛髓录》，《大正藏》第 45 册。

三 著作

高裕燮：《韩国美术文化史论丛》，通文馆，1966。

高翊晋：《韩国古代佛教思想史》，东国大学出版部，1989。

金东华：《禅宗思想史》，太极出版社，1963。

金杜珍：《均如华严思想研究》，韩国研究院，1981。

金福顺：《新罗后期华严宗研究》，高丽大学博士学位论文，1988。

金仁宗等：《孤云崔致远》，民音社，1989。

金芿石：《华严学概论》，法轮社，1963。

金铉龙：《韩国古传说论》，新门社，1984。

文明大：《石窟庵佛像雕刻研究》，东国大学博士学位论文，1987。

法性：《通向白花道场之路》，经书院，1982。

东国大学佛教文化研究所：《韩国华严思想研究》，东国大学出版部，1982。

佛教史学会编《韩国华严思想史研究》，民族社，1988。

刘明钟：《韩国思想史》，以文社，1981。

李基白：《新罗时代的国家佛教与儒教》，韩国研究院，1978。

李基白、李基东：《韩国史讲座》（古代篇），一潮阁，1982。

李箕永：《韩国佛教研究》，韩国佛教研究院，1982。

李仁福：《韩国文学中的死意识之历史的研究》，悦话堂，1979。

赵明基：《新罗佛教的理念与历史》，新太阳社，1962。

韩国佛教研究院：《佛国志》，一志社，1974。

韩国佛教研究院：《华严寺》，一志社，1976。

韩国佛教研究院：《月精寺》，一志社，1977。

韩国佛教研究院：《浮石寺》，一志社，1976。

韩基斗：《韩国佛教思想研究》，一志社，1980。

许兴植：《高丽佛教史研究》，一潮阁，1986。

黄浿江：《韩国叙事文学研究》，檀国大学出版社，1972。

黄浿江：《新罗佛教传说研究》，一志社，1975。

鎌田茂雄：《中国华严思想史研究》，东京大学东洋文化研究所，1965。

鎌田茂雄、上山春平：《佛教的思想6，无限的世界观——华严》，东京：角川书店，1969。

鎌田茂雄：《宗密教学之思想史的研究》，东京大学出版会，1982。

鎌田茂雄：《华严学研究资料集成》，东京大学东洋文化研究所，1983。

鎌田茂雄：《禅典籍内华严资料集成》，东京大学东洋文化研究所，1984。

鎌田茂雄：《新罗佛教史序说》，东京大学东洋文化研究所，1988。

鎌田茂雄著《华严思想》，韩亨祚译，Koreaone，1987。

高峰了州：《华严思想史》，东京：百华苑，1963。

高峰了州：《华严与禅的通路》，奈良：南都佛教研究会，1956。

高峰了州：《华言论集》，东京：国书刊行会，1976。

高峰了州编《华严思想》（讲座大乘佛教3），郑舜日译，经书院，1988。

今西龙：《高丽及李朝史研究》，东京：国书刊行会，1974。

吉津宜英：《华严禅之思想史研究》，东京：大东出版社，1985。

金知见、蔡印幻编《新罗佛教研究》，东京：山喜房佛书林，1973。

木村清孝：《初期中国华严思想研究》，东京：春秋社，1977。

汤次了荣：《华严大系》，东京：国书刊行会，1975。

玉城康四郎：《华严经的世界》，李元燮译，玄岩社，1976。

中村元：《华严思想》，京都：法藏馆，1975。

中村元等著《华严思想论》，释元旭译，文学生活社，1988。

阪本幸男《华严教学研究》，京都：平乐寺书店，1976。

四 论文

姜友邦：《石佛寺本尊的图像小考》，《美术资料》35，1984。

高翊晋：《元晓思想之历史意义》，《东国史学》14，1981。

高翊晋：《〈十句章圆通记〉本文考》，《韩国佛教学》6，1981。

高翊晋：《新罗后期禅的传入》，《韩国禅思想研究》，东国大学出版部，1984。

高翊晋：《〈十句章圆通记〉本文再考》，《晓城赵明基博士追慕 佛教史学论文集》，东国大学出版部，1988。

高翊晋：《新罗中期华严思想的展开及其影响（Ⅰ）》，《佛教学报》24，1987。

高翊晋：《新罗中期华严思想的展开及其影响（Ⅱ）》，《佛教学报》25，1988。

权坦俊：《华严教学的几个问题》，《韩国佛教学》7，1982。

权坦俊：《〈华严经〉之誓愿思想小考》，《韩国佛教学》11，1986。

金南允：《新罗中期法相宗的成立与信仰》，《韩国史论》11，1984。

金东旭：《新罗人的生死观》，《韩国思想》3，1962。

金杜珍：《朗慧及其禅思想》，《历史学报》57，1973。

金杜珍：《了悟禅师顺之的禅思想》，《历史学报》65，1975。

金杜珍：《了悟禅师顺之的相论》，《韩国史论》2，1975。

金杜珍：《古代人的信仰与佛教受容》，《韩国史》2，1978，国史编纂委员会。

金杜珍：《新罗后期堀山门的形成及其思想》，《省谷论丛》17，1986。

金杜珍：《统一新罗的历史与思想》，《传统与思想》Ⅱ，1986。

金理那：《印度佛像传入中国考》，《韩佑劢博士停年纪念史学论丛》，1981。

金文基：《义相和尚西方歌研究》，《东洋文化研究》5，1978。

金文经：《通过仪式进行的佛教大众化运动》，《史学志》4，1970。

金福顺：《崔致远的佛教相关著作研究》，《韩国史研究》43，1983。

金福顺：《新罗中期的华严宗与王权》，《韩国史研究》63，1988。

金煐泰：《新罗佛教大众化的历史与思想研究》，《佛教学报》6，1969。

金煐泰：《新罗佛教思想》，《崇山朴吉真博士花甲纪念 韩国佛教思想史》，圆光大学出版局，1975。

金煐泰：《曦阳山派的成立及其法系》，《韩国佛教学》4，1979。

金煐泰：《通过传说看新罗义湘》，《佛教学报》18。

金煐泰：《〈三国遗事〉中的华严思想》，《新罗华严思想研究》，东国大学出版部，1982。

金云学：《传到日本的义湘善妙传说》，《佛教学报》13，1976。

金在庚：《新罗阿弥陀信仰的形成及其背景》，《韩国学报》29，1982。

金知见：《华严一乘法界图》，《印度学佛教学研究》38，1971。

金知见：《新罗华严学的谱系与思想》，《学术院论文集（人文·社会科学篇）》12，1973。

金知见：《新罗华严学的主流考》，《崇山朴吉真博士花甲纪念 韩国佛教思想史》，圆光大学出版局，1975。

金知见：《海东华严初祖的伦理》，《韩国宗教》9，1984。

金知见：《义相法讳考》，《晓城赵明基博士追慕 佛教史学论文集》，东国大学出版部，1988。

金哲俊：《统一新罗统治体制的再整顿》，《韩国史》3，1978，国史编纂委员会。

金洪哲：《〈宋高僧传〉所载义湘传考》，《人文科学论集》3，1984，清州大学。

南丰铉：《汉字·汉文的受容与借字表记法的发达》，《韩国古代文化与邻接文化的关系》，韩国精神文化研究院，1981。

文明大：《佛国寺金铜如来坐像二躯与其造像赞文（碑铭）研究》，《美术资料》19，1976。

文明大：《海印寺木造希朗祖师真影（肖像雕刻）像考》，《考古美术》138·139合辑。

文明大：《新罗写〈华严经〉及其变相图研究》，《韩国学报》14，一志社，1979年春。

闵泳珪：《高丽佛籍集佚札记》，《晓城赵明基博士追慕 佛教史学论文集》，东国大学出版部，1988。

朴汉卨：《高丽太祖统一后三国的政策》，《史学志》14。

辛钟远：《新罗五台山事迹与圣德王的即位背景》，《崔永禧先生花甲纪念 韩国史学论丛》，1987。

苏在英：《法藏给义湘的信》，《韩国语文学》13，1987。

宋恒龙：《崔致远思想研究》，《韩国哲学思想研究》，1982，韩国精神文化研究院。

申虎澈：《弓裔之政治的特征》，《韩国学报》29，1982。

安启贤：《新罗佛教》，《韩国史》3，1978，国史编纂委员会。

安启贤：《〈三国遗事〉与佛教宗派》，《新罗文化祭发表会论文集》1，1980，新罗文化宣扬会。

尹范模：《浮石寺的创建与伽蓝配置》，《东国思想》9，1976。

李基东：《新罗社会与佛教》，《佛教诸科学》，东国大学出版部，1987年。

李基白：《景德王与断俗寺·怨歌》，《韩国思想》5（《新罗政治社会史研究》第217页）。

李基白：《新罗五岳的成立及其意义》，《震檀学报》33，1972。

李基白：《新罗景德王代写〈华严经〉相关人员考》，《历史学报》83，1979。

李基白：《新罗净土信仰的起源》，《学术院论文集（人文·社会科学篇）》19，1980。

李基白：《新罗时代的佛教与国家》，《历史学报》111，1986。

李基白：《浮石寺与太白山》，《三佛金元龙教授停年退任纪念论丛Ⅱ》（美术史学·历史学·人类民俗学篇），一志社，1987。

李箕永：《通过象征的意义看7~8世纪新罗与日本的佛国土思想》，

《宗教史研究》2，1971。

李箕永：《〈华严一乘法界图〉的根本精神》，《新罗伽倻文化》4，1972。

李箕永：《明皛的〈海印三昧图〉》，《鹭山李殷相博士古稀纪念 民族文化论丛》，1973。

李杜铉：《义湘与善妙传说》，《亚细亚公论》7月号，1980。

李基文：《新罗语的"福"（童）》，《国语国文学》49·50合辑，1970。

李丙焘：《天理图书馆藏〈唐法藏致新罗义相书〉（简墨）》，《韩国古代史研究》，博英社，1976。

李泳镐：《新罗中期王室寺院的官寺功能》，《韩国史研究》43，1983。

李龙范：《道诜的地理说与唐僧一行禅师》，《先觉国师碑道诜的新研究》，灵岩郡，1988。

李弘植：《贞元二十年铭新罗梵钟》，《白乐濬博士还甲纪念 国学论丛》，1955。

李熙德：《〈三国史记〉中自然灾害记录的性质》，《东方学志》23·24，1980。

林东周：《菩萨化现传说中的菩萨化现原理和样态》，《国际语文》2，1981。

张忠植：《新罗毗摩罗寺址考》，《东国思想》12，1979。

曹庚时：《新罗后期华严宗的结构与倾向》，《釜大史学》13，1989。

赵明基：《义湘的思想与信仰》，《月刊文化财》58，1976。

郑炳三：《义湘与新罗华严宗的形成》，空军第二士官学校《论文集》2，1982。

郑炳三：《统一新罗的观音信仰》，《韩国史论》8，1982。

郑炳朝：《义湘华严教学的诸问题》，《东洋文化》17，1976。

郑炳朝：《义湘的观音信仰》，《东国史学》10·11合辑，1978。

蔡尚植：《体元的著作与华严思想》，《韩国华严思想研究》，东国大学出版部，1982。

蔡尚植：《一然（1206～1289）的思想倾向》，《韩国文化研究》1，1988。

蔡泽洙：《义湘的华严思想》，《哲学思想的诸问题Ⅱ》，1984，韩国精神文化研究院。

崔柄宪：《罗末丽初禅宗的社会性质》，《史学研究》25，1975。

崔柄宪：《新罗后期禅宗九山派的成立》，《韩国史研究》7，1972。

崔柄宪：《新罗后期禅宗九山派的成立与后期佛教》，《韩国史》3，1978年，国史编纂委员会。

崔柄宪：《道诜的生涯与罗末丽初的风水地理说》，《韩国史研究》11，1975。

崔柄宪：《罗末丽初禅宗的社会性》，《史学研究》25，1975。

崔柄宪：《新罗末金海地区的豪族势力与禅宗》，首尔大学《韩国史论》4，1978。

崔柄宪：《新罗华严宗的形成及其意义》，东国大学佛教文化研究所主办《韩国佛教宗派形成考》发表论文摘要，1978。

崔柄宪：《高丽时代华严学的变迁》，《韩国史研究》30，1980。

崔柄宪：《义天在韩国华严思想史上的位置》，《韩国华严思想史研究》，东国大学出版部，1982。

崔柄宪：《韩国佛教的展开》，《韩国思想的深层研究》，宇石出版社，1982。

崔源植：《新罗后期的海印寺与华严宗》，《韩国史研究》49，1985。

秋万镐：《罗末禅师们的教宗观》，《第29届全国历史学大会发表论文摘要》，1986。

秋万镐：《罗末丽初的桐里山派》，《先觉国师道诜之新研究》，灵岩郡，1988。

韩基斗：《新罗时代的禅思想（Ⅰ）》，《韩国佛教学》1，1975。

韩基汶：《高丽太祖的佛教政策》，《大丘史学》22，1983。

许兴植：《惠居国师的生涯与行迹》，《韩国史研究》52，1986。

洪淳昶：《变动期的政治与宗教》，《人文研究》2，1983，岭南大学。

洪承基：《观音信仰与新罗社会》，《湖南文化研究》8，1976。

洪润植：《新罗华严思想在社会的展开与曼陀罗》，《新罗文化祭学术发表会论文集》5，1984，新罗文化宣扬会。

黄寿永：《佛国寺的创建及其沿革》，《佛国寺复原工事报告书》，1976。

黄寿永：《石窟庵的创建与沿革》，《历史教育》8，1964。

黄寿永：《新发现新罗景德王时期〈华严经〉写经》，《历史学报》83，1979。

黄寿永：《石窟庵本尊阿弥陀如来坐像小考》，《考古美术》136·137合辑，1978。

黄天午：《白花道场发愿文》，《国学资料》8，1973。

黄浿江：《蛇福传说研究》，《文湖》5，1969。

江田俊雄：《新罗的慈藏与五台山》，《朝鲜佛教史研究》，东京：国书刊行会，1977。

镰田茂雄：《澄观禅思想的形成》，《印度学佛教学研究》18，1961。

镰田茂雄：《新罗华严之思想史的意义》，《韩国佛教学 SEMINAR》1，1985。

今西龙：《高丽普觉国师一然》，《高丽及李朝史研究》，东京：国书刊行会，1974。

古田绍钦：《义相的行迹与教学》，《宗教研究》新 14－2。

吉津宜英：《新罗华严教学一瞥》，《韩国佛教学 SEMINAR》2，1986。

木村清孝：《智俨与义湘系的华严思想》，《印度学佛教学研究》21（2），1973。

木村清孝：《韩国佛教中理理相即论的展开》，《南都佛教》49，1982。

柳宗悦：《石佛寺的雕刻》，《艺术》1919 年 6 月号。

李成市：《新罗中期的国家与佛教》，《东洋史研究》42 卷第 3 号，1983。

李杏九：《罗末丽初的过渡期之华严思想》，《印度学佛教学研究》29（1），1980。

春日礼智：《新罗义寂与其〈无量寿经义记〉》，《新罗佛教研究》，东京：山喜房佛书林。

八百谷孝保：《新罗义湘传考》，《支那佛教史学》3 卷 1 号，1939。

平冈定海：《新罗审祥的教学》，《印度学佛教学研究》20（2），1973。

索　引

译后记

　　我与本书作者金相铉先生相识于 2008 年春。当时我得到了韩国国际交流财团的资助，在韩国搜集资料，为博士论文做准备。经北京大学的金勋老师介绍，我有幸认识了金相铉先生。当金先生知道我的博士论文与新罗著名佛教学者元晓有关时，他非常高兴。此后在我滞韩期间，他不仅数次帮我改善伙食，也介绍我与其他老师认识，还送我他的若干著作。而直到他突然离世的前一周，我还收到了他的新书！作为一个韩国佛教史研究界的著名学者，金先生对我这么一个萍水相逢的后生晚辈释放出极大的善意，令我非常感激。遗憾的是，他没有亲眼见到本书中文版的出版。这当然是因为出版的因缘不足，也是由于本人的疏懒。在此，我向金先生致以深深的歉意！

　　在本书的翻译过程中，由于能力不足，译者一直纠结在"信"与"达"之间，即，忠实于原著、保持原著的风格，或者尽量符合中国读者的阅读习惯。最后，译者终于在两者之间找到平衡，在不损害原著本意的同时，尽量使用短句子。另外，中文版与韩文版的注释基本上是一一对应的关系，作者引用的原文，译者也都努力进行一一确认。除部分原文很难找到以外，可以说译者确认了百分之九十以上的原书引文。中文版注释中，有若干页码或卷数可能与韩文版有些许出入，这也是经过译者确认后修订的，目的是使读者可以准确、迅速地找到引文的原文。而仅在必要处，译者才以"译者注"的形式做出了说明。读者在阅读过程中，如果感觉到本书晦涩难懂，原因不在于原著，而是译者的能力不足所致。

　　本书得以出版，得益于韩国学中央研究院的资助和延边大学朝鲜韩国研究中心的支持。而在本书的翻译过程中，译者得到了朴仁锡先生、吴延华老师以及秦菲同学、栾国琴同学的帮助，在此译者向他们致以深深的谢意！再有，感谢金相铉先生的弟子李钟寿老师为中文版写序！感谢本书的编辑冯立君先生和出版方社会科学文献出版社。

　　希望以此书为起点，译者今后能够将韩国佛教学界更多的研究成果介绍到国内。

敖　英

2014 年春夏之交

图书在版编目（CIP）数据

新罗华严思想史研究／（韩）金相铉（Kim，S. H.）著；
敖英译．—北京：社会科学文献出版社，2014.6
ISBN 978 - 7 - 5097 - 6046 - 8

Ⅰ.①新⋯　Ⅱ.①金⋯②敖⋯　Ⅲ.①华严宗 - 思想史 -
研究 - 新罗（675 ~ 918）　Ⅳ.①B946.4

中国版本图书馆 CIP 数据核字（2014）第 106737 号

新罗华严思想史研究

著　　者／〔韩〕金相铉
译　　者／敖　英

出 版 人／谢寿光
出 版 者／社会科学文献出版社
地　　址／北京市西城区北三环中路甲 29 号院 3 号楼华龙大厦
邮政编码／100029

责任部门／全球与地区问题出版中心（010）59367004　责任编辑／冯立君
电子信箱／bianyibu@ ssap. cn　　　　　　　　　　　责任校对／柏　桐
项目统筹／冯立君　　　　　　　　　　　　　　　　　责任印制／岳　阳
经　　销／社会科学文献出版社市场营销中心（010）59367081　59367089
读者服务／读者服务中心（010）59367028

印　　装／北京季蜂印刷有限公司
开　　本／787mm×1092mm　1/16　　　　　印　　张／14.75
版　　次／2014 年 6 月第 1 版　　　　　　字　　数／234 千字
印　　次／2014 年 6 月第 1 次印刷
书　　号／ISBN 978 - 7 - 5097 - 6046 - 8
著作权合同
登 记 号／图字 01 - 2013 - 6958 号
定　　价／59.00 元